dtv

Berlin um 1875. Der wohlhabende, jedoch etwas derbe und ungebildete Kommerzienrat Ezechiel van der Straaten ist seit zehn glücklichen Jahren mit der deutlich jüngeren Adligen Melanie, geb. de Caparoux, verheiratet. Eines Tages tritt ein Logiergast, Bankierssohn Ebenezer Rubehn, ins Haus. Melanie findet Gefallen an dem feinen jungen Mann mit den gebildeten Umgangsformen; die beiden kommen sich näher. Einer seiner Besuche bei ihr endet im Palmenhaus, wo in der Schwüle feuchtwarmer Luft Melanies Selbstbeherrschung schwindet. Als sie schwanger wird, trennt sie sich von ihrem Mann, da sie nicht mit einer Lüge leben will. Mit Rubehn flieht sie in den Süden. Nach beider Rückkehr nach Berlin – sie sind inzwischen legal getraut – geraten sie in eine schwierige Lage, doch auch hier bewährt sich ihre Liebe, und selbst van der Straaten ist letztlich versöhnt.
Wie alle Gesellschaftsromane Fontanes zeigt auch ›L'Adultera‹ (1880) die Brüche überkommener Konventionen, hier besonders der Konvenienzehe, auf. Der Titel bezieht sich auf das gleichnamige, seinerzeit Tintoretto zugeschriebene Gemälde, das zu Beginn des Geschehens seinen Platz in der van der Straatenschen Galerie findet und übersetzt heißt »Die Ehebrecherin«.

Theodor Fontane, am 30. Dezember 1819 in Neuruppin (Brandenburg) geboren und am 20. September 1898 in Berlin gestorben, begann als Zwanzigjähriger zu publizieren, wurde jedoch wie sein Vater Apotheker. Seit 1849 stellte er sein Leben »auf den Vers«, sah sich aber noch viele Jahre auf vorwiegend journalistische Tätigkeiten im Dienst der Regierungspresse, als Korrespondent in England, als Autor von Reise-, Wanderungen- und Kriegsbüchern sowie als Theaterkritiker verwiesen. Erst mit fast sechzig Jahren begann er, seine berühmten Romane und Erzählungen zu veröffentlichen, darunter: ›Vor dem Sturm‹ (1878), ›Irrungen, Wirrungen‹ (1888), ›Frau Jenny Treibel‹ (1892), ›Effi Briest‹ (1895), ›Der Stechlin‹ (1899).

Theodor Fontane

L'Adultera

Roman

Mit einem Nachwort
neu herausgegeben von
Helmuth Nürnberger

Deutscher Taschenbuch Verlag

Von Theodor Fontane
sind im Deutschen Taschenbuch Verlag erschienen:

Wanderungen durch die Mark Brandenburg
3 Bände (59025)
Vor dem Sturm (2345)
Schach von Wuthenow (2375)
Graf Petöfy (2412)
Unterm Birnbaum (12372)
Cécile (12553)
Irrungen, Wirrungen (2340)
Stine (12498)
Quitt (2378)
Unwiederbringlich (2349)
Frau Jenny Treibel (8390)
Die Poggenpuhls (2398)
Der Stechlin (12552)
Grete Minde (12554)
Ellernklipp (12469)
Mathilde Möhring (2350)
Effi Briest (12499)

Vollständige, im Kommentar revidierte und
mit einem Nachwort versehene Ausgabe
Januar 1998
2. Auflage August 1999
Deutscher Taschenbuch Verlag GmbH & Co. KG,
München

Dritte, durchgesehene und im Anhang erweiterte Auflage
Umschlagkonzept: Balk & Brumshagen
Umschlagbild: Quint Buchholz
Gesamtherstellung: C.H.Beck'sche Buchdruckerei,
Nördlingen
Gedruckt auf säurefreiem, chlorfrei gebleichtem Papier
Printed in Germany · ISBN 3-423-12470-9

INHALT

L'Adultera
7

ANHANG

Zur Neuausgabe im Taschenbuch
142
Zur Entstehung
143
Briefzeugnisse
148
Anmerkungen
160
Varianten
185
Zeittafel
190
Abgekürzt zitierte Literatur
193
Literaturhinweise
195
Nachwort
197

L'ADULTERA

1

KOMMERZIENRAT VAN DER STRAATEN

Der Kommerzienrat van der Straaten, Große Petristraße 4, war einer der vollgiltigsten Finanziers der Hauptstadt, eine Tatsache, die dadurch wenig alteriert wurde, daß er mehr eines geschäftlichen als eines persönlichen Ansehens genoß. An der Börse galt er bedingungslos, in der Gesellschaft nur bedingungsweise. Es hatte dies, wenn man herumhorchte, seinen Grund zu sehr wesentlichem Teile darin, daß er zu wenig »draußen« gewesen war und die Gelegenheit versäumt hatte, sich einen allgemein giltigen Weltschliff oder auch nur die seiner Lebensstellung entsprechenden Allüren anzueignen. Einige neuerdings erst unternommene Reisen nach Paris und Italien, die übrigens niemals über ein paar Wochen hinaus ausgedehnt worden waren, hatten an diesem Tatbestande nichts Erhebliches ändern können und ihm jedenfalls ebenso seinen spezifisch lokalen Stempel wie seine Vorliebe für drastische Sprüchwörter und heimische »geflügelte Worte« von der derberen Observanz gelassen. Er pflegte, um ihn selber mit einer seiner Lieblingswendungen einzuführen, »aus seinem Herzen keine Mördergrube zu machen«, und hatte sich, als reicher Leute Kind, von Jugend auf daran gewöhnt, alles zu tun und zu sagen, was zu tun und zu sagen er lustig war. Er haßte zweierlei: sich zu genieren und sich zu ändern. Nicht als ob er sich in der Theorie für besserungsunbedürftig gehalten hätte, keineswegs, er bestritt nur in der Praxis eine besondere Benötigung dazu. Die meisten Menschen, so hieß es dann wohl in seinen jederzeit gern gegebenen Auseinandersetzungen, seien einfach erbärmlich und so grundschlecht, daß er, verglichen mit ihnen, an einer wahren Engelgrenze stehe. Er sähe mithin nicht ein, warum er an sich arbeiten und sich Unbequemlichkeiten machen solle. Zudem könne man jeden Tag an jedem beliebigen Konventikler oder Predigtamtskandidaten erkennen, daß es *doch* zu nichts führe. Es sei eben immer die alte Geschichte, und um den Teufel auszutreiben, werde Beelzebub zitiert. Er zög' es deshalb vor, alles beim alten zu belassen. Und wenn er so gesprochen, sah er sich selbstzufrieden um und schloß behaglich und gebildet: »O rühret, rühret nicht daran«, denn er liebte das Einstreuen lyrischer Stellen, ganz besonders solcher, die seinem echt-berlinischen Hange zum bequem Gefühlvollen einen Ausdruck gaben. Daß er eben diesen Hang auch wieder ironisierte, versteht sich von selbst.

Van der Straaten, wie hiernach zu bemessen, war eine sentimental-humoristische Natur, deren Berolinismen und Zynismen nichts weiter waren als etwas wilde Schößlinge seines Unabhängigkeitsgefühls und einer immer ungetrübten Laune. Und in der Tat, es gab nichts in der Welt, zu dem er allezeit so beständig aufgelegt gewesen wäre, wie zu Bonmots und scherzhaften Repartis, ein Zug seines Wesens, der sich schon bei Vorstellungen in der Gesellschaft zu zeigen pflegte. Denn die bei diesen und ähnlichen Gelegenheiten nie ausbleibende Frage nach seinen näheren oder ferneren Beziehungen zu dem Gutzkowschen Vanderstraaten, ward er nicht müde, prompt und beinahe paragraphenweise dahin zu beantworten, daß er jede Verwandtschaft mit dem von der Bühne her so bekannt gewordenen Manasse Vanderstraaten ablehnen müsse, erstens weil er seinen Namen nicht einwortig, sondern dreiwortig schreibe, zweitens weil er trotz seines Vornamens Ezechiel nicht bloß überhaupt getauft worden sei, sondern auch das nicht jedem Preußen zuteil werdende Glück gehabt habe, durch einen evangelischen Bischof, und zwar durch den alten Bischof Roß, in die christliche Gemeinschaft aufgenommen zu sein, und drittens und letztens, weil er seit längerer Zeit des Vorzugs genieße, die Honneurs seines Hauses nicht durch eine Judith, sondern durch eine Melanie machen lassen zu können, durch eine Melanie, die, zu weiterem Unterschiede, nicht seine Tochter, sondern seine »Gemahlin« sei. Und dies Wort sprach er dann mit einer gewissen Feierlichkeit, in der Scherz und Ernst geschickt zusammenklangen.

Aber der Ernst überwog, wenigstens in seinem Herzen. Und es konnte nicht anders sein, denn die junge Frau war fast noch mehr sein Stolz als sein Glück. Älteste Tochter Jean de Caparoux', eines Adligen aus der französischen Schweiz, der als Generalkonsul eine lange Reihe von Jahren in der norddeutschen Hauptstadt gelebt hatte, war sie ganz und gar als das verwöhnte Kind eines reichen und vornehmen Hauses großgezogen und in all ihren Anlagen aufs glücklichste herangebildet worden. Ihre heitere Grazie war fast noch größer als ihr Esprit, und ihre Liebenswürdigkeit noch größer als beides. Alle Vorzüge französischen Wesens erschienen in ihr vereinigt. Ob auch die Schwächen? Es verlautete nichts darüber. Ihr Vater starb früh, und statt eines gemutmaßten großen Vermögens fanden sich nur Debets über Debets. Und um diese Zeit war es denn auch, daß der zweiundvierzigjährige van der Straaten um die siebzehnjährige Melanie warb und ihre Hand erhielt. Einige Freunde beider Häuser ermangelten selbstverständlich nicht, allerhand Trübes zu prophezeien. Aber sie schienen im Unrecht bleiben zu sollen. Zehn glückliche Jahre, glücklich für beide Teile, waren seitdem vergangen, Melanie lebte wie die Prinzeß im Märchen, und van der Straaten seinerseits trug mit freudiger Ergebung seinen Necknamen »Ezel«, in den die junge Frau den langatmigen und etwas suspekten »Ezechiel« umgewandelt hatte. Nichts fehlte. Auch Kinder waren da: zwei Töchter, die jüngere des Vaters, die ältere der Mutter Ebenbild, groß und schlank und mit herabfallendem, dunklem Haar. Aber während die Augen der Mutter immer lachten, waren die der Tochter ernst und schwermütig, als sähen sie in die Zukunft.

2

L'ADULTERA

Die Wintermonate pflegten die van der Straatens in ihrer Stadtwohnung zuzubringen, die, trotzdem sie altmodisch war, doch an Komfort nichts vermissen ließ. Jedenfalls aber bot sie für das gesellschaftliche Treiben der Saison eine größere Bequemlichkeit als die spreeabwärts am Nordwestrande des Tiergartens gelegene Villa.

Der erste Subskriptionsball war gewesen, vor zwei Tagen,

und van der Straaten und Frau nahmen wie gewöhnlich in dem hochpaneelierten Wohn- und Arbeitszimmer des ersteren ihr gemeinschaftliches Frühstück ein. Von dem beinah unmittelbar vor ihrem Fenster aufragenden Petrikirchturme herab schlug es eben neun, und die kleine französische Stutzuhr sekundierte pünktlich, lief aber in ihrer Hast und Eile den dumpfen und langsamen Schlägen, die von draußen her laut wurden, weit voraus. Alles atmete Behagen, am meisten der Hausherr selbst, der, in einen Schaukelstuhl gelehnt und die Morgenzeitung in der Hand, abwechselnd seinen Kaffee und den Subskriptionsballbericht einschlürfte. Nur dann und wann ließ er seine Hand mit der Zeitung sinken und lachte.

»Was lachst du wieder, Ezel,« sagte Melanie, während sie mit ihrem linken Morgenschuh kokettisch hin- und herklappte. »Was lachst du wieder? Ich wette die Robe, die du mir heute noch kaufen wirst, gegen dein häßliches, rotes und mir zum Tort wieder schief umgeknotetes Halstuch, daß du nichts gefunden hast als ein paar Zweideutigkeiten.«

»Er schreibt *zu* gut«, antwortete van der Straaten, ohne den hingeworfenen Fehdehandschuh aufzunehmen. »Und was mich am meisten freut, sie nimmt es alles für Ernst.«

»Wer denn?«

»Nun, wer! Die Maywald, deine Rivalin. Und nun höre. Oder lies es selbst.«

»Nein, ich mag nicht. Ich liebe nicht diese Berichte mit ausgeschnittenen Kleidern und Anfangsbuchstaben.«

»Und warum nicht? Weil du noch nicht an der Reihe warst. Ja, Lanni, er geht stolz an dir vorüber.«

»Ich würd' es mir auch verbitten.«

»Verbitten! Was heißt verbitten? Ich verstehe dich nicht. Oder glaubst du vielleicht, daß gewesene Generalkonsulstöchter in vestalisch-priesterlicher Unnahbarkeit durchs Leben schreiten oder sakrosankt sind wie Botschafter und Ambassaden! Ich will dir ein Sprüchwort sagen, das ihr in Genf nicht haben werdet ...«

»Und das wäre?«

»Sieht doch die Katz' den Kaiser an. Und ich sage dir, Lanni, was man ansehen darf, das darf man auch beschreiben.

Oder verlangst du, daß ich ihn fordern sollte? Pistolen und zehn Schritt Barriere?«

Melanie lachte. »Nein Ezel, ich stürbe, wenn du mir totgeschossen würdest.«

»Höre, dies solltest du dir doch überlegen. Das Beste, was einer jungen Frau wie dir passieren kann, ist doch immer die Witwenschaft, oder ›le Veuvage‹, wie meine Pariser Wirtin mir ein Mal über das andere zu versichern pflegte. Beiläufig, meine beste Reisereminiszenz. Und dabei hättest du sie sehen sollen, die kleine, korpulente, schwarze Madame . . .«

»Ich sehne mich nicht danach. Ich will lieber wissen, wie alt sie war.«

»Fünfzig. Die Liebe fällt nicht immer auf ein Rosenblatt . . .«

»Nun, da mag es dir und ihr verziehen sein.«

Und dabei stand Melanie von ihrem hochlehnigen Stuhl auf, legte den Kanevas beiseite, an dem sie gestickt hatte, und trat an das große Mittelfenster.

Unten bewegte sich das bunte Treiben eines Markttages, dem die junge Frau gern zuzusehen pflegte. Was sie daran am meisten fesselte, waren die Gegensätze. Dicht an der Kirchentür, an einem kleinen, niedrigen Tische, saß ein Mütterchen, das ausgelassenen Honig in großen und kleinen Gläsern verkaufte, die mit ausgezacktem Papier und einem roten Wollfaden zugebunden waren. Ihr zunächst erhob sich eine Wildhändlerbude, deren sechs aufgehängte Hasen mit traurigen Gesichtern zu Melanie hinübersahen, während in Front der Bude (das erfrorene Gesicht in einer Kapuze) ein kleines Mädchen auf und ab lief und ihre Schäfchen, wie zur Weihnachtszeit, an die Vorübergehenden feilbot. Über dem Ganzen aber lag ein grauer Himmel, und ein paar Flocken federten und tanzten, und wenn sie niederfielen, wurden sie vom Luftzuge neu gefaßt und wieder in die Höhe gewirbelt.

Etwas wie Sehnsucht überkam Melanie beim Anblick dieses Flockentanzes, als müsse es schön sein, so zu steigen und zu fallen und dann wieder zu steigen, und eben wollte sie sich vom Fenster her ins Zimmer zurückwenden, um in leichtem Scherze, ganz wie sie's liebte, sich und ihre Sehnsuchtsanwandlung zu persiflieren, als sie, von der Brüderstraße her, eines jener langen und auf niedrigen Rädern gehenden Gefährte vorfahren sah, die die hauptstädtischen Bewohner Rollwagen nennen. Es konnte das Exemplar, das eben hielt, als ein Musterstück seiner Gattung gelten, denn nichts fehlte. Nach hinten zu war der zum Abladen dienende Doppelbaum in vorschriftsmäßigem rechten Winkel aufgerichtet, vorn stand der Kutscher mit Vollbart und Lederschurz, und in der Mitte lief ein kleiner Bastard von Spitz und Rattenfänger hin und her und bellte jeden an, der nur irgendwie Miene machte, sich auf fünf Schritte dem Wagen zu nähern. Er hatte kaum noch ein Recht zu diesen Äußerungen übertriebener Wachsamkeit, denn auf dem ganzen langen Wagenbrette lag nur noch ein einziges Kolli, das der Rollkutscher jetzt zwischen seine zwei Riesenhände nahm und in den Hausflur hineintrug, als ob es eine Pappschachtel wäre.

Van der Straaten hatte mittlerweile seine Lektüre beendet und war an ein unmittelbar neben dem Eckfenster stehendes Pult getreten, an dem er zu schreiben pflegte.

»Wie schön diese Leute sind«, sagte Melanie. »Und so stark. Und dieser wundervolle Bart! So denk' ich mir Simson.«

»Ich nicht«, entgegnete van der Straaten trocken.

»Oder Wieland den Schmied.«

»Schon eher. Und über kurz oder lang, denk' ich, wird diese Sache spruchreif sein. Denn ich wette zehn gegen eins, daß ihn der ›Meister‹ in irgend etwas Zukünftigem bereits unterm Hammer hat. Oder sagen wir auf dem Amboß. Es klingt etwas vornehmer.«

»Ich muß dich bitten, Ezel ... Du weißt ...«

Aber ehe sie schließen konnte, wurde geklopft, und einer der jungen Kontoristen erschien in der Tür, um seinem Chef, unter gleichzeitiger Verbeugung gegen Melanie, einen Frachtbrief einzuhändigen, auf dem in großen Buchstaben und in italienischer Sprache vermerkt war: »Zu eigenen Händen des Empfängers«.

Van der Straaten las und war sofort wie elektrisiert. »Ah, von Salviati! ... Das ist hübsch, das ist schön ... Gleich die Kiste heraufschaffen! ... Und du bleibst, Melanie ... Hat er doch Wort gehalten ... Freut mich, freut mich wirklich. Und dich wird es auch freuen. Etwas Venezianisches, Lanni ... Du warst so gern in Venedig.«

Und während er in derartig kurzen Sätzen immer weiter perorierte, hatte er aus einem Kasten seines Arbeitstisches ein Stemmeisen herausgenommen und hantierte damit, als die Kiste hereingebracht worden war, so vertraut und so geschickt, als ob es ein Korkzieher oder irgendein anderes Werkzeug alltäglicher Benutzung gewesen wäre. Mit Leichtigkeit hob er den Deckel ab und setzte das daran angeschraubte Bild auf ein großes, staffeleiartiges Gestell, das er schon vorher aus einer der Zimmerecken ans Fenster geschoben hatte. Der junge Kommis hatte sich inzwischen wieder entfernt, van der Straaten aber, während er Melanie mit einer gewissen Feierlichkeit vor das Bild führte, sagte: »Nun, Lanni, wie findest du's? ... Ich will dir übrigens zu Hilfe kommen ... Ein Tintoretto.«

»Kopie?«

»Freilich«, stotterte van der Straaten etwas verlegen. »Originale werden nicht hergegeben. Und würden auch meine Mittel übersteigen. Dennoch dächt' ich ...«

Melanie hatte mittlerweile die Hauptfiguren des Bildes mit ihrem Lorgnon gemustert und sagte jetzt: »Ah, l'Adultera! ... Jetzt erkenn' ich's. Aber daß du gerade *das* wählen mußtest! Es ist eigentlich ein gefährliches Bild, fast so gefährlich wie der Spruch ... Wie heißt er doch?«

»›Wer unter Euch ohne Sünde ist ...‹«

»Richtig. Und ich kann mir nicht helfen, es liegt so was Ermutigendes darin. Und dieser Schelm von Tintoretto hat es auch ganz in diesem Sinne genommen. Sieh nur! ... Geweint hat sie ... Gewiß ... Aber warum? Weil man ihr immer wieder und wieder gesagt hat, wie schlecht sie sei. Und nun glaubt sie's auch, oder *will* es wenigstens glauben. Aber ihr Herz wehrt sich dagegen und kann es nicht finden ... Und daß ich dir's gestehe, sie wirkt eigentlich rührend auf mich. Es ist so viel Unschuld in ihrer Schuld ... Und alles wie vorherbestimmt.«

Melanie, während sie so sprach, war ernster geworden und von dem Bilde zurückgetreten. Nun aber fragte sie: »Hast du schon einen Platz dafür?«

»Ja, hier.« Und er wies auf eine Wandstelle neben seinem Schreibpult.

»Ich dachte«, fuhr Melanie fort, »du würdest es in die Galerie schicken. Und offen gestanden, es wird sich an diesem Pfeiler etwas sonderbar ausnehmen. Es wird ...«

»Unterbrich dich nicht.«

»Es wird den Witz herausfordern und die Bosheit, und ich höre schon Reiff und Duquede medisieren, vielleicht auf deine Kosten und gewiß auf meine.«

Van der Straaten hatte seinen Arm auf das Pult gelehnt und lächelte.

»Du lächelst, und sonst lachst du doch, mehr, als gut ist, und namentlich lauter, als gut ist. Es steckt etwas dahinter. Sage, was hast du gegen mich? Ich weiß recht gut, du bist nicht so harmlos, wie du dich stellst. Und ich weiß auch, daß es wunderliche Gemütlichkeiten gibt. Ich habe mal von einem russischen Fürsten gelesen, ich glaube Suboff war sein Name. Eigentlich waren es zwei, zwei Brüder. Die spielten Karten, und dann ermordeten sie den Kaiser Paul, und dann spielten sie wieder Karten. Ich glaube beinah, du könntest auch so was! Und alles mit gutem Gewissen und gutem Schlaf.«

»Also *darum* König Ezel!« lachte van der Straaten.

»O nein. Nicht darum. Als ich dich so hieß, war ich noch ein halbes Kind. Und ich kannte dich damals noch nicht. Jetzt aber kenn' ich dich und weiß nur nicht, ob es etwas sehr Gutes oder etwas sehr Schlimmes ist, was in dir steckt ... Aber nun komm. Unser Kaffee ist kalt geworden.«

Und sie gab ihren Platz am Fenster auf, setzte sich wieder auf ihren hochlehnigen Stuhl und nahm Nadel und Kanevas und tat ein paar rasche Stiche. Zugleich aber ließ sie kein Auge von ihm, denn sie wollte wissen, was in seiner Seele vorging.

Und er wollt' es auch nicht länger verbergen. War er doch ohnehin, aller Freundschaft unerachtet, ohne Freund und Vertrauten, und so trieb es ihn denn, angesichts dieses Bildes einmal aus sich herauszugehn.

»Ich habe dich nie mit Eifersucht gequält, Lanni.«

»Und ich habe dir nie Veranlassung dazu gegeben.«

»Nein. Aber heute rot und morgen tot. Das heißt, alles

wechselt im Leben. Und sieh, als wir letzten Sommer in Venedig waren, und ich dies Bild sah, da stand es auf einmal alles deutlich vor mir. Und da war es denn auch, daß ich Salviati bat, mir das Bild kopieren zu lassen. Ich will es vor Augen haben, so als Memento mori, wie die Kapuziner, die sonst nicht mein Geschmack sind. Denn sieh, Lanni, auch in ihrer Furcht unterscheiden sich die Menschen. Da sind welche, die halten es mit dem Vogel Strauß und stecken den Kopf in den Sand und wollen nichts wissen. Aber andere haben eine Neigung, ihr Geschick immer vor sich zu sehen und sich mit ihm einzuleben. Sie wissen genau, den und den Tag sterb' ich, und sie lassen sich einen Sarg machen und betrachten ihn fleißig. Und die beständige Vorstellung des Todes nimmt auch dem Tode schließlich seine Schrecken. Und sieh, Lanni, so will ich es auch machen, und das Bild soll mir dazu helfen ... Denn es ist erblich in unserm Haus ... und so gewiß dieser Zeiger ...«

»Aber Ezel«, unterbrach ihn Melanie, »was hast du nur? Ich bitte dich, wo soll das hinaus? Wenn du die Dinge *so* siehst, so weiß ich nicht, warum du mich nicht heut' oder morgen einmauern läßt.«

»An dergleichen hab' ich auch schon gedacht. Und ich bekenne, ›Melanie die Nonne‹ klänge nicht übel, und es ließe sich eine Ballade darauf machen. Aber es hilft zu nichts. Denn du glaubst gar nicht, was Liebende bei gutem Willen alles durchsetzen. Und sie haben immer guten Willen.«

»Oh, ich glaub' es schon.«

»Nun siehst du«, lachte van der Straaten, den diese scherzhafte Wendung plötzlich wieder zu heiterer Laune stimmte. »So hör' ich dich gern. Und zur Belohnung: das Bild soll nicht an den Eckpfeiler, sondern wirklich in die Galerie. Verlaß dich darauf. Und um dir nichts zu verschweigen, ich hab' auch über all das so meine wechselnden und widerstreitenden Gedanken, und mitunter denk' ich: ich sterbe vielleicht drüber hin. Und das wäre das beste. Zeit gewonnen, alles gewonnen. Es ist nichts Neues. Aber die trivialsten Sätze sind immer die richtigsten.«

»Dann vergiß auch nicht *den*, daß man den Teufel nicht an die Wand malen soll!«

Er nickte. »Da hast du recht. Und wir *wollen's* auch nicht und wollen diese Stunde vergessen. Ganz und gar. Und wenn ich dich je wieder daran erinnere, so sei's im Geiste des Friedens und zum Zeichen der Versöhnung. Lache nicht. Es kommt, was kommen soll. Und wie sagtest du doch? Es sei so viel Unschuld in ihrer Schuld ...«

»... Und vorherbestimmt, sagt' ich. Prädestiniert! ... Aber vorherbestimmt ist *heute*, daß wir ausfahren, und das ist die Hauptsache. Denn ich brauche die Robe viel, viel nötiger als du den Tintoretto brauchst. Und ich war eigentlich eine Törin und ein Kindskopf, daß ich alles so bitter ernsthaft genommen und dir jedes Wort geglaubt habe! Du hast das Bild haben wollen, c'est tout. Und nun gehab dich wohl, mein Dänenprinz, mein Träumer. Sein oder Nichtsein ... Variationen von Ezechiel van der Straaten!«

Und sie stand auf und lachte und stieg die kleine durchbrochene Treppe hinauf, die, von van der Straatens Zimmer aus, in die Schlafzimmer des zweiten Stockes führte.

3

LOGIERBESUCH

Van der Straaten, um es zu wiederholen, bewegte sich gern in dem Gegensatze von derb und gefühlvoll, überhaupt in Gegensätzen, und so war es wenig verwunderlich, daß das vor dem Tintoretto geführte Gespräch in seinem Herzen nicht allzu lange nachtönte. Freilich auch nicht in dem seiner Frau. Nur solang es geführt worden war, war Melanie wirklich überrascht gewesen, nicht um des sentimentalen Tones willen, den sie kannte, sondern weil alles eine viel persönlichere Richtung nahm als bei früheren Gelegenheiten. Aber nun war es vorüber. Das Bild erhielt seinen Platz in der Galerie, man sah es nicht mehr, und van der Straaten, wenn er ihm zufällig begegnete, lächelte nur in beinah heiterer Resignation. Er besaß eben ganz den fatalistischen Zug der Humoristen, der sich verdoppelt, wenn sie nebenher auch noch Lebemänner sind.

Es war eine belebte Saison gewesen; aber Ostern, trotzdem es spät fiel, lag schon wieder zurück, und die Wochen waren wieder da, wo herkömmlich die Frage verhandelt zu werden pflegte: »Wann ziehen wir hinaus?«

»Bald«, sagte Melanie, die bereits die Tage zählte.

»Aber die ›gestrengen Herren‹ waren noch nicht da.«

»Die regieren nicht lange.«

»Zugestanden«, lachte van der Straaten. »Und um so lieber, als ich nur *so* meine Hausherrschaft garantiert finde. Wenigstens mittelbar. Und immer noch besser schwach regieren als gar nicht.«

Diese Worte waren an einem der letzten Apriltage beim Frühstück gewechselt worden, und es mochte Mittag sein, als der Kommerzienrat von seinem Comptoir aus die Frau Kommerzienrätin bitten ließ, mit ihrer Ausfahrt eine Viertelstunde warten zu wollen, weil er ihr zuvor eine Mitteilung zu machen habe. Melanie ließ zurücksagen, »daß sie sich freuen würde, ihn zu sehen, und rechne danach auf seine Begleitung«.

In Courtoisien dieser Art, denen übrigens auch ein gelegentlicher Revers nicht fehlte, hatten sich die van der Straatens seit Jahren eingelebt, namentlich *er*, der nach seiner eignen Versicherung »dem adligen Hause de Caparoux einiges Ritterdienstliche schuldig zu sein glaubte« und zu diesem Ritterdienstlichen in erster Reihe Pünktlichkeit und Nichtwartenlassen zählte.

So erschien er denn auch heute, bald nach erfolgter Anmeldung, im Zimmer seiner Frau.

Dieses Zimmer entsprach in seinen räumlichen Verhältnissen ganz dem ihres Gatten, war aber um vieles heller und heiterer, einmal weil die hohe Paneelierung, aber mehr noch, weil die vielen nachgedunkelten Bilder fehlten. Statt dieser vielen war nur ein einziges da: das Porträt Melanies in ganzer Figur, ein wogendes Kornfeld im Hintergrund und sie selber eben beschäftigt, ein paar Mohnblumen an ihren Hut zu stecken. Die Wände, wo sie frei waren, zeigten eine weiße Seidentapete, tief in den Fensternischen erhoben sich Hyazinthenestraden, und vor einer derselben, auf einem zierlichen Marmortische, stand ein blitzblankes Bauer, drin ein grauer Kakadu, der eigentliche Tyrann des Hauses, sein von der Dienerschaft gleichmäßig gehaßtes und beneidetes Dasein führte. Melanie sprach eben mit ihm, als Ezechiel in einer gewissen humoristischen Aufgeregtheit eintrat und seine Frau, nach vorgängiger respektvoller Verneigung gegen den Kakadu, bis an ihren Sofaplatz zurückführte. Dann schob er einen Fauteuil heran und setzte sich neben sie.

Die Feierlichkeit, mit der all dies geschah, machte Melanie lachen.

»Ist es doch, als ob du dich auf eine ganz besondere Beichte vorzubereiten hättest. Ich will es dir aber leicht machen. Ist es etwas Altes? Etwas aus deiner dunklen Vergangenheit . . .?«

»Nein, Lanni, es ist etwas Gegenwärtiges.«

»Nun, da will ich doch abwarten und mich zu keinem Generalpardon hinreißen lassen. Und nun sage, was ist es?«

»Eine Bagatelle.«

»Was deine Verlegenheit bestreitet.«

»Und doch eine Bagatelle. Wir werden einen Besuch empfangen oder vielmehr einen Gast oder, wenn ich mich des Ausdrucks bedienen darf, einen Dauergast. Also kurz und gut, denn was hilft es, es muß heraus: einen neuen Hausgenossen.«

Melanie, die bis dahin ein Schokoladenbiskuit, das noch auf dem Teller lag, zerkrümelt hatte, legte jetzt ihren Zeigefinger auf van der Straatens Hand und sagte: »Und das nennst du eine Bagatelle? Du weißt recht gut, daß es etwas sehr Ernsthaftes ist. Ich habe nicht den Vorzug, ein Kind dieser eurer Stadt zu sein, bin aber doch lange genug in eurer exquisiten Mitte gewesen, um zu wissen, was es mit einem ›Logierbesuch‹ auf sich hat. Schon das Wort, das sich sonst nirgends findet, kann einen ängstlich machen. Und was ist ein Logierbesuch gegen eine neue Hausgenossenschaft . . . Ist es eine Dame?«

»Nein, ein Herr.«

»Ein Herr. Ich bitte dich, Ezel . . .«

»Ein Volontär, ältester Sohn eines mir befreundeten Frankfurter Hauses. War in Paris und London, selbstverständlich, und kommt eben jetzt von New York, um hier am Ort eine Filiale zu gründen. Vorher aber will er in unserem Hause die Sitte dieses Landes kennenlernen, oder sag' ich lieber *wieder* kennenlernen, weil er sie draußen halb vergessen hat. Es ist ein besonderer Vertrauensakt. Ich bin überdies dem Vater verpflichtet und bitte dich herzlich, mir eine Verlegenheit ersparen zu wollen. Ich denke, wir geben ihm die zwei leerstehenden Zimmer auf dem linken Korridor.«

»Und zwingen ihn also, einen Sommer lang auf die Fliesen unseres Hofes und auf Christels Geraniumtöpfe hinunterzusehen.«

»Es kann nicht die Rede davon sein, mehr zu geben, als man hat. Und er selbst wird es am wenigsten erwarten. Alle Personen, die viel in der Welt umher waren, pflegen am gleichgiltigsten gegen derlei Dinge zu sein. Unser Hof bietet freilich nicht viel; aber was hätt' er Besseres in der Front? Ein Stück Kirchengitter mit Fliederbusch, und an Markttagen die Hasenbude.«

»Eh bien, Ezel. Faisons le jeu. Ich hoffe, daß nichts Schlimmes dahinter lauert, keine Konspirationen, keine Pläne, die du mir verschweigst. Denn du bist eine versteckte Natur. Und wenn es deine Geheimnisse nicht stört, so möcht' ich schließlich wenigstens den Namen unseres neuen Hausgenossen hören.«

»Ebenezer Rubehn ...«

»Ebenezer Rubehn«, wiederholte Melanie langsam und jede Silbe betonend. »Ich bekenne dir offen, daß mir etwas Christlich-Germanisches lieber gewesen wäre. Viel lieber. Als ob wir an deinem Ezechiel nicht schon gerade genug hätten! Und nun Ebenezer. Ebenezer Rubehn! Ich bitte dich, was soll dieser Accent grave, dieser Ton auf der letzten Silbe? Suspekt, im höchsten Grade suspekt!«

»Du mußt wissen, er schreibt sich mit einem h.«

»Mit einem h! Du wirst doch nicht verlangen, daß ich dies h für echt und ursprünglich nehmen soll? Einschiebsel, versuchte Leugnung des Tatsächlichen, absichtliche Verschleierung, hinter der ich nichtsdestoweniger alle zwölf Söhne Jakobs stehen sehe. Und er selber als Flügelmann.«

»Und doch irrst du, Lanni. Wie stand es denn mit Rubens? Ich meine mit dem großen Peter Paul? Nun, der hatte freilich ein s. Aber was dem s recht ist, ist dem h billig. Und kurz und gut, er ist getauft. Ob durch einen Bischof, stehe dahin; ich weiß es nicht und wünsch' es nicht, denn ich möcht' etwas vor ihm voraus haben. Aber allen Ernstes, du tust ihm unrecht. Er ist nicht bloß christlich, er ist auch protestantisch, so gut wie du und ich. Und wenn du noch zweifelst, so lasse dich durch den Augenschein überzeugen.«

Und hierbei versuchte van der Straaten aus einem kleinen gelben Kuvert, das er schon bereithielt, eine Visitenkartenphotographie herauszunehmen. Aber Melanie litt es nicht und sagte nur in immer wachsender Heiterkeit: »Sagtest du nicht New York? Sagtest du nicht London? Ich war auf einen Gentleman gefaßt, auf einen Mann von Welt, und nun schickt er sein Bildnis, als ob es sich um ein Rendezvous handelte. Krugs Garten, mit einer Verlobung im Hintergrund.«

»Und doch ist er unschuldig. Glaube mir. Ich wollte sicher gehen, um deinetwillen sicher gehen, und deshalb schrieb ich an den alten Goeschen, Firma Goeschen, Goldschmidt und Kompanie; diskreter alter Herr. Und *da*her stammt es. Ich bin schuld, nicht er, wahr und wahrhaftig, und wenn du mir das Wort gestattest, sogar ›auf Ehre‹.«

Melanie nahm das Kuvert und warf einen flüchtigen Blick auf das eingeschlossene Bild. Ihre Züge veränderten sich plötzlich und sie sagte: »Ah, der gefällt mir. Er hat etwas Distinguiertes: Offizier in Zivil oder Gesandtschaftsattaché! Das lieb' ich. Und nun gar ein Bändchen. Ist es die Ehrenlegion?«

»Nein, du kannst es näher suchen. Er stand bei den fünften Dragonern und hat für Chartres und Poupry das Kreuz empfangen.«

»Ist das eine Schlacht von deiner Erfindung?«

»Nein. Dergleichen kommt vor, und als freie Schweizerin solltest du wissen, daß fremde Sprachen nicht immer gebührende Rücksicht auf die verpönten Klangformen einer anderen nehmen. Ja, Lanni, ich bin mitunter besser als mein Ruf.«

»Und wann dürfen wir unseren neuen Hausfreund erwarten?«

»Hausgenossen«, verbesserte van der Straaten. »Es ist nicht nötig, ihn, mit Rücksicht auf seine militärische Charge, so Hals über Kopf avancieren zu lassen. Übrigens ist er verlobt, oder so gut wie verlobt.«

»Schade.«

»Schade? Warum?«

»Weil Verlobte meistens langweilig sind. Sind sie beisammen, so sind sie zärtlich, bedrückend zärtlich für ihre Umgebung, und sind sie getrennt, so schreiben sie sich Briefe oder bereiten sich in ihrem Gemüte darauf vor. Und der Bräutigam ist immer der Schlimmere von beiden. Und will man sich gar in ihn verlieben, so heißt das nicht mehr und nicht weniger, als zwei Lebenskreise stören.«

»Zwei?«

»Ja, Bräutigam und Braut.«

»Ich hätte drei gezählt«, lachte van der Straaten. »Aber so seid ihr. Ich wette, du hast den dritten in Gnaden vergessen. Ehemänner zählen überhaupt nicht mit. Und wenn sie sich darüber wundern, so machen sie sich ridikül. Ich werde mich übrigens davor hüten, den Mohren der Weltgeschichte, das seid ihr, weiß waschen zu wollen. Apropos, kennst du das Bild ›Die Mohrenwäsche‹?«

»Ach, Ezel, du weißt ja, ich kenne keine Bilder. Und am wenigsten alte.«

»Süße Simplicitas aus dem Hause de Caparoux«, jubelte van der Straaten, der nie glücklicher war, wie wenn Melanie sich eine Blöße gab oder auch klugerweise nur so tat. »Altes Bild! Es ist nicht älter als ich.«

»Nun, dann ist es gerade alt genug.«

»Bravissimo. Sieh, so hab' ich dich gern. Übermütig und boshaft. Und nun sage, was beginnen wir, wohin gondeln wir?«

»Ich bitte dich, Ezel, nur keine Berolinismen. Du hast mir doch gestern erst . . .«

»Und ich halt' es auch. Aber wenn mir wohl ums Herze wird, da bricht es wieder durch. Und jetzt komm, wir wollen zu Haas und uns einen Teppich ansehen . . . ›Gerade alt genug‹ . . . Vorzüglich, vorzüglich . . .«

»Und nun sage, Papchen, wie heißt die schönste Frau im Land?«

»Melanie.«

»Und die liebste, die klügste, die beste Frau?«

»Melanie, Melanie.«

»Gut, gut ... Und nun gehab dich wohl, du Menschenkenner!«

4

DER ENGERE ZIRKEL

Die »drei gestrengen Herren« waren ganz ausnahmsweise streng gewesen, aber nicht zu Verdruß beider van der Straatens, die vielmehr *nun* erst wußten, daß der Winter all seine Pfeile verschossen und unweigerlich und ohne weitere Widerstandsmöglichkeit seinen Rückzug angetreten habe. Nun erst konnte man freien Herzens hinaus, hinaus ohne Sorge vor frostigen Vormittagen oder gar vor Eingeschneitwerden über Nacht. Alles freute sich auf den Umzug, auch die Kinder, am meisten aber van der Straaten, der, um ihn selber sprechen zu lassen, »unter allen vorkommenden Geburtsszenen einzig und allein der des Frühlings beizuwohnen liebte«. Vorher aber sollte noch ein kleines Abschiedsdiner stattfinden, und zwar unter ausschließlicher Heranziehung des dem Hause zunächst stehenden Kreises.

Es war das, übrigens von mehr verwandtschaftlicher als befreundeter Seite her, in erster Reihe der in der Alsenstraße wohnende Major von Gryczinski, ein noch junger Offizier mit abstehendem, englisch gekräuseltem Backenbart und klugen blauen Augen, der vor etwa drei Jahren die reizende Jacobine de Caparoux heimgeführt hatte, eine jüngere Schwester Melanies und nicht voll so schön wie diese, aber rotblond, was in den Augen einiger das Gleichgewicht zwischen beiden wieder herstellte. Gryczinski war Generalstäbler und hielt, wie jeder dieses Standes, an dem Glauben fest, daß es in der ganzen Welt nicht zwei so grundverschiedene Farben gäbe, wie das allgemeine preußische Militär-Rot und das Generalstabs-Rot. Daß er den Strebern zugehörte, war eine selbstverständliche Sache, wohl aber verdient es, in Rücksicht gegen den Ernst der Historie, schon an dieser Stelle hervorgehoben zu werden, daß er, alles Strebertums unerachtet, in allen nicht zu verlockenden Fällen ein bescheidenes Maß von Rücksichtsnahme gelten ließ und den Kampf ums Dasein nicht absolut als einen Übergang über die Beresina betrachtete. Wie sein großer Chef war er ein Schweiger, unterschied sich aber von ihm durch ein beständiges, jeden Sprecher ermutigendes Lächeln, das er, alle nutzlose Parteinahme klug vermeidend, über Gerechte und Ungerechte gleichmäßig scheinen ließ.

Gryczinski, wie schon angedeutet, war mehr Verwandter als Freund des Hauses. Unter diesen letzteren konnte der Baron Duquede, Legationsrat a. D., als der angesehenste gelten. Er war über sechzig, hatte bereits unter van der Straatens Vater dem damals ausgedehnteren Kreise des Hauses angehört und durfte sich, wie um anderer Qualitäten so auch schon um seiner Jahre willen, seinem hervorstechendsten Charakterzuge, dem des Absprechens, Verkleinerns und Verneinens ungehindert hingeben. Daß er, infolge davon, den Beinamen »Herr Negationsrat« erhalten hatte, hatte selbstverständlich seine milzsüchtige Krakeelerei nicht zu bessern vermocht. Er empörte sich eigentlich über alles, am meisten über Bismarck, von dem er seit 66, dem Jahre seiner eigenen Dienstentlassung, unaufhörlich versicherte, »daß er überschätzt werde«. Von einer beinah gleichen Empörung war er gegen das zum Französieren geneigte Berlinertum erfüllt, das ihn, um seines »qu« willen, als einen Koloniefranzosen ansah und seinen altmärkischen Adelsnamen nach der Analogie von Admiral Duquesne auszusprechen pflegte. »Was er sich gefallen lassen könne«, hatte Melanie hingeworfen, von welchem Tag an eine stille Gegnerschaft zwischen beiden herrschte.

Dem Legationsrat an Jahren und Ansehn am nächsten stand Polizeirat Reiff, ein kleiner behäbiger Herr mit roten und glänzenden Backenknochen, auch Feinschmecker und Geschichtenerzähler, der, solange die Damen bei Tische waren, kein Wasser trüben zu können schien, im Moment ihres Verschwindens aber in Anekdoten exzellierte, wie sie, nach Zahl und Inhalt, immer nur einem Polizeirat zu Gebote stehen. Selbst van der Straaten, dessen Talente doch nach derselben Seite hin lagen, erging sich dann in lautem und mitunter selbst stürmischem Beifall oder zwinkerte seinen Tischnachbarn seine neidlose Bewunderung zu.

Diese Tischnachbarn waren in der Regel zwei Maler: der Landschaftler Arnold Gabler, ebenfalls, wie Reiff und der Legationsrat, ein Erbstück aus des Vaters Tagen her, und Elimar Schulze, Porträt- und Genremaler, der sich erst in den letzten Jahren angefunden hatte. Seine Zugehörigkeit zu der vorgeschilderten Tafelrunde basierte zumeist auf dem Umstande, daß er nur ein halber Maler, zur andern Hälfte aber Musiker und enthusiastischer Wagnerianer war, auf welchen »Titul« hin, wie van der Straaten sich ausdrückte, Melanie seine Aufnahme betrieben und durchgesetzt hatte. Die bei dieser Gelegenheit abgegebene Bemerkung ihres Eheherrn, »daß er gegen den Aufzunehmenden nichts einzuwenden habe, wenn er einfach übertreten und seine Zugehörigkeit zu der alleinseligmachenden Musik offen und ehrlich aussprechen wolle«, war von dem immer gutgelaunten Elimar mit der Bitte beantwortet worden, »ihm diesen Schritt erlassen zu wollen und zwar einfach deshalb, weil doch schließlich nur das Gegenteil von dem Gewünschten dabei herauskommen würde. Denn während er jetzt als Maler allgemein für einen Musiker gehalten werde, werd' er als Musiker sicherlich für einen Maler gehalten und dadurch vom Standpunkte des Herrn Kommerzienrats aus in die relativ höhere Rangstufe wieder hinaufgehoben werden.«

Diesem Verwandten- und Freundeskreise waren die zu heute sieben Uhr Geladenen entnommen. Denn van der Straaten liebte die Spätdiners und erging sich mitunter in nicht üblen Bemerkungen über den gewaltigen Unterschied zwischen einer um vier Uhr künstlich hergestellten und einer um sieben Uhr natürlich erwachsenen Dunkelheit. Eine künstliche Vier-Uhr-Dunkelheit sei nicht besser als ein junger Wein, den man in einen Rauchfang gehängt und mit Spinnweb umwickelt habe, um ihn alt und ehrwürdig erscheinen zu lassen. Aber eine feine Zunge schmecke den jungen Wein und ein feines Nervensystem schmecke die junge Dunkelheit heraus. Bemerkungen, die, namentlich in ihrer »das feine Nervensystem« betonenden Schlußwendung, von Melanie regelmäßig mit einem allerherzlichsten Lachen begleitet wurden.

Das van der Straatensche Stadthaus – wodurch es sich, neben anderem, von der mit allem Komfort ausgestatteten Tiergartenvilla unterschied – hatte keinen eigentlichen Speisesaal, und die zwei großen und vier kleinen Diners, die sich über den Winter hin verteilten, mußten in dem ersten, als Entree dienenden Zimmer der großen Gemäldegalerie gegeben werden. Es griff dieser Teil der Galerie noch aus dem rechten Seitenflügel in das Vorderhaus über und lag unmittelbar hinter Melanies Zimmer, aus dem denn auch, sobald die breiten Flügeltüren sich öffneten, der Eintritt stattfand.

Und wie gewöhnlich, so auch heute. Van der Straaten nahm den Arm seiner blonden Schwägerin, Duquede den Melanies, während die vier anderen Herren paarweise folgten, eine herkömmliche Form des Aufmarsches, bei der der Major ebenso geschickt zwischen den beiden Malern zu wechseln, als den Polizeirat zu vermeiden wußte. Denn so bereit und ergeben er war, die Geschichten Reiffs bei Tag oder Nacht über sich ergehen zu lassen, so konnt' er sich doch nicht entschließen, ihm ebenbürtig den Arm zu bieten. Er stand vielmehr ganz in den Anschauungen seines Standes und bekannte sich, mit einem durch persönliches Fühlen unterstützten Nachdruck, zu dem alten Gegensatze von Militär und Polizei.

Jeder der Eintretenden war an dieser Stelle zu Haus und hatte keine Veranlassung mehr zum Staunen und Bewundern. Wer aber zum ersten Male hier eintrat, der wurde sicherlich durch eine Schönheit überrascht, die gerade darin ihren Grund hatte, daß der als Speisesaal dienende Raum kein eigentlicher Speisesaal war. Ein reichgegliederter Kronleuchter von französischer Bronze warf seine Lichter auf eine von guter italienischer Hand herrührende prächtig eingerahmte Kopie der Veronesischen »Hochzeit zu Cana«, die von Uneingeweihten auch wohl ohne weiteres für das Original genommen wurde, während daneben zwei Stilleben in fast noch größeren und reicheren Barockrahmen hingen. Es waren, von einiger vegetabilischer Zutat abgesehen, Hummer, Lachs und blaue Makrelen, über deren absolute Naturwahrheit sich van der Straaten in der ein für allemal gemünzten Bewunderungsformel ausließ, »es werd' ihm, als ob er taschentuchlos über den Cöllnischen Fischmarkt gehe«.

Nach hinten zu stand das Buffet, und daneben war die Tür,

die mit der im Erdgeschoß gelegenen Küche bequeme Verbindung hielt.

5

BEI TISCH

»Nehmen wir Platz«, sagte van der Straaten. »Meine Frau hat mich aller Placierungsmühen überhoben und Karten gelegt.«

Und dabei nahm er eine derselben in die Hand und ließ sein von Natur gutes und durch vieles Sehen kunstgeübtes Auge darüber hingleiten. »Ah, ah, sehr gut. Das ist Tells Geschoß. Gratuliere, Elimar. Allerliebst, allerliebst. Natürlich Amor, der schießt. Daß ihr Maler doch über diesen ewigen Schützen nicht wegkommen könnt.«

»Gegen dessen Abschaffung oder Dienstentlassung wir auch feierlich protestieren würden«, sagte die rotblonde Schwester.

Alle hatten sich inzwischen placiert, und es ergab sich, daß Melanie bei der von ihr getroffenen Anordnung vom Herkömmlichen abgewichen war. Van der Straaten saß zwischen Schwägerin und Frau, ihm gegenüber der Major, von Gabler und Elimar flankiert, an den Schmalseiten aber Polizeirat Reiff und Legationsrat Duquede.

Die Suppe war eben genommen und der im kommerzienrätlichen Hause von alter Zeit her berühmte Montefiascone gerade herumgereicht, als van der Straaten sich über den Tisch hin zu seinem Schwager wandte.

»Gryczinski, Major und Schwager«, hob er leicht und mit überlegener Vertraulichkeit an, »binnen heut' und drei Monaten haben wir Krieg. Ich bitte dich, sage nicht nein, wolle mir nicht widersprechen. Ihr, die ihr's schließlich machen müßt, erfahrt es erfahrungsmäßig immer am spätesten. Im Juni haben wir die Sache wieder fertig oder wenigstens eingerührt. Es zählt jetzt zu den sogenannten berechtigten Eigentümlichkeiten preußischer Politik, allen Geheimräten, wozu, in allem was Karlsbad und Teplitz angeht, auch die Kommerzienräte gehören, ihre Brunnen- und Badekur zu verderben. Helgoland mit eingeschlossen. Ich wiederhole dir, in zwei Monaten haben wir die Sache fertig und in drei haben wir den Krieg. Irgendwas Benedettihaftes wird sich doch am Ende finden lassen, und Ems liegt unter Umständen überall in der Welt.«

Gryczinski zwirbelte mit der Linken an der breitesten Stelle seines Backenbartes und sagte: »Schwager, du stehst zu sehr unter Börsengerüchten, um nicht zu sagen unter dem Einfluß der Börsenspekulation. Ich versichere dich, es ist kein Wölkchen am Horizont, und wenn wir zur Zeit wirklich einen Kriegsplan ausarbeiten, so betrifft er höchstens die hypothetische Bestimmung der Stelle, wo Rußland und England zusammenstoßen und ihre große Schlacht schlagen werden.«

Beide Damen, die von der entschiedensten Friedenspartei waren, die brünette, weil sie nicht gern das Vermögen, die blonde, weil sie nicht gern den Mann einbüßen wollte, jubelten dem Sprecher zu, während der Polizeirat, immer kleiner werdend, bemerkte: »Bitte dem Herrn Major meine gehorsamste Zustimmung aussprechen zu dürfen und zwar von ganzem Herzen und von ganzem Gemüte.« Wobei gesagt werden muß, daß er mit Vorliebe von seinem Gemüte sprach. »Überhaupt«, fuhr er fort, »nichts falscher und irriger, als sich Seine Durchlaucht den Fürsten, einen in Wahrheit friedliebenden Mann, als einen Kanonier mit ewig brennender Lunte vorzustellen, jeden Augenblick bereit, das Kruppsche Monstregeschütz eines europäischen Krieges auf gut Glück hin abzufeuern. Ich sage, nichts falscher und irriger als das. Hazardieren ist die Lust derer, die nichts besitzen, weder Vermögen noch Ruhm. Und der Fürst besitzt beides. Ich wette, daß er nicht Lust hat, seinen hochaufgespeicherten Doppelschatz immer wieder auf die Kriegskarte zu setzen. Er gewann 64 (nur eine Kleinigkeit), doublierte 66 und triplierte 70, aber er wird sich hüten, sich auf ein six-le-va einzulassen. Er ist ein sehr belesener Mann und kennt ohne Zweifel das Märchen vom ›Fischer un sine Fru‹ ...«

»... Dessen pikante Schlußwendung uns unser polizeirätlicher Freund hoffentlich nicht vorenthalten will«, bemerkte van der Straaten, in dem sich der Übermut der Tafelstimmung bereits zu regen begann.

Aber der Polizeirat, während er sich wie zur Gewährleistung jeder Sicherheit gegen die Damen hin verneigte, ließ das Märchen und seine notorische Schlußzeile fallen und sagte nur: »Wer alles gewinnen will, verliert alles. Und das Glück ist noch launenhafter als die Damen. Ja, meine Damen, als die Damen. Denn die Launenhaftigkeit, ich lebe selbst in einer glücklichen Ehe, ist das Vorrecht und der Zauber ihres Geschlechts. Der Fürst hat Glück gehabt, aber gerade weil er es gehabt hat...«

»...wird er sich hüten, es zu versuchen«, schloß mit ironischer Emphase der Legationsrat. »Aber, wenn er es *dennoch* täte? He? Der Fürst hat Glück gehabt, versichert uns unser Freund Reiff mit polizeirätlich unschuldiger Miene. Glück gehabt! Allerdings. Und zwar kein einfaches und gewöhnliches, sondern ein stupendes, ein nie dagewesenes Glück. Eines, das in seiner kolossalen Größe den Mann selber wegfrißt und verschlingt. Und sowenig ich geneigt bin, ihm dies Glück zu mißgönnen, ich kenne keine Mißgunst, so reizt es mich doch, einen Heroenkultus an dieses Glück geknüpft zu sehen. Er wird überschätzt, sag' ich. Glauben Sie mir, er hat etwas Plagiatorisches. Es mögen sich Erklärungen finden lassen, meinetwegen auch Entschuldigungen, eines aber bleibt: er wird überschätzt. Ja, meine Freunde, den Heroenkultus haben wir, und den Götterkultus *werden* wir haben. Bildsäulen und Denkmäler sind bereits da, und die Tempel werden kommen. Und in einem dieser Tempel wird sein Bildnis sein, und Göttin Fortuna ihm zu Füßen. Aber man wird es nicht den Fortunatempel nennen, sondern den Glückstempel. Ja, den Glückstempel, denn es wird darin gespielt, und unser vorsichtiger Freund Reiff hat es mit seinem six-le-va, das über kurz oder lang kommen wird, besser getroffen, als er weiß. Alles Spiel und Glück, sag' ich, und daneben ein unendlicher Mangel an Erleuchtung, an Gedanken und vor allem an großen schöpferischen Ideen.«

»Aber lieber Legationsrat«, unterbrach hier van der Straaten, »es liegen doch einige Kleinigkeiten vor: Exmittierung Österreichs, Aufbau des Deutschen Reichs...«

»...Ekrasierung Frankreichs und Dethronisierung des Papstes! Pah, van der Straaten, ich kenne die ganze Litanei. Wem aber haben wir dafür zu danken, wenn überhaupt dafür zu danken ist? Wem? Einer ihm feindlichen Partei, feindlich ihm und mir, einer Partei, der er ihren Schlachtruf genommen hat. Er hat etwas Plagiatorisches, sag' ich, er hat sich die Gedanken anderer einfach angeeignet, gute und schlechte, und sie mit Hilfe reichlich vorhandener Mittel in Taten umgesetzt. Das konnte schließlich jeder, jeder von uns: Gabler, Elimar, du, ich, Reiff...«

»Ich möchte doch bitten...«

»In Taten umgesetzt«, wiederholte Duquede.

»Ein Umsatz- und Wechselgeschäft, das ich hasse, solange nicht der selbsteigne Gedanke dahinter steht. Aber Taten mit gar keiner oder mit erheuchelter oder mit erborgter Idee haben etwas Rohes und Brutales, etwas Dschingiskhanartiges. Und ich wiederhole, ich hasse solche Taten. Am meisten aber hass' ich sie, wenn sie die Begriffe verwirren und die Gegensätze mengen, und wenn wir es erleben müssen, daß sich hinter den altehrwürdigen Formen unseres staatserhaltenden Prinzips, hinter der Maske des Konservatismus, ein revolutionärer Radikalismus birgt. Ich sage dir, van der Straaten, er segelt unter falscher Flagge. Und eines seiner einschlägigsten Mittel ist der beständige Flaggenwechsel. Aber ich hab' ihn erkannt und weiß, was seine eigentliche Flagge ist...«

»Nennen...«

»Die schwarze.«

»Die Piratenflagge?«

»Ja. Und Sie werden dessen über kurz oder lang alle gewahr werden. Ich sage dir, van der Straaten, und Ihnen, Elimar, und Ihnen, Reiff, der Sie's morgen in Ihr schwarzes Buch eintragen können, meinetwegen, denn ich bin ein altmärkischer Edelmann und habe den Dienst dieses mir widerstrebenden Eigennützlings längst quittiert, ich sag' es jedem, alt oder jung: sehen Sie sich vor. Ich warne Sie vor Täuschung, vor allem aber vor Überschätzung dieses falschen Ritters, dieses Glücks-Tempelherrn, an den die blöde Menge glaubt, weil er die Jesuiten aus dem Lande geschafft hat. Aber wie steht es damit? *Die* Bösen sind wir los, *der* Böse ist geblieben.«

Gryczinski hatte mit vornehmem Lächeln zugehört, van der

Straaten indes, der, trotzdem er eigentlich ein Bismarckschwärmer war, in seiner Eigenschaft als kritiksüchtiger Berliner nichts Reizenderes kannte, als Größenniedermetzelung und Generalnivellierung, immer vorausgesetzt, daß er selber als einsam überragender Bergkegel übrigblieb, grüßte zu Duquede hinüber und rief einem der Diener zu, dem Legationsrat, der sich geopfert habe, noch einmal von der letzten Schüssel zu präsentieren.

»Eine spanische Zwiebel, Duquede. Nimm. Das ist etwas für dich. Scharf, scharf. Ich mache mir nicht viel aus Spanien, aber um zweierlei beneid' ich es: um seine Zwiebeln und um seinen Murillo.«

»Überrascht mich«, sagte Gabler. »Und am meisten überrascht mich die dir entschlüpfte Murillo-, will also sagen Madonnenbewundrung.«

»Nicht entschlüpft, Arnold, nicht entschlüpft. Ich unterscheide nämlich, wie du wissen solltest, kalte und warme Madonnen. Die kalten sind mir allerdings verhaßt, aber die warmen hab' ich desto lieber. A la bonne heure, die berauschen mich, und ich fühl' es in allen Fingerspitzen, als ob es elfer Rheinwein wäre. Und zu diesen glühenden und sprühenden zähl' ich all diese spanischen Immaculatas und Concepciones, wo die Mutter Gottes auf einer Mondsichel steht, und um ihr dunkles Gewand her leuchten goldene Wolken und Engelsköpfe. Ja, Reiff, dergleichen gibt es. Und so blickt sie brünstig oder sagen wir lieber inbrünstig gen Himmel, als wolle die Seele flügge werden in einem Brütofen von Heiligkeit.«

»In einem Brütofen von Heiligkeit«, wiederholte der Polizeirat, in dessen Augen es heimlich und verstohlen zu zwinkern begann. »In einem Brütofen! Oh, das ist magnifique, das ist herrlich, und eine Andeutung, die jeder von uns nach dem Maße seiner Erkenntnis interpretieren und weiterspinnen kann.«

Beide junge Frauen, einigermaßen überrascht, ihren sonst so zurückhaltenden Freund auf dieser Messerschneide balancieren zu sehen, trafen sich mit ihren Blicken, und Melanie, rasch erkennend, daß es sich jeden Moment um eine jener Katastrophen handeln könne, wie sie bei den kommerzienrätlichen Diners eben nicht allzu selten waren, suchte vor allem von dem heiklen Murillothema loszukommen, was, bei van der Straatens Eigensinn, allerdings nur durch eine geschickte Diversion geschehen konnte. Und solche gelang denn auch momentan, indem Melanie mit anscheinender Unbefangenheit bemerkte: »Van der Straaten wird mich auslachen, in Bild- und Malerfragen eine Meinung haben zu wollen. Aber ich muß ihm offen bekennen, daß ich mich, wenn seine gewagte Madonneneinteilung überhaupt akzeptiert werden soll, ohne weiteres für eine von ihm ignorierte Mittelgruppe, nämlich für die temperierten, entscheiden würde. Die tizianischen scheinen mir diese wohltuend gemäßigte Temperatur zu haben. Ich lieb' ihn überhaupt.«

»Ich auch, Melanie. Brav, brav. Ich hab' es immer gesagt, daß ich noch einen Kunstprofessor in dir großziehe. Nicht wahr, Arnold, ich hab' es gesagt? Beschwör es. Eine Schwurbibel ist nicht da, aber wir haben Reiff, und ein Polizeirat ist immer noch ebensogut wie ein Evangelium. Du lachst, Schwager; natürlich; *ihr* merkt es nicht, aber *wir*. Übrigens hat Reiff ein leeres Glas. Und Elimar auch. Friedrich, alter Pomuchelskopf, steh nicht in Liebesgedanken. Allons enfants. Wo bleibt der Mouet? Flink, sag' ich. Bei den Gebeinen des unsterblichen Roller, ich lieb' es nicht, meinen Champagner in den letzten fünf Minuten in kümmerlicher Renommage schäumen zu sehen. Und noch dazu in diesen vermaledeiten Spitzgläsern, mit denen ich nächstens kurzen Prozeß machen werde. Das sind Rechnungsrats-, aber nicht Kommerzienratsgläser. Übrigens mit dem Tizian hast du doch unrecht. Das heißt halb. Er versteht sich auf alles mögliche, nur nicht auf Madonnen. Auf Frau Venus versteht er sich. Das ist seine Sache. Fleisch, Fleisch. Und immer lauert irgendwo der kleine liebe Bogenschütze. Pardon, Elimar, ich bin nicht für Massen-Amors auf Tischkarten, aber für den Einzel-Amor bin ich, und ganz besonders für den des tizianischen roten Ruhebetts mit zurückgezogener grüner Damastgardine. Ja, meine Herrschaften, da gehört er hin, und immer ist er wieder reizend, ob er ihr zu Häupten oder zu Füßen sitzt, ob er hinter dem Bett oder der Gardine hervorkuckt, ob er seinen Bogen eben gespannt oder eben abgeschossen hat. Und was ist vorzuziehen? Eine feine Frage, Reiff. Ich denke mir, wenn er ihn spannt... Und diese ruhende linke Hand mit dem ewigen Spitzentaschentuch. Oh, superbe. Ja, Melanie, *den* Tag will ich deine Bekehrung feiern, wo du mir zugestehst: Suum cuique, dem Tizian die Venus und dem Murillo die Madonna.«

»Ich fürchte, van der Straaten, da wirst du lange zu warten haben, und am längsten auf meine Murillo-Bekehrung. Denn diese gelben Dunstwolken, aus denen etwas inbrünstig Gläubiges in seelisch-sinnlicher Verzückung aufsteigt, sind mir unheimlich. Es hat die Grenze des Bezaubernden überschritten, und statt des Bezaubernden find' ich etwas Behexendes darin.«

Gryczinski nickte leise der Schwägerin zu, während jetzt Elimar das Glas erhob und um Erlaubnis bat, nach dem eben gehörten Wort einer echt deutschen Frau (»Französin«, schrie van der Straaten dazwischen) auf das Wohl der schönen und liebenswürdigen Dame des Hauses anstoßen zu dürfen. Und die Gläser klangen zusammen. Aber in ihren Zusammenklang mischte sich für die schärfer Hörenden schon etwas wie Zittern und Mißakkord, und ehe noch das allgemeine Lächeln verflogen war (das des Polizeirats hielt sich am längsten), brach van der Straaten durch alle bis dahin mühsam eingehaltenen Gehege durch und debutierte mal wieder ganz als er selbst. Er sei, so hob er an, leider nicht in der Lage, der für die »Frau Kommerzienrätin« gewiß höchst wertvollen Zustimmung seines Freundes Elimar Schulze (wobei er Vor- und Zunamen gleich ironisch betonte) *seinerseits* zustimmen zu können. Es gäbe freilich einen Gegensatz von Bezauberung und Behexung, aber manches in der Welt gelte für Behexung, was Bezauberung, und noch mehr gelte für Bezauberung, was Behexung sei. Und er bitte sagen zu dürfen, daß er es seinerseits mit der Konsequenz halte und mit Farbebekennen, und nicht mit heute so und morgen so. Am verdrießlichsten aber sei ihm zweierlei Maß.

Er hielt hier einen Augenblick inne und war vielleicht überhaupt gewillt, es bei diesen Allgemeinsätzen bewenden zu lassen. Aber die junge Gryczinska, die sich, nach Art aller Schwägerinnen, etwas herausnehmen durfte, sah ihn jetzt, in plötzlich wiedererwachtem Mute, keck und zuversichtlich an und bat ihn, aus seinen Orakelsprüchen heraus und zu bestimmteren Erklärungen übergehn zu wollen.

»O gewiß, meine Gnädigste«, sagte der jetzt immer hitziger werdende van der Straaten. »O gewiß, mein geliebtes Rotblond. Ich stehe zu Befehl und will aus allem Orakulosen und Mirakulosen heraus, und will in die Trompete blasen, daß ihr aus eurer Dämmerung und meinetwegen auch aus eurer Götterdämmrung erwachen sollt, als ob die Feuerwehr vorüberführe.«

»Ah«, sagte Melanie, die jetzt auch ihrerseits alle Ruhe zu verlieren begann. »Also da hinaus soll es.«

»Ja, süßer Engel, *da* hinaus. Da. Ihr stellt euch stolz und gemütlich auf die Höhen aller Kunst und zieht als reine Casta diva am Himmel entlang, als ob ihr von Ozon und Keuschheit leben wolltet. Und *wer* ist euer Abgott? Der Ritter von Bayreuth, ein Behexer, wie es nur je einen gegeben hat. Und an diesen Tannhäuser und Venusberg-Mann setzt ihr, als ob ihr wenigstens die Voggenhuber wäret, eurer Seelen Seligkeit und singt und spielt ihn morgens, mittags und abends. Oder dreimal täglich, wie auf euren Pillenschachteln steht. Und euer Elimar immer mit. Und sein ewiger Samtrock wird ihn auch nicht retten. Nicht ihn und nicht euch. Oder wollt ihr mir das alles als himmlischen Zauber kredenzen? Ich sag' euch, fauler Zauber. Und das ist es, was ich zweierlei Maß genannt habe. Den Murillo-Zauber möchtet ihr zu Hexerei stempeln, und die Wagner-Hexerei möchtet ihr in Zauber verwandeln. Ich aber sag' euch, es liegt umgekehrt, und wenn es *nicht* umgekehrt liegt, so sollt ihr mir wenigstens keinen Unterschied machen. Denn es ist schließlich alles ganz egal und, mit Permission zu sagen, alles Jacke...«

Der aus der vergleichendsten Kleidersprache genommene Berolinismus, mit dem er seinen Satz abzuschließen gedachte, wurd auch wirklich gesprochen, aber er verklang in einem Getöse, das der Major durch einen geschickt kombinierten Angriff von Gläserklopfen und Stuhlrücken in Szene zu setzen gewußt hatte. Zugleich begann er: »Meine verehrten Freunde, das Wort Hexenmeister ist gefallen. Ein vorzügliches

Wort! So lassen wir sie denn leben, alle diese Tannhäuser, wobei sich jeder das Seine denken mag. Ich trinke auf das Wohl der Hexenmeister. Denn alle Kunst ist Hexerei. Rechten wir nicht mit dem Wort. Was sind Worte? Schall und Rauch. Stoßen wir an. Hoch, hoch.«

Und mit einer wohlgemeinten Kraftanstrengung, in der jetzt jeder zitternde Ton fehlte, wurde zugestimmt, namentlich auch von seiten der beiden Maler, und kaum einer war da, der nicht an eine glücklich beseitigte Gefahr geglaubt hätte. Aber mit Unrecht. Van der Straaten, absolut unerzogen, konnte, vielleicht weil er dies Manko fühlte, nichts so wenig ertragen, als auf Unerzogenheiten aufmerksam gemacht zu werden: er vergaß sich dann ganz und gar, und der Dünkel des reichen Mannes, der gewohnt war zu helfen, nach allen Seiten hin zu helfen, stieg ihm dann zu Kopf und schlug in Wellen über ihm zusammen. Und so auch jetzt. Er erhob sich und sagte: »Kupierungen sind etwas Wundervolles. Keine Frage. Ich beispielsweise kupiere Kupons. Ein inferiores Geschäft, das unter Umständen nichtsdestoweniger einen Anspruch darauf gibt, gegen Wort- und Redekupierungen gesichert zu sein, namentlich gegen solche, die reprimandieren und erziehen wollen. Ich bin erzogen.«

Er hatte mit vor Erregung zitternder Stimme gesprochen, aber mit zugekniffenem Auge fest zu dem Major hinübergesehen. Dieser, ein vollkommener Weltmann, lächelte vor sich hin und blinkte nur leise den beiden Damen zu, daß sie sich beruhigen möchten. Dann ergriff er sein Glas ein zweites Mal, gab seinen Zügen, ohne sich sonderlich anzustrengen, einen freundlichen Ausdruck und sagte zu van der Straaten: »Es ist so viel von Kupieren gesprochen worden; kupieren wir auch das. Ich lebe der festen Überzeugung...«

In eben diesem Augenblicke sprang der Pfropfen von einer der im Weinkühler stehenden Flaschen, und Gryczinski, rasch den Vorteil erspähend, den er aus diesem Zwischenfalle ziehen konnte, brach inmitten des Satzes ab und sagte nur, während er, unter leiser Verbeugung, seines Schwagers Glas füllte: »Friede sei ihr erst Geläute!«

Solchem Appell zu widerstehen war van der Straaten der

letzte. »Mein lieber Gryczinski«, hob er in plötzlich erwachter Sentimentalität an, »wir verstehen uns, wir haben uns immer verstanden. Gib mir deine Hand. Lacrimae Christi, Friedrich. Rasch. Das Beste daran ist freilich der Name. Aber er hat ihn nun mal. Jeder hat nun mal das Seine, der eine dies, der andre das.«

»Allerdings«, lachte Gabler.

»Ach Arnold, du überschätzt das. Glaube mir, der Selige hatte recht. Gold ist nur Chimäre. Und Elimar würd' es mir bestätigen, wenn es nicht ein Satz aus einer überwundenen Oper wäre. Ich muß sagen, leider überwunden. Denn ich liebe Nonnen, die tanzen. Aber da kommt die Flasche. Laß nur Staub und Spinnweb. Sie muß in ihrer ganzen unabgeputzten Heiligkeit verbleiben. Lacrimae Christi. Wie das klingt!«

Und die frühere Heiterkeit kehrte wieder oder schien wenigstens wiederzukehren, und als van der Straaten fortfuhr, in wahren Ungeheuerlichkeiten über Christustränen, Erlöserblut und Versöhnungswein zu sprechen, durfte Melanie schließlich die Bemerkung wagen: »Du vergißt, Ezel, daß der Polizeirat katholisch ist.«

»Ich bitte recht sehr«, sagte Reiff, als ob er auf etwas Unerlaubtem ertappt worden wäre.

Van der Straaten aber verschwor sich hoch und teuer, daß ein vierzig Jahre lang treu geleisteter Sicherheitsdienst über alles konfessionelle Plus oder Minus hinaus entscheidend sein und vor dem Richterstuhle der Ewigkeit angerechnet werden müsse. Und als bald darauf die Gläser abermals gefüllt und geleert worden waren, rückte Melanie den Stuhl, und man erhob sich, um im Nebenzimmer den Kaffee zu nehmen.

6

AUF DEM HEIMWEGE

Die Kaffeestunde verlief ohne Zwischenfall, und es war bereits gegen zehn, als der Diener meldete, daß der Wagen vorgefahren sei. Diese Meldung galt dem Gryczinskischen Paare, das, an den Dinertagen, seine Heimfahrt in der ihm bei dieser

Gelegenheit ein für allemal zur Verfügung gestellten kommerzienrätlichen Equipage zu machen pflegte. Mäntel und Hüte wurden gebracht, und die schöne Jacobine, Hals und Kopf in ein weißes Filettuch gehüllt, stand alsbald in der Mitte des Kreises und wartete lachend und geduldig auf die beiden Maler, denen Gryczinski noch im letzten Augenblicke die Mitfahrt angeboten hatte. Das Parlamentieren darüber wollte kein Ende nehmen, und erst als man unten am Wagenschlage stand, entschied sich's und Gabler placierte sich nunmehr ohne weiteres auf den Rücksitz, während Elimar mit einem kräftigen Turnerschwunge seinen Platz auf dem Bocke nahm, angeblich aus Rücksicht gegen die Wageninsassen, in Wahrheit aus eigener Bequemlichkeit und Neugier. Er sehnte sich nämlich nach einem Gespräche mit dem Kutscher.

Dieser, auch noch ein Erbstück aus des alten van der Straaten Zeiten her, führte den unkutscherlichen Namen Emil, der jedoch seit lange seinen Verhältnissen angepaßt und in ein plattdeutsches »Ehm« abgekürzt worden war. Mit um so größerem Recht, als er wirklich in Fritz Reuterschen Gegenden das Licht der Welt erblickt und sich bis diesen Tag, neben seinem Berliner Jargon, einen Rest heimatlicher Sprache konserviert hatte. Elimar, einer seiner Bevorzugten, nahm gleich im ersten Momente des Zurechtrückens ein mehrklappiges Lederfutteral heraus, steckte dem Alten eine der obenaufliegenden Zigarren zu und sagte vertraulich: »Für'n Rückweg, Ehm.«

Dieser fuhr mit der Rechten dankend an seinen Kutscherhut, und damit waren die Präliminarien geschlossen.

Als sie bald darauf bei der Normaluhr auf dem Spittelmarkte vorüberkamen und in eine der schlechtgepflasterten Seitenstraßen einbogen, hielt Elimar den ersehnten Zeitpunkt für gekommen und sagte:

»Ist denn der neue Herr schon da?«

»Der Frankfurtsche? Ne, noch nich, Herr Schulze.«

»Na, dann muß er aber doch bald ...«

»I, woll. Bald muß er. Ich denke, so nächste Woche. Un de Stuben sind ooch all tapziert. Jott, se duhn ja, wie wenn't en Prinz wär', erst der Herr un nu ooch de Jnäd'ge. Un Christel meent, he sall man en Jüdscher sinn.«

»Aber reich. Und Offizier. Das heißt bei der Landwehr oder so.«

»Is et möglich?«

»Und er soll auch singen.«

»Ja, singen wird er woll.«

Elimar war eitel genug, an dieser letzteren Äußerung Anstoß zu nehmen, und da sich's gerade traf, daß in eben diesem Augenblicke der Wagen aus dem Wallstraßenportal auf den abendlich-stillen Opernplatz einbog, so gab er das Gespräch um so lieber auf, als er nicht wollte, daß dasselbe von den Insassen des Wagens verstanden würde.

Von seiten dieser war bis dahin kein Wort gewechselt worden, nicht aus Verstimmung, sondern nur aus Rücksicht gegen die junge Frau, die, herzlich froh über den zur Hälfte freigebliebenen Rücksitz, ihre kleinen Füße gegen das Polsterkissen gestemmt und sich bequem in den Fond des Wagens zurückgelehnt hatte. Sie war gleich beim Einsteigen ersichtlich müde gewesen, hatte, wie zur Entschuldigung, etwas von Champagner und Kopfweh gesprochen, das Filettuch dabei höher gezogen und ihre Augen geschlossen. Erst als sie zwischen dem Palais und dem Friedrichsmonumente hinfuhren, richtete sie sich wieder auf, weil sie jenen Allerloyalsten zugehörte, die sich schon beglückt fühlen, einen bloßen Schattenriß an dem herabgelassenen Vorhange des Eckfensters gesehn zu haben. Und wirklich, sie sah ihn und gab in ihrer reizenden, halb kindlich, halb koketten Weise der Freude darüber Ausdruck.

Ihr Geplauder hatte noch nicht geendet, als der Wagen am Brandenburger Tore hielt. Im Nu waren beide Maler, deren Weg hier abzweigte, von ihren Plätzen herunter und empfahlen sich dankend dem liebenswürdigen Paare, das nun seinerseits durch die breite Schrägallee auf das Siegesdenkmal und die dahintergelegene Alsenstraße zufuhr.

Als sie mitten auf dem von bunten Lichtern überstrahlten Platze waren, schmiegte sich die schöne junge Frau zärtlich an ihren Gatten und sagte: »War das ein Tag, Otto. Ich habe dich bewundert.«

»Es wurde mir leichter, als du denkst. Ich spiele mit ihm. Er ist ein altes Kind.«

»Und Melanie!... Glaube mir, sie fühlt es. Und sie tut mir leid. Du lächelst so. Dir nicht?«

»Ja und nein, ma chère. Man hat eben nichts umsonst in der Welt. Sie hat eine Villa und eine Bildergalerie...«

»Aus der sie sich nichts macht. Du weißt ja, wie wenig sie daran hängt...«

»Und hat zwei reizende Kinder...«

»Um die ich sie fast beneide.«

»Nun, siehst du«, lachte der Major. »Ein jeder hat die Kunst zu lernen, sich zu bescheiden und einzuschränken. Wär' ich mein Schwager, so würd' ich sagen...«

Aber sie schloß ihm den Mund mit einem Kuß, und im nächsten Augenblicke hielt der Wagen.

Die beiden Räte, der Legations- und der Polizeirat, waren an der Ecke des Petriplatzes in eine Droschke gestiegen, um bis an das Potsdamer Tor zu fahren. Von hier aus wollten sie den Rest des Weges, um der frischen Abendluft willen, zu Fuß machen. In Wahrheit aber hielten sie bloß zu dem Satze, »daß man im kleinen sparen müsse, um sich im großen legitimieren zu können«, wobei leider nur zu bedauern blieb, daß ihnen die »großen Gelegenheiten« entweder nie gekommen oder regelmäßig von ihnen versäumt worden waren.

Unterwegs, solange die Fahrt dauerte, war kein Wort gewechselt worden, und erst beim Aussteigen hatte, bei der nun nötig werdenden Division von zwei in sechs, ein Gespräch begonnen, das alle Parteien zufriedengestellt zu haben schien. Nur nicht den Kutscher. Beide Räte hüteten sich deshalb auch, sich nach dem letzteren umzusehen, vor allem Duquede, der, außerdem noch ein abgeschworener Feind aller Platzübergänge mit Eisenbahnschienen und Pferdebahngeklingel, überhaupt erst wieder in Ruhe kam, als er die schon frisch in Knospen stehende Bellevuestraße glücklich erreicht hatte.

Reiff folgte, schob sich artig und respektvoll an die linke Seite des Legationsrates und sagte plötzlich und unvermittelt:

»Es war doch wieder eine recht peinliche Geschichte heute. Finden Sie nicht? Und ehrlich gestanden, ich begreif' ihn nicht. Er ist doch nun Fünfzig und drüber und sollte sich die Hörner abgelaufen haben. Aber er ist und bleibt ein Durchgänger.«

»Ja«, sagte Duquede, der einen Augenblick still stand, um Atem zu schöpfen, »etwas Durchgängerisches hat er. Aber, lieber Freund, warum soll er es nicht haben? Ich taxier' ihn auf eine Million, seine Bilder ungerechnet, und ich sehe nicht ein, warum einer in seinem eigenen Haus und an seinem eigenen Tisch nicht sprechen soll, wie ihm der Schnabel gewachsen ist. Ich bekenn' Ihnen offen, Reiff, ich freue mich immer, wenn er mal so zwischenfährt. Der Alte war auch so, nur viel schlimmer, und es hieß schon damals, vor vierzig Jahren: ›Es sei doch ein sonderbares Haus und man könne eigentlich nicht hingehen.‹ Aber uneigentlich ging alles hin. Und so war es, und so ist es geblieben.«

»Es fehlt ihm aber doch wirklich an Bildung und Erziehung.«

»Ach, ich bitte Sie, Reiff, gehen Sie mir mit Bildung und Erziehung. Das sind so zwei ganz moderne Wörter, die der ›Große Mann‹ aufgebracht haben könnte, so sehr hass' ich sie. Bildung und Erziehung. Erstlich ist es in der Regel nicht viel damit, und wenn es mal was ist, dann ist es auch noch nichts. Glauben Sie mir, es wird überschätzt. Und kommt auch nur bei uns vor. Und warum? Weil wir nichts Besseres haben. Wer gar nichts hat, der ist gebildet. Wer aber so viel hat wie van der Straaten, der braucht all die Dummheiten nicht. Er hat einen guten Verstand und einen guten Witz, und was noch mehr sagen will, einen guten Kredit. Bildung, Bildung! Es ist zum Lachen.«

»Ich weiß doch nicht, ob Sie recht haben, Duquede. Ja, wenn es geblieben wäre wie früher. Junggesellenwirtschaft. Aber nun hat er die junge Frau geheiratet, jung und schön und klug . . .«

»Nu, nu, Reiff. Nur nicht extravagant. Es ist damit nicht so weit her, wie Sie glauben; sie ist 'ne Fremde, französische Schweiz, und an allem Fremden verkucken sich die Berliner. Das ist wie Amen in der Kirche. Sie hat so ein bißchen Genfer Chic. Aber was will das am Ende sagen? Alles, was die Genfer haben, ist doch auch bloß aus zweiter Hand. Und nun gar klug. Ich bitte Sie, was heißt klug? Er ist viel klüger. Oder glauben Sie, daß es auf 'ne französische Vokabel ankommt? oder auf den Erlkönig? Ich gebe zu, sie hat ein paar niedliche Manierchen und weiß sich unter Umständen ein Air zu geben. Aber es ist nicht viel dahinter, alles Firlefanz, und wird kolossal überschätzt.«

»Ich weiß doch nicht, ob Sie recht haben«, wiederholte der Polizeirat. »Und dann ist sie doch schließlich von Familie.«

Duquede lachte. »Nein, Reiff, *das* ist sie nun schließlich nicht. Und ich sag' Ihnen, da haben wir den Punkt, auf den ich keinen Spaß verstehe. Caparoux. Es klingt nach was. Zugestanden. Aber was heißt es denn am Ende? Rotkapp oder Rotkäppchen? Das ist ein Märchenname, aber kein Adelsname. Ich habe mich darum gekümmert und nachgeschlagen. Und im Vertrauen, Reiff, es gibt gar keine de Caparoux.«

»Aber bedenken Sie doch den Major! Er hat alle Sorten Stolz und wird sich doch schwerlich eine Mesalliance nachsagen lassen wollen.«

»Ich kenn' ihn besser. Er ist ein Streber. Oder sagen wir einfach, er ist ein Generalstäbler. Ich hasse die ganze Gesellschaft, und glauben Sie mir, Reiff, ich weiß, warum. Unsre Generalstäbler werden überschätzt, kolossal überschätzt.«

»Ich weiß doch nicht, ob Sie recht haben«, ließ sich der Polizeirat ein drittes Mal vernehmen. »Bedenken Sie bloß, was Stoffel gesagt hat. Und nachher kam es auch so. Aber ich will nur von Gryczinski sprechen. Wie liebenswürdig benahm er sich heute wieder! Wie liebenswürdig und wie vornehm.«

»Ah, bah, vornehm. Ich bilde mir auch ein zu wissen, was vornehm ist. Und ich sag' Ihnen, Reiff, Vornehmheit ist anders. Vornehm! Ein Schlaukopf ist er und weiter nichts. Oder glauben Sie, daß er die kleine Rotblondine mit den ewigen Schmachtaugen geheiratet hat, weil sie Caparoux hieß, oder meinetwegen auch de Caparoux? Er hat sie geheiratet, weil sie die Schwester ihrer Schwester ist. Du himmlischer Vater, daß ich einem Polizeirat solche Lektion halten muß.«

Der Polizeirat, dessen Schwachheiten nach der erotischen Seite hin lagen, las aus diesen andeutenden Worten ein Liebesverhältnis zwischen dem Major und Melanie heraus und sah den langen hageren Duquede von der Seite her betroffen an.

Dieser aber lachte und sagte: »Nicht *so*, Reiff, nicht *so;* Carrièremacher sind immer nur Courmacher. Nichts weiter. Es gibt heutzutage Personen (und auch *das* verdanken wir unserem großen Reichsbaumeister, der die soliden Werkleute fallen läßt oder beiseiteschiebt), es gibt, sag' ich, heutzutage Personen, denen alles bloß Mittel zum Zweck ist. Auch die Liebe. Und zu diesen Personen gehört auch unser Freund, der Major. Ich hätte nicht sagen sollen, er hat die Kleine geheiratet, weil sie die Schwester ihrer Schwester ist, sondern weil sie die Schwägerin ihres Schwagers ist. Er *braucht* diesen Schwager, und ich sag' Ihnen, Reiff, denn ich kenne den Ton und die Strömung oben, es gibt weniges, was nach oben hin *so* empfiehlt wie das. Ein Schwager-Kommerzienrat ist nicht viel weniger wert als ein Schwiegervater-Kommerzienrat und rangiert wenigstens gleich dahinter. Unter allen Umständen aber sind Kommerzienräte wie konsolidierte Fonds, auf die jeden Augenblick gezogen werden kann. Es ist immer Deckung da.«

»Sie wollen also sagen...«

»Ich will gar nichts sagen, Reiff... Ich meine nur so.«

Und damit waren sie bis an die Bendlerstraße gekommen, wo beide sich trennten. Reiff ging auf die Von-der-Heydt-Brücke zu, während Duquede seinen Weg in gerader Richtung fortsetzte.

Er wohnte dicht an der Hofjägerallee, sehr hoch, aber in einem sehr vornehmen Hause.

7

EBENEZER RUBEHN

Wenige Tage später hatte Melanie das Stadthaus verlassen und die Tiergartenvilla bezogen. Van der Straaten selbst machte diesen Umzug nicht mit und war, sosehr er die Villa liebte, doch immer erst vom September ab andauernd draußen. Und auch das nur, weil er ein noch leidenschaftlicherer Obstzüchter als Bildersammler war. Bis dahin erschien er nur jeden dritten Tag als Gast und versicherte dabei jedem, der es hören wollte, daß dies die stundenweis ihm nachgezahlten Flitterwochen seiner Ehe seien. Melanie hütete sich wohl zu widersprechen, war vielmehr die Liebenswürdigkeit selbst, und genoß in den zwischenliegenden Tagen das Glück ihrer Freiheit. Und dieses Glück war um vieles größer, als man, ihrer Stellung nach, die so dominierend und so frei schien, hätte glauben sollen. Denn sie dominierte nur, weil sie sich zu zwingen verstand; aber dieses Zwanges los und ledig zu sein, blieb doch ihr Wunsch, ihr beständiges, stilles Verlangen. Und das erfüllten ihr die Sommertage. Da hatte sie Ruhe vor seinen Liebesbeweisen und seinen Ungeniertheiten, nicht immer, aber doch meist, und das Bewußtsein davon gab ihr ein unendliches Wohlgefühl.

Und dieses Wohlgefühl steigerte sich noch in dem entzückenden und beinah ungestörten Stilleben, dessen sie draußen genoß. Wohl liebte sie Stadt und Gesellschaft und den Ton der großen Welt, aber wenn die Schwalben wieder zwitscherten und der Flieder wieder zu knospen begann, da zog sie's doch in die Parkeinsamkeit hinaus, die wiederum kaum eine Einsamkeit war, denn neben der Natur, deren Sprache sie wohl verstand, hatte sie Bücher und Musik und – die Kinder. Die Kinder, die sie während der Saison oft tagelang nicht sah und an deren Aufwachsen und Lernen sie draußen in der Villa den regsten Anteil nahm. Ja, sie half selber nach in den Sprachen, vor allem im Französischen, und durchblätterte mit ihnen Atlas und historische Bilderbücher. Und an alles knüpfte sie Geschichten, die sie dem Gedächtnis der Kinder einzuprägen wußte. Denn sie war gescheit und hatte die Gabe, von allem, worüber sie sprach, ein klares und anschauliches Bild zu geben.

Es waren glückliche stille Tage.

Möglich dennoch, daß es zu stille Tage gewesen wären, wenn das tiefste Bedürfnis der Frauennatur: das Plauderbedürfnis, unbefriedigt geblieben wäre. Aber dafür war gesorgt. Wie fast alle reichen Häuser, hatten auch die van der Straatens einen Anhang ganz alter und halb alter Damen, die zu Weihnachten beschenkt und im Laufe des Jahres zu Kaffees und Landpartien eingeladen wurden. Es waren ihrer sieben oder acht, unter denen jedoch zwei durch eine besonders intime Stellung hervorragten, und zwar das kleine verwachsene Fräulein Friederike von Sawatzki und das stattlich hochaufgeschossene Klavier- und Singefräulein: Anastasia Schmidt. Ihrer apart bevorzugten Stellung entsprach es denn auch, daß sie jeden zweiten Osterfeiertag durch van der Straaten in Person befragt wurden, ob sie sich entschließen könnten, seiner Frau während der Sommermonate draußen in der Villa Gesellschaft zu leisten, eine Frage, die jedesmal mit einer Verbeugung und einem freundlichen »Ja« beantwortet wurde. Aber doch nicht *zu* freundlich, denn man wollte nicht verraten, daß die Frage erwartet war.

Und beide Damen waren auch in diesem Jahre, wie herkömmlich, als Dames d'honneur installiert worden, hatten den Umzug mitgemacht und erschienen jeden Morgen auf der Veranda, um gegen neun Uhr mit den Kindern das erste und um zwölf mit Melanie das zweite Frühstück zu nehmen.

Auch heute wieder.

Es mochte schon gegen eins sein, und das Frühstück war beendet. Aber der Tisch noch nicht abgedeckt. Ein leiser Luftzug, der ging und sich verstärkte, weil alle Türen und Fenster offenstanden, bewegte das rotgemusterte Tischtuch, und von dem am andern Ende des Korridors gelegenen Musikzimmer her hörte man ein Stück der Cramerschen Klavierschule, dessen mangelhaften Takt in Ordnung zu bringen Fräulein Anastasia Schmidt sich anstrengte. »Eins zwei, eins zwei.« Aber niemand achtete dieser Anstrengungen, am wenigsten Melanie, die neben Fräulein Riekchen, wie man sie gewöhnlich hieß, in einem Gartenstuhle saß und dann und wann von ihrer Handarbeit aufsah, um das reizende Parkbild unmittelbar um sie her, trotzdem sie jeden kleinsten Zug darin kannte, auf sich wirken zu lassen.

Es war selbstverständlich die schönste Stelle der ganzen Anlage. Denn von hundert Gästen, die kamen, begnügten sich neunundneunzig damit, den Park von hier aus zu betrachten und zu beurteilen. Am Ende des Hauptganges, zwischen den eben ergrünenden Bäumen hin, sah man das Zittern und Flimmern des vorüberziehenden Stromes, aus der Mitte der überall eingestreuten Rasenflächen aber erhoben sich Aloën und Bosquets und Glaskugeln und Bassins. Eines der kleineren plätscherte, während auf der Einfassung des großen ein Pfauhahn saß und die Mittagsonne mit seinem Gefieder einzusaugen schien. Tauben und Perlhühner waren bis in unmittelbare Nähe der Veranda gekommen, von der aus Riekchen ihnen eben Krumen streute.

»Du gewöhnst sie zu sehr an diesen Platz«, sagte Melanie. »Und wir werden einen Krieg mit van der Straaten haben.«

»Ich fecht' ihn schon aus«, entgegnete die Kleine.

»Ja, du darfst es dir wenigstens zutrauen. Und wirklich, Riekchen, ich könnte jaloux werden, so sehr bevorzugt er dich. Ich glaube, du bist der einzige Mensch, der ihm alles sagen darf, und soviel ich weiß, ist er noch nie heftig gegen dich geworden. Ob ihm dein alter Adel imponiert? Sage mir deinen vollen Namen und Titel. Ich hör' es so gern und vergess' es immer wieder.«

»Aloysia Friederike Sawat von Sawatzki, genannt Sattler von der Hölle, Stiftsanwärterin auf Kloster Himmelpfort in der Uckermark.«

»Wunderschön«, sagte Melanie. »Wenn ich doch so heißen könnte! Und du kannst es glauben, Riekchen, das ist es, was einen Eindruck auf ihn macht.«

Alles das war in herzlicher Heiterkeit gesagt und von Riekchen auch so beantwortet worden. Jetzt aber rückte diese den Stuhl näher an Melanie heran, nahm die Hand der jungen Frau und sagte: »Eigentlich sollt' ich böse sein, daß du deinen Spott mit mir hast. Aber wer könnte dir böse sein!«

»Ich spotte nicht«, entgegnete Melanie. »Du mußt doch selber finden, daß er dich artiger und rücksichtsvoller behandelt als jeden andren Menschen.«

»Ja«, sagte jetzt das arme Fräulein, und ihre Stimme zitterte vor Bewegung. »Er behandelt mich gut, weil er ein gutes Herz hat, ein viel besseres, als mancher denkt, und vielleicht auch, als du selber denkst. Und er ist auch gar nicht so rücksichtslos. Er kann nur nicht leiden, daß man ihn stört oder herausfordert, ich meine solche, die's eigentlich nicht sollten oder dürften. Sieh, Kind, dann beherrscht er sich nicht länger, aber nicht, weil er's nicht könnte, nein, weil er nicht *will*. Und er braucht es auch nicht zu wollen. Und wenn man gerecht sein will, er kann es auch nicht wollen. Denn er ist reich, und alle reichen Leute lernen die Menschen von ihrer schlechtesten Seite kennen. Alles überstürzt sich, erst in Dienstfertigkeit und hinterher in Undank. Und Undank ernten ist eine schlechte Schule für Zartheit und Liebe. Und deshalb glauben die Reichen an nichts Edles und Aufrichtiges in der Welt. Aber das sag' ich dir, und muß ich dir immer wieder sagen, dein van der Straaten ist besser, als mancher denkt, und als du selber denkst.«

Es entstand eine kleine Pause, nicht ganz ohne Verlegenheit, dann nickte Melanie freundlich dem alten Fräulein zu und sagte: »Sprich nur weiter. Ich höre dich gerne so.«

»Und ich will auch«, sagte diese. »Sieh, ich habe dir schon gesagt, er behandelt mich gut, weil er ein gutes Herz hat. Aber das ist es noch nicht alles. Er ist auch so freundlich gegen mich, weil er mitleidig ist. Und mitleidig sein ist noch viel mehr als bloß gütig sein und ist eigentlich das Beste, was die Menschen haben. Er lacht *auch* immer, wenn er meinen langen Namen hört, geradeso wie du, aber ich hab' es gern, ihn so lachen zu hören, denn ich höre wohl heraus, was er dabei denkt und fühlt.«

»Und was fühlt er denn?«

»Er fühlt den Gegensatz zwischen dem Anspruch meines Namens und dem, was ich bin: arm und alt und einsam, und ein bloßes Figürchen. Und wenn ich sage Figürchen, so beschönige ich noch und schmeichle noch mir selbst.«

Melanie hatte das Batisttuch ans Auge gedrückt und sagte: »Du hast recht. Du hast immer recht. Aber wo nur Anastasia bleibt, die Stunde nimmt ja gar kein Ende. Sie quält mir die Liddi viel zu sehr, und das Ende vom Lied ist, daß sie dem Kind einen Widerwillen beibringt. Und dann ist es vorbei. Denn ohne Lieb' und ohne Lust ist nichts in der Welt. Auch nicht einmal in der Musik... Aber da kommt ja Teichgräber und will uns einen Besuch anmelden. Ich bin außer mir. Hätte viel lieber noch mit dir weiter geplaudert.«

In eben diesem Augenblicke war der alte Parkhüter, der sich vergeblich nach einem von der Hausdienerschaft umgesehen hatte, bis an die Veranda herangetreten und überreichte eine Karte.

Melanie las: »Ebenezer Rubehn (Firma Jakob Rubehn und Söhne), Lieutenant in der Reserve des 5. Dragoner-Regiments...«

»Ah, sehr willkommen... Ich lasse bitten...« Und während sich der Alte wieder entfernte, fuhr Melanie gegen das kleine Fräulein in übermütiger Laune fort: »Auch wieder einer. Und noch dazu aus der Reserve! Mir widerwärtig, dieser ewige Lieutenant. Es gibt gar keine Menschen mehr.«

Und sehr wahrscheinlich, daß sie diese Betrachtungen fortgesetzt hätte, wenn nicht auf dem Kiesweg ein Knirschen hörbar geworden wäre, das über das rasche Näherkommen des Besuchs keinen Zweifel ließ. Und wirklich, im nächsten Augenblicke stand der Angemeldete vor der Veranda und verneigte sich gegen beide Damen.

Melanie hatte sich erhoben und war ihm einen Schritt entgegengegangen. »Ich freue mich, Sie zu sehen. Erlauben Sie mir, Sie zunächst mit meiner lieben Freundin und Hausgenossin bekanntmachen zu dürfen... Herr Ebenezer Rubehn... Fräulein Friederike von Sawatzki!«

Ein flüchtiges Erstaunen spiegelte sich ersichtlich in Rubehns Zügen, das, wenn Melanie richtig interpretierte, mehr noch dem kleinen verwachsenen Fräulein als ihr selber galt. Ebenezer war indessen Weltmann genug, um seines Erstaunens rasch wieder Herr zu werden, und sich ein zweites Mal gegen die Freundin hin verneigend, bat er um Entschuldigung, seinen Besuch auf der Villa bis heute hinausgeschoben zu haben.

Melanie ging leicht darüber hin, ihrerseits bittend, die Gemütlichkeit dieses ländlichen Empfanges und vor allem eines unabgeräumten Frühstückstisches entschuldigen zu wollen. »Mais à la guerre, comme à la guerre, eine kriegerische Wendung, an die mir's im übrigen ferne liegt, ernsthafte Kriegsgespräche knüpfen zu wollen.«

»Gegen die Sie sich vielmehr unter allen Umständen gesichert haben möchten«, lachte Rubehn. »Aber fürchten Sie nichts. Ich weiß, daß sich Damen für das Kapitel Krieg nur so lange begeistern, als es Verwundete zu pflegen gibt. Von dem Augenblick an, wo der letzte Kranke das Lazarett verläßt, ist es mit dem Kriegseifer vorbei. Und wie die Frauen in allem recht haben, so auch hierin. Es ist das Traurigste von der Welt, immer wieder eine Durchschnittsheldengeschichte von zweifelhaftem Wert und noch zweifelhafterer Wahrheit hören zu müssen, aber es ist das Schönste, was es gibt, zu helfen und zu heilen.«

Melanie hatte, während er sprach, ihre Handarbeit in den Schoß gelegt und ihn fest und freundlich angesehen. »Ei, das lob' ich und hör' ich gern. Aber wer mit so warmer Empfindung von dem Hospitaldienst und dem Helfen und Heilen, das uns so wohl kleidet, zu sprechen versteht, der hat diese Wohltat wohl an sich selbst erfahren. Und so plaudern Sie mir denn wider Willen, nach fünf Minuten schon, Ihre Geheimnisse aus. Versuchen Sie nicht, mich zu widerlegen, Sie würden scheitern damit, und da Sie die Frauenherzen so gut zu kennen scheinen, so werden Sie natürlich auch unsere zwei stärksten Seiten kennen: unseren Eigensinn und unser Rätselraten. Wir erraten alles ...«

»Und immer richtig?«

»Nicht immer, aber meist. Und nun erzählen Sie mir, wie Sie Berlin finden, unsere gute Stadt, und unser Haus, und ob Sie das Zutrauen zu sich haben, in Ihrem Hofkerker, dem eigentlich nur noch die Gitterstäbe fehlen, nicht melancholisch zu werden. Aber wir hatten nichts Besseres. Und wo nichts ist, hat, wie das Sprichwort sagt ...«

»Oh, Sie beschämen mich, meine gnädigste Frau. Jetzt erst, nach meinem Eintreffen, weiß ich, wie groß das Opfer ist, das Sie mir gebracht haben. Und ich darf füglich sagen, daß ich bei besserer Kenntnis ...«

Aber er sprach nicht aus und horchte plötzlich nach dem Hause hin, aus dem eben (die Musikstunde hatte schon vorher geschlossen) ein virtuoses und in jeder feinsten Nuancierung erkennbares Spiel bis auf die Veranda herausklang. Es war »Wotans Abschied«, und Rubehn erschien so hingerissen, daß es ihm Anstrengung kostete, sich loszumachen und das Gespräch wieder aufzunehmen. Endlich aber fand er sich zurück und sagte, während er sich abermals gegen Riekchen verneigte: »Pardon, meine Gnädigste. Hatt' ich recht gehört? Fräulein von Sawatzki?«

Das Fräulein nickte.

»Mit einem jungen Offizier dieses Namens war ich einen Sommer über in Wildbad-Gastein zusammen. Unmittelbar nach dem Kriege. Ein liebenswürdiger, junger Kavalier. Vielleicht ein Anverwandter...?«

»Ein Vetter«, sagte Fräulein Riekchen. »Es gibt nur wenige meines Namens, und wir sind alle verwandt. Ich freue mich, aus Ihrem Munde von ihm zu hören. Er wurde noch in dem Nachspiel des Krieges verwundet, fast am letzten Tage. Bei Pontarlier. Und sehr schwer. Ich habe lange nicht von ihm gehört. Hat er sich erholt?«

»Ich glaube sagen zu dürfen, vollkommen. Er tut wieder Dienst im Regiment, wovon ich mich, ganz neuerdings erst, durch einen glücklichen Zufall überzeugen konnte... Aber, mein gnädigstes Fräulein, wir werden unser Thema fallen lassen müssen. Die gnädige Frau lächelt bereits und bewundert die Geschicklichkeit, mit der ich, unter Heranziehung Ihres Herrn Vetters, in das Kriegsabenteuer und all seine Konsequenzen einzumünden trachte. Darf ich also vorschlagen, lieber dem wundervollen Spiele zuzuhören, das... Oh, wie schade; jetzt bricht es ab...«

Er schwieg, und erst als es drinnen still blieb, fuhr er in einer ihm sonst fremden, aber in diesem Augenblicke völlig aufrichtigen Emphase fort: »Oh, meine gnädigste Frau, welch ein Zaubergarten, in dem Sie leben. Ein Pfau, der sich sonnt, und Tauben, so zahm und so zahllos, als wäre diese Veranda der Markusplatz oder die Insel Cypern in Person! Und dieser plätschernde Strahl, und nun gar dieses Lied... In der Tat, wenn nicht auch der aufrichtigste Beifall unstatthaft und zudringlich sein könnte...«

Er unterbrach sich, denn vom Korridore her waren eben Schritte hörbar geworden, und Melanie sagte mit einer halben Wendung: »Ah, Anastasia! Du kommst gerade zu guter Zeit, um den Dank und die Bewunderung unseres lieben Gastes und neuen Hausgenossen allerpersönlichst in Empfang zu nehmen. Erlauben Sie mir, daß ich Sie miteinander bekannt mache: Herr Ebenezer Rubehn, Fräulein Anastasia Schmidt... Und hier meine Tochter Lydia«, setzte Melanie hinzu, nach dem schönen Kinde hinzeigend, das, auf der Türschwelle, neben dem

Musikfräulein stehengeblieben war und den Fremden ernst und beinah feindselig musterte.

Rubehn bemerkte den Blick. Aber es war ein Kind, und so wandt' er sich ohne weiteres gegen Anastasia, um ihr allerhand Schmeichelhaftes über ihr Spiel und die Richtung ihres Geschmackes zu sagen.

Diese verbeugte sich, während Melanie, der kein Wort entgangen war, aufs lebhafteste fortfuhr: »Ei, da dürfen wir Sie, wenn ich recht verstanden habe, wohl gar zu den Unseren zählen? Anastasia, das träfe sich gut! Sie müssen nämlich wissen, Herr Rubehn, daß wir hier in zwei Lagern stehen und daß sich das van der Straatensche Haus, das nun auch das Ihrige sein wird, in bilderschwärmende Montecchi und musikschwärmende Capuletti teilt. Ich, tout à fait Capulet und Julia. Doch mit untragischem Ausgang. Und ich füge zum Überfluß hinzu, daß wir, Anastasia und ich, jener kleinen Gemeinde zugehören, deren Namen und Mittelpunkt ich Ihnen nicht zu nennen brauche. Nur eines will ich auf der Stelle wissen. Und ich betrachte das als mein weibliches Neugiersrecht. Welcher seiner Arbeiten erkennen Sie den höchsten Preis zu? Worin erscheint er Ihnen am bedeutendsten oder doch am eigenartigsten?«

»In den ›Meistersingern‹.«

»Zugestanden. Und nun sind wir einig, und bei nächster Gelegenheit können wir van der Straaten und Gabler und vor allem den langen und langweiligen Legationsrat in die Luft sprengen. Den langen Duquede. Oh, der steigt wie ein Raketenstock. Nicht wahr, Anastasia?«

Rubehn hatte seinen Hut genommen. Aber Melanie, die durch die ganze Begegnung ungewöhnlich erfreut und angeregt war, fuhr in wachsendem Eifer fort: »Alles das sind erst Namen. Eine Woche noch oder zwei, und Sie werden unsere kleine Welt kennengelernt haben. Ich wünsche, daß Sie die Gelegenheit dazu nicht hinausschieben. Unsere Veranda hat für heute die Repräsentation des Hauses übernehmen müssen. Erinnern Sie sich, daß wir auch einen Flügel haben, und versuchen Sie bald und oft, ob er Ihnen paßt. Au revoir.«

Er küßte der schönen Frau die Hand, und unter gemessener

Verbeugung gegen Riekchen und Anastasia verließ er die Damen. Über Lydia sah er fort.

Aber diese nicht über ihn.

»Du siehst ihm nach«, sagte Melanie. »Hat er dir gefallen?«

»Nein.«

Alle lachten. Aber Lydia ging in das Haus zurück, und in ihrem großen Auge stand eine Träne.

8

AUF DER STRALAUER WIESE

Nach dem ersten Besuche Rubehns waren Wochen vergangen, und der günstige Eindruck, den er auf die Damen gemacht hatte, war im Steigen geblieben wie das Wetterglas. Jeden zweiten, dritten Tag erschien er in Gesellschaft van der Straatens, der seinerseits an der allgemeinen Vorliebe für den neuen Hausgenossen teilnahm und nie vergaß, ihm einen Platz anzubieten, wenn er selber in seinem hochrädrigen Cabriolet hinausfuhr. Ein wolkenloser Himmel stand in jenen Wochen über der Villa, drin es mehr Lachen und Plaudern, mehr Medisieren und Musizieren gab als seit lange. Mit dem Musizieren vermochte sich van der Straaten freilich auch jetzt nicht auszusöhnen, und es fehlte nicht an Wünschen wie der, »mit von der Schiffsmannschaft des Fliegenden Holländers zu sein«, aber im Grunde genommen war er mit dem »anspruchsvollen Lärm« um vieles zufriedener, als er einräumen wollte, weil der von nun an in eine neue, gesteigerte Phase tretende Wagnerkultus ihm einen unerschöpflichen Stoff für seine Lieblingsformen der Unterhaltung bot. Siegfried und Brunhilde, Tristan und Isolde, welche dankbaren Tummelfelder! Und es konnte, wenn er in Veranlassung dieser Themata seinem Renner die Zügel schießen ließ, mitunter zweifelhaft erscheinen, ob die Musizierenden am Flügel oder er und sein Übermut die Glücklicheren waren.

Und so war Hochsommer gekommen und fast schon vorüber, als an einem wundervollen Augustnachmittage van der Straaten den Vorschlag einer Land- und Wasserpartie machte.

»Rubehn ist jetzt ein rundes Vierteljahr in unserer Stadt und hat nichts gesehen, als was zwischen unserem Comptoir und dieser unserer Villa liegt. Er muß aber endlich unsere landschaftlichen Schätze, will sagen unsere Wasserflächen und Stromufer kennenlernen, erhabene Wunder der Natur, neben denen die ganze heraufgepuffte Main- und Rheinherrlichkeit verschwindet. Also Treptow und Stralow, und zwar rasch, denn in acht Tagen haben wir den Stralauer Fischzug, der an und für sich zwar ein liebliches Fest der Maien, im übrigen aber etwas derb und nicht allzu günstig für Wiesewachs und frischen Rasen ist. Und so proponier' ich denn eine Fahrt auf morgen nachmittag. Angenommen?«

Ein wahrer Jubel begleitete den Schluß der Ansprache, Melanie sprang auf, um ihm einen Kuß zu geben, und Fräulein Riekchen erzählte, daß es nun gerade dreiunddreißig Jahre sei, seit sie zum letzten Male in Treptow gewesen, an einem großen Dobremontschen Feuerwerkstage – derselbe Dobremont, der nachher mit seinem ganzen Laboratorium in die Luft geflogen. »Und in die Luft geflogen warum? Weil die Leute, die mit dem Feuer spielen, immer zu sicher sind und immer die Gefahr vergessen. Ja, Melanie, du lachst. Aber, es ist so, immer die Gefahr vergessen.«

Es wurde nun gleich zu den nötigen Verabredungen geschritten, und man kam überein, am anderen Tage zu Mittag in die Stadt zu fahren, daselbst ein kleines Gabelfrühstück einzunehmen und gleich danach die Partie beginnen zu lassen: die drei Damen im Wagen, van der Straaten und Rubehn entweder zu Fuß oder zu Schiff. Alles regelte sich rasch, und nur die Frage, wer noch aufzufordern sei, schien auf kleine Schwierigkeiten stoßen zu sollen.

»Gryczinskis?« fragte van der Straaten und war zufrieden, als alles schwieg. Denn sosehr er an der rotblonden Schwägerin hing, in der er, um ihres anschmiegenden Wesens willen, ein kleines Frauenideal verehrte, so wenig lag ihm an dem Major, dessen superiore Haltung ihn bedrückte.

»Nun denn, Duquede?« fuhr van der Straaten fort und hielt das Crayon an die Lippe, mit dem er eventuell den Namen des Legationsrates notieren wollte.

»Nein«, sagte Melanie. »Duquede nicht. Und so verhaßt mir der ewige Vergleich vom ›Meltau‹ ist, so gibt es doch für Duquede keinen andern. Er würde von Stralow aus beweisen, daß Treptow, und von Treptow aus beweisen, daß Stralow überschätzt werde, und zu Feststellung dieses Satzes brauchen wir weder einen Legationsrat a. D. noch einen Altmärkischen von Adel.«

»Gut, ich bin es zufrieden«, erwiderte van der Straaten. »Aber Reiff?«

»Ja, Reiff«, hieß es erfreut. Alle drei Damen klatschten in die Hände, und Melanie setzte hinzu: »Er ist artig und manierlich und kein Spielverderber und trägt einem die Sachen. Und dann, weil ihn alle kennen, ist es immer, als führe man unter Eskorte, und alles grüßt so verbindlich, und mitunter ist es mir schon gewesen, als ob die Brandenburger Torwache ›heraus‹ rufen müsse.«

»Ach, das ist ja nicht um des alten Reiff willen«, sagte Anastasia, die nicht gern eine Gelegenheit vorübergehen ließ, sich durch eine kleine Schmeichelei zu insinuieren. »Das ist um *deinetwillen*. Sie haben dich für eine Prinzessin gehalten.«

»Ich bitte nicht abzuschweifen«, unterbrach van der Straaten, »am wenigsten im Dienst weiblicher Eitelkeiten, die sich, nach dem Prinzipe von Zug um Zug, bis ins Ungeheuerliche steigern könnten. Ich habe Reiff notiert, und Arnold und Elimar verstehen sich von selbst. Eine Wasserfahrt ohne Gesang ist ein Unding. Dies wird selbst von mir zugestanden. Und nun frag' ich, wer hat noch weitre Vorschläge zu machen? Niemand? Gut. So bleibt es bei Reiff und Arnold und Elimar, und ich werde sie per Rohrpost avertieren. Fünf Uhr. Und daß wir sie draußen bei Löbbekes erwarten.«

Am andern Tage war alles Erregung und Bewegung auf der Villa, viel, viel mehr, als ob es sich um eine Reise nach Teplitz oder Karlsbad gehandelt hätte. Natürlich, eine Fahrt nach Stralow war ja das Ungewöhnlichere. Die Kinder sollten mit, es sei Platz genug auf dem Wagen, aber Lydia war nicht zu bewegen und erklärte bestimmt, sie *wolle* nicht. Da mußte denn, wenn man keine Szene haben wollte, nachgegeben werden, und auch die jüngere Schwester blieb, da sie sich daran gewöhnt hatte, dem Beispiele der ältern in all und jedem zu folgen.

In der Stadt wurde, wie verabredet, ein Gabelfrühstück genommen, und zwar in van der Straatens Zimmer. Er wollt' es so jagd- und reisemäßig wie möglich haben und war in bester Laune. Diese wurd' auch nicht gestört, als in demselben Augenblicke, wo man sich gesetzt hatte, ein Absagebrief Reiffs eintraf. Der Polizeirat schrieb: »Chef eben konfidentiell mit mir gesprochen. Reise heute noch. Elf Uhr funfzig. Eine Sache, die sich der Mitteilung entzieht. Dein Reiff. Pstscr. Ich bitte der schönen Frau die Hand küssen und ihr sagen zu dürfen, daß ich untröstlich bin . . .«

Van der Straaten fiel in einen heftigen Krampfhusten, weil er, unter dem Lesen, unklugerweise von seinem Sherry genippt hatte. Nichtsdestoweniger sprach er unter Husten und Lachen weiter und erging sich in Vorstellungen Reiffscher Großtaten. »In politischer Mission. Wundervoll. Oh, lieb' Vaterland, kannst ruhig sein. Aber *einen* kenn' ich, der noch ruhiger sein darf: er, der Unglückliche, den er sucht. Oder sag' ich gleich rundweg: der Attentäter, dem er sich an die Fersen heftet. Denn um etwas Staatsstreichlich-Hochverräterisches muß es sich doch am Ende handeln, wenn man einen Mann wie Reiff allerpersönlichst in den Sattel setzt. Nicht wahr, Sattlerchen von der Hölle? Und heut' abend noch! Die reine Ballade. ›Wir satteln nur um Mitternacht.‹ Oh, Leonore! Oh, Reiff, Reiff.« Und er lachte konvulsivisch weiter.

Auch Arnold und Elimar, die man nach Verabredung draußen treffen wollte, wurden nicht geschont, bis endlich die Pendule vier schlug und zur Eile mahnte. Der Wagen wartete schon, und die Damen stiegen ein und nahmen ihre Plätze: Fräulein Riekchen neben Melanie, Anastasia auf dem Rücksitz. Und mit ihren Fächern und Sonnenschirmen grüßend, ging es über Platz und Straßen fort, erst auf die Frankfurter Linden und zuletzt auf das Stralauer Tor zu.

Van der Straaten und Rubehn folgten eine Viertelstunde später in einer Droschke zweiter Klasse, die man »echtheits«-halber gewählt hatte, stiegen aber unmittelbar vor der Stadt aus, um nunmehr an den Flußwiesen hin den Rest des Weges zu Fuß zu machen.

Es schlug fünf, als unsre Fußgänger das Dorf erreichten und in Mitte desselben Ehms ansichtig wurden, der mit seinem Wagen, etwas ausgebogen, zur Linken hielt und den ohnehin wohlgepflegten Trakehnern einen vollen Futtersack eben auf die Krippe gelegt hatte. Gegenüber stand ein kleines Haus, wie das Pfefferkuchenhaus im Märchen, bräunlich und appetitlich, und so niedrig, daß man bequem die Hand auf die Dachrinne legen konnte. Dieser Niedrigkeit entsprach denn auch die kaum mannshohe Tür, über der, auf einem wasserblauen Schilde, »Löbbekes Kaffeehaus« zu lesen war. In Front des Hauses aber standen drei, vier verschnittene Lindenbäume, die den Bürgersteig von dem Straßendamme trennten, auf welchem letzteren Hunderte von Sperlingen hüpften und zwitscherten und die verlorenen Körner aufpickten.

»Dies ist das Ship-Hotel von Stralow«, sagte van der Straaten im Ciceroneton und war eben willens, in das Kaffeehaus einzutreten, als Ehm über den Damm kam und ihm halb dienstlich, halb vertraulich vermeldete, »daß die Damens schon vorauf seien, nach der Wiese hin. Und die Herren Malers auch. Und hätten beide schon vorher gewartet und gleich den Tritt runter gemacht und alles. Erst Herr Gabler und dann Herr Schulze. Und an der Würfelbude hätten sie Strippenballons und Gummibälle gekauft. Und auch Reifen und eine kleine Trommel und allerhand noch. Und einen Jungen hätten sie mitgenommen, der hätte die Reifen und Stöcke tragen müssen. Und Herr Elimar immer vorauf. Das heißt mit 'ner Harmonika.«

»Um Gottes willen«, rief van der Straaten, »Ziehharmonika?«

»Nein, Herr Kommerzienrat. Wie 'ne Maultrommel.«

»Gott sei Dank!... Und nun kommen Sie, Rubehn. Und *du*, Ehm, du wartest nicht auf uns und läßt dir geben . . .Hörst du?«

Ehm hatte dabei seinen Hut abgenommen. In seinen Zügen aber war deutlich zu lesen: ich werde warten.

Am Ausgange des Dorfes lag ein prächtiger Wiesenplan und dehnte sich bis an die Kirchhofsmauer hin. In Nähe dieser hatten sich die drei Damen gelagert und plauderten mit Gabler, während Elimar einen seiner großen Gummibälle monsieur-herkules-artig über Arm und Schulter laufen ließ.

Van der Straaten und Rubehn hörten schon von ferne her das Bravoklatschen und klatschten lebhaft mit. Und nun erst wurde man ihrer ansichtig, und Melanie sprang auf und warf ihrem Gatten, wie zur Begrüßung, einen der großen Bälle zu. Aber sie hatte nicht richtig gezielt, der Ball ging seitwärts und Rubehn fing ihn auf. Im nächsten Augenblicke begrüßte man sich, und die junge Frau sagte: »Sie sind geschickt. Sie wissen den Ball im Fluge zu fassen.«

»Ich wollt', es wäre das Glück.«

»Vielleicht ist es das Glück.«

Van der Straaten, der es hörte, verbat sich alle derartig intrikaten Wortspielereien, widrigenfalls er an die Braut telegraphieren oder vielleicht auch Reiff in konfidentieller Mission abschicken werde. Worauf Rubehn ihn zum hundertsten Male beschwor, endlich von der »ewigen Braut« ablassen zu wollen, die wenigstens vorläufig noch im Bereiche der Träume sei. Van der Straaten aber machte sein kluges Gesicht und versicherte, »daß er es besser wisse«.

Danach kehrte man an die Lagerstelle zurück, die sich nun rasch in einen Spielplatz verwandelte. Die Reifen, die Bälle flogen, und da die Damen ein rasches Wechseln im Spiele liebten, so ging man, innerhalb anderthalb Stunden, auch noch durch Blindekuh und Gänsedieb und »Bäumchen, Bäumchen, verwechselt euch«. Das letztere fand am meisten Gnade, besonders bei van der Straaten, dem es eine herzliche Freude war, das scharfgeschnittene Profil Riekchens mit ihren freundlichen und doch zugleich etwas stechenden Augen um die Baumstämme herumkucken zu sehen. Denn sie hatte, wie die meisten Verwachsenen, ein Eulengesicht.

Und so ging es weiter, bis die Sonne zum Rückzug mahnte. Harmonika-Schulze führte wieder und neben ihm marschierte Gabler, der das Trommelchen ganz nach Art eines Tambourins behandelte. Er schlug es mit den Knöcheln, warf es hoch und fing es wieder. Danach folgte das van der Straatensche Paar, dann Rubehn und Fräulein Riekchen, während Anastasia träumerisch und Blumen pflückend den Nachtrab bildete. Sie hing süßen Fragen und Vorstellungen nach, denn Elimar hatte beim Blindekuh, als er sie haschte, Worte fallen lassen, die nicht mißdeutet werden konnten. Er hätte denn ein schändlicher und zweizüngiger Lügner sein müssen. Und das war er nicht... Wer so rein und kindlich an der Tête dieses Zuges gehen und die Harmonika blasen konnte, konnte kein Verräter sein.

Und sie bückte sich wieder, um (zum wievielten Male!) an einer Wiesenranunkel die Blätter und die Chancen ihres Glücks zu zählen.

9

LÖBBEKES KAFFEEHAUS

Vor Löbbekes Kaffeehaus hatte sich innerhalb der letzten zwei Stunden nichts verändert, mit alleiniger Ausnahme der Sperlinge, die jetzt, statt auf dem Straßendamm, in den verschnittenen Linden saßen und quirilierten. Aber niemand achtete dieser Musik, am wenigstens van der Straaten, der eben Melanies Arm in den Elimars gelegt und sich selbst an die Spitze des Zuges gesetzt hatte. »Attention!« rief er und bückte sich, um sich ohne Fährlichkeit durch das niedrige Türjoch hindurchzuzwängen.

Und alles folgte seinem Rat und Beispiel.

Drinnen waren ein paar absteigende Stufen, weil der Flur um ein Erhebliches niedriger lag als die Straße draußen, weshalb denn auch den Eintretenden eine dumpfe Kellerluft entgegenkam, von der es schwer zu sagen war, ob sie durch ihren biersäuerlichen Gehalt mehr gewann oder verlor. In der Mitte des Flurs sah man nach rechts hin eine Nische mit Herd und Rauchfang, einer kleinen Schiffsküche nicht unähnlich, während von links her ein Schanktisch um mehrere Fuß vorsprang. Dahinter ein sogenanntes »Schapp«, in dem oben Teller und Tassen und unten allerhand ausgebuchtete Likörflaschen standen. Zwischen Tisch und Schapp aber thronte die Herrin dieser Dominien, eine große, starke Blondine von Mitte Dreißig, die man ohne weiteres als eine Schönheit hätte hinnehmen müssen, wenn nicht ihre Augen gewesen wären. Und doch waren es eigentlich schöne Augen, an denen in Wahrheit nichts auszusetzen war, als daß sie sich daran gewöhnt hatten, alle Männer in zwei Klassen zu teilen, in solche, denen sie zuzwinkerten: »wir treffen uns noch«, und in solche, denen sie spöttisch nachriefen: »wir kennen euch besser«. Alles aber, was in diese zwei Klassen *nicht* hineinpaßte, war nur Gegenstand für Mitleid und Achselzucken.

Es muß leider gesagt werden, daß auch van der Straaten von diesem Achselzucken betroffen wurde. Nicht seiner Jahre halber, im Gegenteil, sie wußte Jahre zu schätzen, nein, einzig und allein, weil er von alter Zeit her die Schwäche hatte, sich à tout prix populär machen zu wollen. Und das war der Blondine das Verächtlichste von allem.

Am Ausgange des Flurs zeigte sich eine noch niedrigere Hoftür und dahinter kam ein Garten, drin, um kümmerliche Bäume herum, ein Dutzend grüngestrichene Tische mit schrägangelehnten Stühlen von derselben Farbe standen. Rechts lief eine Kegelbahn, deren vorderstes unsichtbares Stück sehr wahrscheinlich bis an die Straße reichte. Van der Straaten wies ironischen Tons auf all diese Herrlichkeiten hin, verbreitete sich über die Vorzüge anspruchslos gebliebener Nationalitäten und stieg dann eine kleine Schrägung nieder, die, von dem Sommergarten aus, auf einen großen, am Spreeufer sich hinziehenden und nach Art eines Treibhauses angelegten Glasbalkon führte. An einer der offenen Stellen desselben rückte die Gesellschaft zwei, drei Tische zusammen und hatte nun einen schmalen, zerbrechlichen Wassersteg und links davon ein festgeankertes, aber schon dem Nachbarhause zugehöriges Floß vor sich, an das die kleinen Spreedampfer anzulegen pflegten.

Rubehn erhielt ohne weiteres den besten Platz angewiesen, um als Fremder den Blick auf die Stadt freizuhaben, die flußabwärts im rot- und golddurchglühten Dunst eines heißen Sommertages dalag. Elimar und Gabler aber waren auf den Wassersteg hinausgetreten. Alles freute sich des Bildes, und van der Straaten sagte: »Sieh, Melanie. Die Schloßkuppel. Sieht sie nicht aus wie Santa Maria Saluta?«

»Salutè«, verbesserte Melanie, mit Akzentuierung der letzten Silbe.

»Gut, gut. Also Salutè«, wiederholte van der Straaten, indem er jetzt auch seinerseits das e betonte. »Meinetwegen. Ich prätendiere nicht, der alte Sprachenkardinal zu sein, dessen Namen ich vergessen habe. Salus, salutis – vierte Deklination, oder dritte, das genügt mir vollkommen. Und Salutà oder Salutè macht mir keinen Unterschied. Freilich muß ich sagen, so wenig zuverlässig die lieben Italiener in allem sind, so wenig sind sie's auch in ihren Endsilben. Mal a, mal e. Aber lassen wir die Sprachstudien und studieren wir lieber die Speisekarte. Die Speisekarte, die hier natürlich von Mund zu Mund vermittelt wird, eine Tatsache, bei der ich mich jeder blonden Erinnerung entschlage. Nicht wahr, Anastasia? He?«

»Der Herr Kommerzienrat belieben zu scherzen«, antwortete Anastasia pikiert. »Ich glaube nicht, daß sich eine Speisekarte von Mund zu Mund vermitteln läßt.«

»Es käm' auf einen Versuch an, und ich für meinen Teil wollte mich zu Lösung der Aufgabe verpflichten. Aber erst wenn Luna herauf ist und ihr Antlitz wieder keusch hinter Wolkenschleiern birgt. Bis dahin muß es bleiben und bis dahin sei Friede zwischen uns. Und nun, Arnold, ernenn' ich dich, in deiner Eigenschaft als Gabler, zum Erbküchenmeister und lege vertrauensvoll unser leibliches Wohl in deine Hände.«

»Was ich dankbarst akzeptiere«, bemerkte dieser, »immer vorausgesetzt, daß du mir, um mit unsrem leider abwesenden Freunde Gryczinski zu sprechen, einige Direktiven erteilen willst.«

»Gerne, gerne«, sagte van der Straaten.

»Nun denn, so beginne.«

»Gut. So proponier' ich Aal und Gurkensalat ... Zugestanden?«

»Ja«, stimmte der Chorus ein.

»Und danach Hühnchen und neue Kartoffeln ... Zugestanden?«

»Ja.«

»Bliebe nur noch die Frage des Getränks. Unter Umständen wichtig genug. Ich hätte der Lösung derselben, mit Unterstützung Ehms und unsres Wagenkastens, vorgreifen können, aber ich verabscheue Landpartien mit mitgeschlepptem Weinkeller. Erstens kränkt man die Leute, bei denen man doch gewissermaßen immer noch zu Gaste geht, und zweitens bleibt man in dem Kreise des Althergebrachten, aus dem man ja gerade heraus will. Wozu macht man Partien? Wozu? frag' ich. Nicht um es besser zu haben, sondern um es anders zu haben, um die Sitten und Gewohnheiten anderer Menschen und nebenher auch die Lokalspenden ihrer Dorf- und Gauschaften kennenzulernen. Und da wir hier nicht im Lande Kanaan weilen, wo Kaleb die große Traube trug, so stimm' ich für das landesübliche Produkt dieser Gegenden, für eine kühle Blonde. Kein Geld, kein Schweizer; keine Weiße, kein Stralow. Ich wette, daß selbst Gryczinski nie bessere Richtschnuren gegeben hat. Und nun geh, Arnold. Und für Anastasia einen Anisette ... Kühle Blonde! Ob wohl unsere Blondine zwischen Tisch und Schapp in diese Kategorie fällt?«

Elimar hatte mittlerweile dem Schauspiele der untergehenden Sonne zugesehn und auf dem gebrechlichen Wasserstege, nach Art eines Turners, der zum Hocksprung ansetzt, seine Knie gebogen und wieder angestrafft. Alles mechanisch und gedankenlos. Plötzlich aber, während er noch so hin und her wippte, knackte das Brett und brach, und nur der Geistesgegenwart, mit der er nach einem der Pfähle griff, mocht' er es zuschreiben, daß er nicht in das gerad' an dieser Dampfschiffanlegestelle sehr tiefe Wasser niederstürzte. Die Damen schrien laut auf, und Anastasia zitterte noch, als der durch sich selbst Gerettete mit einem gewissen Siegeslächeln erschien, das unter den sich jagenden Vorwürfen von »Tollkühnheit« und »Gleichgiltigkeit gegen die Gefühle seiner Mitmenschen« eher wuchs als schwand.

Ein Zwischenfall wie dieser konnte sich natürlich nicht ereignen, ohne von einer Fülle von Kommentaren und Hypothesen begleitet zu werden, in denen die Wörter »wenn« und »was« die Hauptrolle spielten und endlos wiederkehrten. *Was* würde geschehen sein, wenn Elimar den Pfahl nicht rechtzeitig ergriffen hätte? *Was*, wenn er trotzdem hineingefallen, endlich *was*, wenn er nicht zufällig ein guter Schwimmer gewesen wäre?

Melanie, die längst ihr Gleichgewicht wiedergewonnen hatte,

behauptete, daß van der Straaten unter allen Umständen hätte nachspringen müssen, und zwar erstens als Urheber der Partie, zweitens als resoluter Mann und drittens als Kommerzienrat, von denen, allen historischen Aufzeichnungen nach, noch keiner ertrunken wäre. Selbst bei der Sündflut nicht.

Van der Straaten liebte nichts mehr als solche Neckereien seiner Frau, verwahrte sich aber, unter Dank für das ihm zugetraute Heldentum, gegen alle daraus zu ziehenden Konsequenzen. Er halte weder zu der alten Firma Leander noch zu der neuen des Kapitän Boyton, bekenne sich vielmehr, in allem was Heroismus angehe, ganz zu der Schule seines Freundes Heine, der, bei jeder Gelegenheit, seiner äußersten Abneigung gegen tragische Manieren einen ehrlichen und unumwundenen Ausdruck gegeben habe.

»Aber«, entgegnete Melanie, »tragische Manieren sind doch nun mal gerade *das,* was wir Frauen von euch verlangen.«

»Ah, bah! Tragische Manieren!« sagte van der Straaten. »Lustige Manieren verlangt ihr und einen jungen Fant, der euch beim Zwirnwickeln die Docke hält und auf ein Fußkissen niederkniet, darauf sonderbarerweise jedesmal ein kleines Hündchen gestickt ist. Mutmaßlich als Symbol der Treue. Und dann seufzt er, der Adorante, der betende Knabe, und macht Augen und versichert euch seiner innigsten Teilnahme. Denn ihr *müßtet* unglücklich sein. Und nun wieder Seufzen und Pause. Freilich, freilich, ihr hättet einen guten Mann (alle Männer seien gut), aber enfin, ein Mann müsse nicht bloß gut sein, ein Mann müsse seine Frau *verstehen.* Darauf komm' es an, sonst sei die Ehe niedrig, *so* niedrig, mehr als niedrig. Und dann seufzt er zum drittenmal. Und wenn der Zwirn endlich abgewickelt ist, was natürlich so lange wie möglich dauert, so glaubt ihr es auch. Denn jede von euch ist wenigstens für einen indischen Prinzen oder für einen Schah von Persien geboren. Allein schon wegen der Teppiche.«

Melanie hatte während dieser echt van der Straatenschen Expektoration ihren Kopf gewiegt und erwiderte schnippisch und mit einem Anfluge von Hochmut: »Ich weiß nicht, Ezel, warum du beständig von Zwirn sprichst. Ich wickle Seide.«

Sehr wahrscheinlich, daß es dieser Bemerkung an einer spitzen Replik nicht gefehlt hätte, wenn nicht eben jetzt eine dralle, kurzärmelige Magd erschienen und auf Augenblicke hin der Gegenstand allgemeiner Aufmerksamkeit geworden wäre. Schon um des virtuosen Puffs und Knalls willen, womit sie, wie zum Debüt, ihr Tischtuch auseinanderschlug. Und sehr bald nach ihr erschienen denn auch die dampfenden Schüsseln und die hohen Weißbierstangen, und selbst der Anisette für Anastasia war nicht vergessen. Aber es waren ihrer mehrere, da sich der lebens- und gesellschaftskluge Gabler der allgemeinen Damenstellung zur Anisettefrage rechtzeitig erinnert hatte. Und in der Tat, er mußte lächeln (und van der Straaten mit ihm), als er gleich nach dem Erscheinen des Tabletts auch Riekchen nippen und ihre Eulenaugen immer größer und freundlicher werden sah.

Inzwischen war es dämmerig geworden, und mit der Dämmerung kam die Kühle. Gabler und Elimar erhoben sich, um aus dem Wagen eine Welt von Decken und Tüchern heranzuschleppen, und Melanie, nachdem sie den schwarz und weiß gestreiften Burnus umgenommen und die Kapuze kokett in die Höhe geschlagen hatte, sah reizender aus als zuvor. Eine der Seidenpuscheln hing ihr in die Stirn und bewegte sich hin und her, wenn sie sprach oder dem Gespräche der andern lebhaft folgte. Und dieses Gespräch, das sich bis dahin medisierend um die Gryczinskis und vor allem auch um den Polizeirat und die neue katilinarische Verschwörung gedreht hatte, fing endlich an, sich näherliegenden und zugleich auch harmloseren Thematas zuzuwenden, beispielsweise, wie hell der »Wagen« am Himmel stünde.

»Fast so hell wie der Große Bär«, schaltete Riekchen ein, die nicht fest in der Himmelskunde war. Und nun entsann man sich, daß dies gerade die Sternschnuppennächte wären, auf welche Mitteilung hin van der Straaten nicht nur die fallenden Sterne zu zählen anfing, sondern sich schließlich auch bis zu dem Satze steigerte, »daß alles in der Welt eigentlich nur des Fallens wegen da sei: die Sterne, die Engel, und nur die Frauen nicht«.

Melanie zuckte zusammen, aber niemand sah es, am wenigsten van der Straaten, und nachdem noch eine ganze Weile gezählt und gestritten und der Abend inzwischen immer kälter geworden war, einigte man sich dahin, daß es zur Bekämpfung dieser Polarzustände nur ein einzig erdenkbares Mittel gäbe: eine Glühweinbowle. Van der Straaten selbst machte den Vorschlag und definierte: »Glühwein ist diejenige Form des Weines, in der der Wein nichts und das Gewürznägelchen alles bedeutet«, auf welche Definition hin es gewagt und die Bestellung gemacht wurde. Und siehe da, nach verhältnismäßig kurzer Zeit schon, erschien auch die blonde Wirtin in Person, um die Bowle vorsorglich inmitten des Tisches niederzusetzen.

Und nun nahm sie den Deckel ab und freute sich unter Lachen all der aufrichtig dankbaren »Achs«, womit ihre Gäste den warmen und erquicklichen Dampf einsogen. Ein reizender blonder Junge war mit ihr gekommen und hielt sich an der Schürze der Mutter fest.

»Ihrer?« fragte van der Straaten mit verbindlicher Handbewegung.

»Na, wen sonst«, antwortete die Blondine nüchtern und suchte mit Rubehn über den Tisch hin ein paar Blicke zu wechseln. Als es aber mißlang, ergriff sie die blonden Locken ihres Jungen, spielte damit und sagte: »Komm, Pauleken. Die Herrschaften sind lieber alleine.«

Elimar sah ihr betroffen nach und rieb sich die Stirn. Endlich rief er: »Gott sei Dank, nun hab' ich's. Ich wußte doch, ich hatte sie schon gesehn. Irgendwo. Triumphzug des Germanicus; Thusnelda, wie sie leibt und lebt.«

»Ich kann es nicht finden«, erwiderte van der Straaten, der ein Piloty-Schwärmer war. »Und es stimmt auch nicht in Verhältnissen und Leibesumfängen, immer vorausgesetzt, daß man von solchen Dingen in Gegenwart unserer Damen sprechen darf. Aber Anastasia wird es verzeihen, und um den Hauptunterschied noch einmal zu betonen, bei Piloty gibt sich Thumelicus noch als ein Werdender, während wir ihn hier bereits an der Schürze seiner Mutter hatten. An der weißesten Schürze, die mir je vorgekommen ist. Aber sei weiß wie Schnee und weißer noch. Ach, die Verleumdung trifft dich doch.«

Diese zwei Reimzeilen waren in einer absichtlich spöttischen Singsangmanier von ihm gesprochen worden, und Rubehn, dem es mißfiel, wandte sich ab und blickte nach links hin auf den von Lichtern überblitzten Strom. Melanie sah es, und das Blut schoß ihr zu Kopf, wie nie zuvor. Ihres Gatten Art und Redeweise hatte sie, durch all die Jahre hin, viel Hunderte von Malen in Verlegenheit gebracht, auch wohl in bittere Verlegenheiten, aber dabei war es geblieben. Heute zum ersten Male schämte sie sich seiner.

Van der Straaten indes bemerkte nichts von dieser Verstimmung und klammerte sich nur immer fester an seinen Thusneldastoff, in der an und für sich ganz richtigen Erkenntnis, etwas Besseres für seine Spezialansprüche nicht finden zu können.

»Ich frage jeden, ob dies eine Thusnelda ist? Höher hinauf, meine Freunde. Göttin Aphrodite, die Venus dieser Gegenden, Venus Spreavensis, frisch aus demselben Wasser gestiegen, das uns eben erst unsern teuren Elimar zu rauben trachtete. Das Wasser rauscht, das Wasser schwoll. Aus der Spree gestiegen, sag' ich. Aber so mich nicht alles täuscht, haben wir hier *mehr*, meine Freunde. Wir haben hier, wenn ich richtig beobachtet, oder sagen wir, wenn ich richtig geahnt habe, eine Vermählung von Modernem und Antikem: Venus Spreavensis und Venus Kallipygos. Ein gewagtes Wort, ich räum' es ein. Aber in Griechisch und Musik darf man alles sagen. Nicht wahr, Anastasia? Nicht wahr, Elimar? Außerdem entsinn' ich mich, zu meiner Rechtfertigung, eines wundervollen Kallipygosepigramms ... Nein, nicht Epigramms ... Wie heißt etwas Zweizeiliges, was sich nicht reimt ...«

»Distichon.«

»Richtig. Also ich entsinne mich eines Distichons ... bah, da hab' ich es vergessen ... Melanie, wie war es doch? Du sagtest es damals so gut und lachtest so herzlich. Und nun hast du's auch vergessen. Oder *willst* du's bloß vergessen haben? ... Ich bitte dich ... Ich hasse das ... Besinne dich. Es war etwas von Pfirsichpflaum, und ich sagte doch ›man fühl' ihn ordentlich‹. Und du fandst es auch und stimmtest mit ein ... Aber die Gläser sind ja leer ...«

»Und ich denke, wir lassen sie leer«, sagte Melanie scharf und wechselte die Farbe, während sie mechanisch ihren Sonnenschirm auf- und zumachte. »Ich denke, wir lassen sie leer. Es ist ohnehin Glühwein. Und wenn wir noch hinüber wollen, so wird es Zeit sein, *hohe* Zeit«, und sie betonte das Wort.

»Ich bin es zufrieden«, entgegnete van der Straaten, aber in einem Tone, der nur allzu deutlich erkennen ließ, daß seine gute Stimmung in ihr Gegenteil umzuschlagen begann. »Ich bin es zufrieden und bedauere nur, allem Anscheine nach, wieder einmal Anstoß gegeben und das adlige Haus de Caparoux in seinen höheren Aspirationen verschnupft zu haben. Es ist immer das alte Lied, das ich nicht gerne höre. *Wenn* ich es aber hören will, so lad' ich mir meinen Schwager-Major zu Tische, der ist erster Kammerherr am Throne des Anstands und der Langenweile. Heute fehlt er hier, und ich hätte gern darauf verzichtet, ihn durch seine Frau Schwägerin ersetzt zu sehen. Ich hasse Prüderien und jene Prätensionen höherer Sittlichkeit, hinter denen nichts steckt. Im günstigsten Falle nichts steckt. Ich darf das sagen, und jedenfalls *will* ich es sagen, und was ich gesagt habe, das habe ich gesagt.«

Es antwortete niemand. Ein schwacher Versuch Gablers, wieder einzulenken, mißlang, und in ziemlich geschäftsmäßigem, wenn auch freilich wieder ruhiger gewordenem Tone wurden alle noch nötigen Verabredungen zur Überfahrt nach Treptow in zwei kleinen Booten getroffen; Ehm aber sollte, mit Benutzung der nächsten Brücke, die Herrschaften am andern Ufer erwarten. Alles stimmte zu, mit Ausnahme von Fräulein Riekchen, die verlegen erklärte, »daß Bootschaukeln, von klein auf, ihr Tod gewesen sei«. Worauf sich van der Straaten in einem Anfalle von Ritterlichkeit erbot, mit ihr in der Glaslaube zurückbleiben und das Anlegen des nächsten, vom »Eierhäuschen« her erwarteten Dampfschiffes abpassen zu wollen.

10

WOHIN TREIBEN WIR?

Es währte nicht lange, so steuerten von einer dunklen, etwas weiter flußaufwärts gelegenen Uferstelle her zwei Jollen auf das Floß zu, jede mit einer Stocklaterne vorn an Bord. In der kleineren saß derselbe Junge, der schon am Nachmittage die Reifen auf die Kirchhofswiese hinausgetragen hatte, während die größere Jolle, leer und bloß angekettet, im Fahrwasser der anderen nachschwamm. Es gab einen hübschen Anblick, und kaum daß die beiden Fahrzeuge lagen, so stiegen auch, vom Floß aus, die schon ungeduldig Wartenden ein: Rubehn und Melanie in das kleinere, die beiden Maler und Anastasia in das größere Boot, eine Verteilung, die sich wie von selber machte, weil Elimar und Gabler gute Kahnfahrer waren und jeder anderweitigen Führung entbehren konnten. Sie nahmen denn auch die Tête, und der Junge mit der kleineren Jolle folgte.

Van der Straaten sah ihnen eine Weile nach und sagte dann zu dem Fräulein: »Es ist mir ganz lieb, Riekchen, daß wir zurückgeblieben sind und auf das Dampfschiff warten müssen. Ich habe Sie schon immer fragen wollen, wie gefällt Ihnen unser neuer Hausgenosse? Sie sprechen nicht viel, und wer nicht viel spricht, der beobachtet gut.«

»Oh, er gefällt mir.«

»Und *mir* gefällt es, Riekchen, daß er Ihnen gefällt. Nur das ›oh‹ beklag' ich, denn es hebt ein gut Teil Lob wieder auf, und ›oh, er gefällt mir‹ ist eigentlich nicht viel besser als ›oh, er gefällt mir *nicht*‹. Sie sehen, ich lasse Sie nicht wieder los. Also, nur immer tapfer mit der Sprache heraus. Warum nur oh? Woran liegt es? Wo fehlt es? Mißtrauen Sie seinen Dragonerreservelieutenantsallüren? Ist er Ihnen zu kavaliermäßig oder zu wenig? Ist er Ihnen zu laut oder zu still, zu bescheiden oder zu stolz, zu warm oder zu kalt?«

»Damit möchten Sie's getroffen haben.«

»Womit?«

»Mit dem zu kalt. Ja, er ist mir zu kalt. Als ich ihn das erstemal sah, hatt' ich einen guten Eindruck, obgleich nicht voll so gut wie Anastasia. Natürlich nicht. Anastasia singt und ist exzentrisch und will einen Mann haben.«

»Will jede.«

»Ich auch?« lachte die Kleine.

»Wer weiß, Riekchen.«

»... Also, das erste war: er gefiel mir. Es war in der Veranda, gleich nach dem zweiten Frühstück, wir hatten eben die blauen Milchsatten zurückgeschoben, und es ist mir, als wär' es gestern gewesen. Da kam der alte Teichgräber und brachte seine Karte. Und dann kam er selbst. Nun, er hat etwas Distinguiertes, und man sieht auf den ersten Blick, daß er die kleine Not des Lebens nicht kennengelernt hat. Und das ist immer hübsch, und das Hübsche davon soll ihm unbenommen sein. Er hat aber auch etwas Reserviertes. Und wenn ich sage, was Reserviertes, so hab' ich noch sehr wenig gesagt. Denn Reserviertsein ist gut und schicklich. Er übertreibt es aber. Anfangs glaubt' ich, es sei die kleine gesellschaftliche Scheu, die jeden ziert, auch den Mann von Welt, und er werd' es ablegen. Aber bald konnt' ich sehen, daß es nicht Scheu war. Nein, ganz im Gegenteil. Es ist Selbstbewußtsein. Er hat etwas amerikanisch Sicheres. Und so sicher er ist, so kalt ist er auch.«

»Ja Riekchen, er war zu lange drüben, und drüben ist nicht der Platz, um Bescheidenheit und warme Gefühle zu lernen.«

»Sie sind auch nicht zu lernen. Aber man kann sie leider *ver*lernen.«

»Verlernen?« lachte van der Straaten. »Ich bitte Sie, Riekchen, er ist ja ein Frankfurter!«

Während dieses Gespräch in dem Glasbalkon geführt wurde, steuerten die beiden Boote der Mitte des Stromes zu. Auf dem größeren war Scherz und Lachen, aber auf dem kleineren, das folgte, schwieg alles, und Melanie beugte sich über den Rand und ließ das Wasser durch ihre Finger plätschern.

»Ist es immer nur das Wasser, dem Sie die Hand reichen, Freundin?«

»Es kühlt. Und ich hab' es so heiß.«

»So legen Sie den Burnus ab...« Und er erhob sich, um ihr behilflich zu sein.

»Nein«, sagte sie heftig und abwehrend. »Mich friert.« Und er sah nun, daß sie wirklich fröstelnd zusammenzuckte.

Und wieder fuhren sie schweigend dem andern Boote nach und horchten auf die Lieder, die von dorther herüberklangen. Erst war es »Long, long ago«, und immer wenn der Refrain kam, summte Melanie die Zeile mit. Und nun lachten sie drüben, und neue Lieder wurden intoniert und ebenso rasch wieder verworfen, bis man sich endlich über eines geeinigt zu haben schien. »O säh' ich auf der Heide dort.« Und wirklich, sie hielten aus und sangen alle Strophen durch. Aber Melanie sang nicht leise mehr mit, um nicht durch ein Zittern ihrer Stimme ihre Bewegung zu verraten.

Und nun waren sie mitten auf dem Strom, außer Hörweite von den Vorauffahrenden, und der Junge, der sie beide fuhr, zog mit einem Ruck die Ruder ein und legte sich bequem ins Boot nieder und ließ es treiben.

»Er sieht auch zu den Sternen auf«, sagte Rubehn.

»Und zählt, wie viele fallen«, lachte Melanie bitter. »Aber Sie dürfen mich nicht so verwundert ansehen, lieber Freund, als ob ich etwas Besonderes gesagt hätte. Das ist ja, wie Sie wissen, oder wenigstens seit *heute* wissen müssen, der Ton unsres Hauses. Ein bißchen spitz, ein bißchen zweideutig und immer unpassend. Ich befleißige mich der Ausdrucksweise meines Mannes. Aber freilich, ich bleibe hinter ihm zurück. Er ist eben unerreichbar und weiß so wundervoll alles zu treffen, was kränkt und bloßstellt und beschämt.«

»Sie dürfen sich nicht verbittern.«

»Ich verbittere mich nicht. Aber ich *bin* verbittert. Und weil ich es bin und es los sein möchte, deshalb sprech' ich so. Van der Straaten...«

»Ist anders als andre. Aber er liebt Sie, glaub' ich ... Und er ist gut.«

»Und er ist gut«, wiederholte Melanie heftig und in beinahe krampfhafter Heiterkeit. »Alle Männer sind gut!... Und nun fehlt nur noch der Zwirnwickel und das Fußkissen mit dem Symbol der Treue darauf, so haben wir alles wieder beisammen. O Freund, wie konnten Sie nur *das* sagen, und, um ihn zu rechtfertigen, so ganz in seinen Ton verfallen!«

»Ich würde durch jeden Ton Anstoß gegeben haben.«

»Vielleicht... Oder sagen wir lieber gewiß. Denn es war zuviel, dieser ewige Hinweis auf Dinge, die nur unter vier Augen gehören, und das kaum. Aber er kennt kein Geheimnis, weil ihm nichts des Geheimnisses wert dünkt. Weil ihm nichts heilig ist. Und wer anders denkt, ist scheinheilig oder lächerlich. Und das vor Ihnen...«

Er nahm ihre Hand und fühlte, daß sie fieberte.

Die Sterne aber funkelten und spiegelten sich und tanzten um sie her, und das Boot schaukelte leis und trieb im Strom, und in Melanies Herzen erklang es immer lauter: wohin treiben wir?

Und sieh, es war, als ob der Bootsjunge von derselben Frage beunruhigt worden wäre, denn er sprang plötzlich auf und sah sich um, und wahrnehmend, daß sie weit über die rechte Stelle hinaus waren, griff er jetzt mit beiden Rudern ein und warf die Jolle nach links herum, um so schnell wie möglich aus der Strömung heraus und dem andern Ufer wieder näher zu kommen. Und sieh, es gelang ihm auch, und ehe fünf Minuten um waren, erkannte man die von zahllosen Lichtern erhellten Baumgruppen des Treptower Parks, und Rubehn und Melanie hörten Anastasias Lachen auf dem vorauffahrenden Boot. Und nun schwieg das Lachen, und das Singen begann wieder. Aber es war ein andres Lied, und über das Wasser hin klang es »Rothtraut, Schön-Rothtraut«, erst laut und jubelnd, bis es schwermütig in die Worte verklang: »Schweig stille, mein Herze.«

»Schweig stille, mein Herze«, wiederholte Rubehn und sagte leise: »soll es?«

Melanie antwortete nicht. Das Boot aber lief ans Ufer, an dem Elimar und Arnold schon in aller Dienstbeflissenheit warteten. Und gleich darauf kam auch das Dampfschiff, und Riekchen und van der Straaten stiegen aus. Er heiter und gesprächig.

Und er nahm Melanies Arm und schien die Szene, die den Abend gestört hatte, vollkommen vergessen zu haben.

11

ZUM MINISTER

»Wohin treiben wir?« hatte es in Melanies Herzen gefragt, und die Frage war ihr unvergessen geblieben. Aber der fieberhaften Erregung jener Stunde hatte sie sich entschlagen, und in den Tagen, die folgten, war ihr die Herrschaft über sich selbst zurückgekehrt.

Und diese Herrschaft blieb ihr auch, und sie zuckte nur einen Augenblick zusammen, als sie, nach Ablauf einer Woche, Rubehn am Gitter draußen halten und gleich darauf auf die Veranda zukommen sah. Sie ging ihm, wie gewöhnlich, einen Schritt entgegen und sagte: »Wie ich mich freue, Sie wiederzusehen! Sonst sahen wir Sie jeden dritten Tag, und Sie haben diesmal eine Woche vergehen lassen, fast eine Woche. Aber die Strafe folgt Ihnen auf dem Fuße. Sie treffen nur Anastasia und mich. Unser Riekchen, das Sie ja zu schätzen wissen (wenn auch freilich nicht genug), hat uns auf einen ganzen Monat verlassen und erzieht sieben kleine Vettern auf dem Lande. Lauter Jungen und lauter Sawatzkis, und in ihren übermütigsten Stunden auch mutmaßlich lauter Sattler von der Hölle.«

»Sagen wir lieber gewiß. Und dazu Riekchen als Präzeptor und Regente. Muß das eine Zügelführung sein!«

»Oh, Sie verkennen sie; sie weiß sich in Respekt zu setzen.«

»Und doch möcht' ich die Verzweiflung des Gärtners über zertretene Rabatten und die des Försters über angerichteten Wildschaden nicht mit Augen sehn. Denn ein kleiner Junker schießt alles, was kreucht und fleucht. Und nun gar sieben. Aber ich vergesse, mich meines Auftrags zu entledigen. Van der Straaten ... Ihr Herr Gemahl ... bittet, ihn zu Tische *nicht* erwarten zu wollen. Er ist zum Minister befohlen, und zwar in Sachen einer Enquête. Freilich erst morgen. Aber heute hat er das Vorspiel: das Diner. Sie wissen, meine gnädigste Frau, es gibt jetzt nur noch Enquêten.«

»Es gibt nur noch Enquêten, aber es gibt keine gnädigste Frauen mehr. Wenigstens nicht hier und am wenigsten zwischen uns. Eine Gnädigste bin ich überhaupt nur bei Gryczinskis. Ich bin Ihre gute Freundin und weiter nichts. Nicht wahr?« Und sie gab ihm ihre Hand, die er nahm und küßte. »Und ich will nicht«, fuhr sie fort, »daß wir diese sechs Tage nur gelebt haben, um unsre Freundschaft um ebensoviele Wochen zurückzudatieren. Also nichts mehr von einer ›gnädigsten Frau‹.« Und dabei zwang sie sich, ihn anzusehen. Aber ihr Herz schlug, und ihre Stimme zitterte bei der Erinnerung an den Abend, der nur zu deutlich vor ihrer Seele stand.

»Ja, lieber Freund«, nahm sie nach einer kurzen Pause wieder das Wort, »ich mußte das zwischen uns klar machen. Und da wir einmal beim Klarmachen sind, so muß auch noch ein andres heraus, auch etwas Persönliches und Diffiziles. Ich muß Ihnen nämlich endlich einen Namen geben. Denn Sie haben eigentlich keinen Namen, oder wenigstens keinen, der zu brauchen wäre.«

»Ich dächte doch...« sagte Rubehn mit einem leisen Anfluge von Verlegenheit und Mißstimmung.

»Ich dächte doch«, wiederholte Melanie und lachte. »Daß doch auch die Klugen und Klügsten auf *diesen* Punkt hin immer empfindlich sind! Aber ich bitte Sie, sich aller Empfindlichkeiten entschlagen zu wollen. Sie sollen selbst entscheiden. Beantworten Sie mir auf Pflicht und Gewissen die Frage: ob Ebenezer ein Name ist? Ich meine ein Name fürs Haus, fürs Geplauder, für die Causerie, die doch nun mal unser Bestes ist! Ebenezer! Oh, Sie dürfen nicht so bös aussehen. Ebenezer ist ein Name für einen Hohenpriester oder für einen, der's werden will, und ich seh' ihn ordentlich, wie er das Opfermesser schwingt. Und sehen Sie, davor schaudert mir. Ebenezer ist au fond nicht besser als Aaron. Und es ist auch nichts daraus zu machen. Aus Ezechiel hab ich mir einen Ezel glücklich kondensiert. Aber Ebenezer!«

Anastasia weidete sich an Rubehns Verlegenheit und sagte dann: »Ich wüßte schon eine Hilfe.«

»Oh, die weiß ich auch. Und ich könnte sogar alles in einen allgemeinen und fast nach Grammatik klingenden Satz bringen. Und dieser Satz würde sein: Um- und Rückformung des abstrusen Familiennamens Rubehn in den alten, mir immer lieb gewesenen Vornamen Ruben.«

»Und das wollt' ich auch sagen«, eiferte Anastasia.

»Aber ich *hab'* es gesagt.«

Und in diesem Prioritätsstreite scherzte sich Melanie mehr und mehr in den Ton alter Unbefangenheit hinein und fuhr endlich, gegen Rubehn gewendet, fort: »Und wissen Sie, lieber Freund, daß mir diese Namensgebung wirklich etwas bedeutet? Ruben, um es zu wiederholen, war mir von jeher der sympathischste von den Zwölfen. Er hatte das Hochherzige, das sich immer bei dem Ältesten findet, einfach weil er der Älteste ist. Denken Sie nach, ob ich nicht recht habe. Die natürliche Herrscherstellung des Erstgeborenen sichert ihn vor Mesquinerie und Intrigue.«

»Jeder Erstgeborene wird Ihnen für diese Verherrlichung dankbar sein müssen, und jeder Ruben erst recht. Und doch gesteh' ich Ihnen offen, ich hätt' unter den Zwölfen eine andere Wahl getroffen.«

»Aber gewiß keine bessere. Und ich hoff', es Ihnen beweisen zu können. Über die sechs Halblegitimen ist weiter kein Wort zu verlieren; Sie nicken, sind also einverstanden. Und so nehmen wir denn, als erstes Betrachtungsobjekt, die Nestküken der Familie, die Muttersöhnchen. Es wird so viel von ihnen gemacht, aber Sie werden mir zustimmen, daß die spätere ägyptische Exzellenz nicht so ganz ohne Not in die Zisterne gesteckt worden ist. Er war einfach ein enfant terrible. Und nun gar der Jüngste! Verwöhnt und verzogen. Ich habe selbst ein Jüngstes und weiß etwas davon zu sagen... Und so bleiben uns denn wirklich nur die vier alten Grognards von der Lea her. Wohl, sie haben alle vier ihre Meriten. Aber doch ist ein Unterschied. In dem Levi spukt schon der Levit, und in dem Juda das Königtum – ein Stückchen Illoyalität, das Sie mir als freier Schweizerin zugute halten müssen. Und so sehen wir uns denn vor den Rest gestellt, vor die beiden letzten, die natürlich die beiden ersten sind. Eh bien, ich will nicht mäkeln und feilschen und will dem Simeon lassen, was ihm zukommt. Er war ein Charakter, und als solcher wollt' er dem Jungen ans Leben. Charaktere sind nie für halbe Maßregeln. Aber da trat Ruben dazwischen, *mein* Ruben, und rettete den Jungen, weil er des alten Vaters gedachte. Denn er war gefühlvoll und mitleidig und hochherzig. Und was Schwäche war, darüber sag' ich nichts. Er hatte die Fehler seiner Tugenden, wie wir alle. Das war es und weiter nichts. Und deshalb Ruben und immer wieder Ruben. Und kein Appell und kein Refus. Anastasia, brich einen Tauf- und Krönungszweig ab, da von der Esche drüben. Wir können sie dann die Ruben-Esche nennen.«

Und dieses scherzhafte Geplauder würde sich mutmaßlich noch fortgesetzt haben, wenn nicht in eben diesem Augenblicke der wohlbekannte, zweirädrige Gig sichtbar geworden wäre, von dessen turmhohem Sitze herab van der Straaten über das Gitter weg mit der Peitsche salutierte. Und nun hielt das Gefährt, und der Enquêten-Kommerzienrat erschien in der Veranda, strahlend von Glück und freudiger Erregung. Er küßte Melanie die Stirn und versicherte ein Mal über das andere, daß er sich's nicht habe versagen wollen, die freie halbe Stunde bis zum ministeriellen Diner au sein de sa famille zu verbringen.

Und nun nahm er Platz und rief in das Haus hinein: »Liddi, Liddi. Rasch. Antreten. Immer flink. Und Heth auch; das Stiefkind, die Kleine, die vernachlässigt wird, weil sie mir ähnlich sieht...«

»Und von der ich eben erzählt habe, daß sie grenzenlos verwöhnt würde.«

Die Kinder waren inzwischen erschienen, und der glückliche Vater nahm ein elegantes Tütchen mit papierenem Spitzenbesatz aus der Tasche und hielt es Lydia hin. Diese nahm's und gab es an die Kleine weiter. »Da, Heth.«

»Magst du nicht?« fragte van der Straaten. »Sieh doch erst nach. Es sind ja Pralinés. Und noch dazu von Sarotti.«

Aber Lydia sah mit einem Streifblick zu Rubehn hinüber und sagte: »Tüten sind für Kinder. Ich mag nicht.«

Alles lachte, selbst Rubehn, trotzdem er wohl fühlte, daß er der Grund dieser Ablehnung war. Van der Straaten indes nahm die kleine Heth auf den Schoß und sagte: »Du bist deines Vaters Kind. Ohne Faxen und Haberei. Lydia spielt schon die de Caparoux.«

»Laß sie«, sagte Melanie.

»Ich werde sie lassen *müssen*. Und sonderbar zu sagen, ich

hasse die Vornehmheitsallüren eigentlich nur für mich selbst. In meiner Familie sind sie mir ganz recht, wenigstens gelegentlich, abgesehen davon, daß sich auch für meine Person allerhand Wandlungen vorbereiten. Denn in meiner Eigenschaft als Mitglied einer Enquêtenkommission hab' ich die Verpflichtung höherer gesellschaftlicher Formen übernommen, und geht das so weiter, Melanie, so hältst du zwischen heut' und sechs Wochen einen halben Oberzeremonienmeister in deinen Händen. In den Sechswochenschaften hat ja von Uranfang an etwas mysteriös Bedeutungsvolles geschlummert.«

»Eine Wendung, lieber van der Straaten, die mir vorläufig nur wieder zeigt, wie weitab du noch von deiner neuen Charge bist.«

»Allerdings, allerdings«, lachte van der Straaten. »Gut Ding will Weile haben, und Rom wurde nicht an einem Tage gebaut. Und nun sage mir, denn ich habe nur noch zehn Minuten, wie du diesen Nachmittag zu verbringen und unsern Freund Rubehn zu divertieren gedenkst. Verzeih die Frage. Aber ich kenne deine mitunter ängstliche Gleichgiltigkeit gegen Tisch- und Tafelfreuden und berechne mir in der Eile, daß deine Bohnen und Hammelkoteletts, auch wenn die Bohnen ziepsig und die Koteletts zähe sind, nicht gut über eine halbe Stunde hinaus ausgedehnt werden können. Auch nicht unter Heranziehung eines Desserts von Erdbeeren und Stiltonkäse. Und so sorg' ich mich denn um euch, und zwar um so mehr, als ihr nicht die geringste Chance habt, mich vor neun Uhr wieder hier zu sehn.«

»Ängstige dich nicht«, entgegnete Melanie. »Es ist keine Frage, daß wir dich schmerzlich entbehren werden. Du wirst uns fehlen, du *mußt* uns fehlen. Denn wer könnt' uns, um nur eines zu nennen, den Hochflug deiner bilderreichen Einbildungskraft ersetzen. Kaum, daß wir ihr zu folgen verstehn. Und doch verbürg' ich mich für Unterbringung dieser armen, verlorenen Stunden, die dir so viel Sorge machen. Und du sollst sogar das Programm wissen.«

»Da wär' ich neugierig.«

»Erst singen wir.«

»Tristan?«

»Nein. Und Anastasia begleitet. Und dann haben wir unser Diner oder doch das, was dafür aufkommen muß. Und es wird sich schon machen. Denn immer, wenn du nicht da bist, suchen wir uns durch einen besseren Tisch und ein paar eingeschobene süße Speisen zu trösten.«

»Glaub's, glaub's. Und dann?«

»Dann hab' ich vor, unsern lieben Freund, den ich dir übrigens, nach einem allerjüngsten Übereinkommen, als Rubehn mit dem gestrichenen h, also schlechtweg als unsern Freund Ruben vorstelle, mit den Schätzen und Schönheiten unsrer Villa bekanntzumachen. Er ist eine Legion von Malen, wenn auch immer noch nicht oft genug, unser lieber Gast gewesen und kennt trotz alledem nichts von dieser ganzen Herrlichkeit als unser Eß- und Musikzimmer und hier draußen die Veranda mit dem kreischenden Pfau, der ihm natürlich ein Greuel ist. Aber er soll heute noch in seinem halb freireichsstädtischen und halb überseeischen Hochmute gedemütigt werden. Ich habe vor, mit deinem Obstgarten zu beginnen und dem Obstgarten das Palmenhaus und dem Palmenhause das Aquarium folgen zu lassen.«

»Ein gutes Programm, das mich nur hinsichtlich seiner letzten Nummer etwas erschreckt oder wenigstens zur Vorsicht mahnen läßt. Sie müssen nämlich wissen, Rubehn, was wir letzten Sommer in dieser erbärmlichen Glaskastensammlung, die den stolzen Namen Aquarium führt, schaudernd selbst erlebt haben. Nicht mehr und nicht weniger als einen Ausbruch, Eruption, und ich höre noch Anastasias Aufschrei und werd' ihn hören bis ans Ende meiner Tage. Denken Sie sich, eine der großen Glasscheiben platzt, Ursache unbekannt, wahrscheinlich aber, weil Gryczinski seinem Füsiliersäbel eine falsche Direktive gegeben, und siehe da, ehe wir drei zählen können, steht unser ganzer Aquariumflur nicht nur handhoch unter Wasser, sondern auch alle Schrecken der Tiefe zappeln um uns her, und ein großer Hecht umschnopert Melanies Fußtaille mit allersichtlichster Vernachlässigung Tante Riekchens. Offenbar also ein Kenner. Und in einem Anfalle wahnsinniger Eifersucht hab' ich ihn schlachten lassen und seine Leber höchsteigenhändig verzehrt.«

Anastasia bestätigte die Zutreffendheit der Schilderung, und selbst Melanie, die seit längerer Zeit ähnlichen Exkursen ihres Gatten mit nur zu sichtlichem Widerstreben folgte, nahm heute wieder an der allgemeinen Heiterkeit teil. Sie hatte sich schon vorher in dem mit Rubehn geführten Gespräche derartig heraufgeschraubt, daß sie wie geistig trunken und beinahe gleichgiltig gegen Erwägungen und Rücksichten war, die sie noch ganz vor kurzem gequält hatten. Sie sah wieder alles von der lachenden Seite, selbst das Gewagteste, und faßte, ohne sich Rechenschaft davon zu geben, den Entschluß, mit der ganzen nervösen Feinfühligkeit dieser letzten Wochen ein für allemal brechen und wieder keck und unbefangen in die Welt hineinleben zu wollen.

Van der Straaten aber, überglücklich, mit seinem Aquariumshecht einen guten Abgang gefunden zu haben, griff nach Hut und Handschuh und versprach, auf Eile dringen zu wollen, soweit sich, einem Minister gegenüber, überhaupt auf irgend etwas dringen lasse.

Das waren seine letzten Worte. Gleich darauf hörte man das Knirschen der Räder und empfing von außen her, über das Parkgitter hin, einen absichtlich übertriebenen Feierlichkeitsgruß, in dem sich die ganze Bedeutung eines Mannes ausdrücken sollte, der zum Minister fährt. Noch dazu zum Finanzminister, der eigentlich immer ein Doppelminister ist.

12

UNTER PALMEN

Die Nachmittagstunden vergingen, wie's Melanie geplant und van der Straaten gebilligt hatte. Dem anderthalbstündigen Musizieren folgte das kleine Diner, opulenter als gedacht, und die Sonne stand eben noch über den Bosquets als man sich erhob, um draußen im »Orchard« ein zweites Dessert von den Bäumen zu pflücken.

Dieser für allerhand Obstkulturen bestimmte Teil des Parkes lief, an sonnigster Stelle, neben dem Fluß entlang und bestand aus einem anscheinend endlosen Kieswege, der nach der Spree hin offen, nach der Parkseite hin aber von Spalierwänden eingefaßt war. An diesen Spalieren, in kunstvollster Weise behandelt und jeder einzelne Zweig gehegt und gepflegt, reiften die feinsten Obstarten, während kaum minder feine Sorten an nebenherlaufenden niederen Brettergestellen, etwa nach Art großer Ananaserdbeeren, gezogen wurden.

Melanie hatte Rubehns Arm genommen, Anastasia folgte langsam und in wachsenden Abständen; Heth aber auf ihrem Velocipède begleitete die Mama, bald weit vorauf, bald dicht neben ihr, und wandte sich dann wieder, ohne die geringste Ahnung davon, daß ihre rückseitige Drapierung in ein immer komischeres und ungenierteres Fliegen und Flattern kam. Melanie, wenn Heth die Wendung machte, suchte jedesmal durch ein lebhafteres Sprechen über die kleine Verlegenheit hinwegzukommen, bis Rubehn endlich ihre Hand nahm und sagte: »Lassen wir doch das Kind. Es ist ja glücklich, beneidenswert glücklich. Und Sie sehen, Freundin, ich lache nicht einmal.«

»Sie haben recht«, entgegnete Melanie. »Torheit und nichts weiter. Unsere Scham ist unsere Schuld. Und eigentlich ist es rührend und entzückend zugleich.« Und als der kleine Wildfang in eben diesem Augenblicke wieder heranrollte, kommandierte sie selbst: »Rechts um. Und nicht zu nah an die Spree! Sehen Sie nur, wie sie hinfliegt. Solange die Welt steht, hat keine Reiterei mit so fliegenden Fahnen angegriffen.«

Unter solchem Gespräch waren sie bis an die Stelle gekommen, wo, von der Parkseite her, ein breiter, avenueartiger Weg in den langen und schmalen Spaliergang einmündete. Hier, im Zentrum der ganzen Anlage, erhoben sich denn auch, nach dem Vorbilde der berühmten englischen Gärten in Kew, ein paar hohe, glasgekuppelte Palmenhäuser, an deren eines sich ein altmodisches Treibhaus anlehnte, das, früher der Herrschaft zugehörig, inzwischen mit all seinen Blattpflanzen und Topfgewächsen in die Hände des alten Gärtners übergegangen und die Grundlage zum Betrieb eines sehr einträglichen Privatgeschäftes geworden war. Unmittelbar neben dem Treibhause hatte der Gärtner seine Wohnung, ein nur zweifenstriges und ganz von Efeu überwachsenes Häuschen, über das ein alter, schrägstehender Akazienbaum seine Zweige breitete. Zwei, drei Steinstufen führten bis in den Flur, und neben diesen Stufen stand eine Bank, deren Rücklehne von dem Efeu mit überwachsen war.

»Setzen wir uns«, sagte Melanie. »Immer vorausgesetzt, daß wir dürfen. Denn unser alter Freund hier ist nicht immer guter Laune. Nicht wahr, Kagelmann?«

Diese Worte hatten sich an einen kleinen und ziemlich häßlichen Mann gerichtet, der, wiewohl kahlköpfig (was übrigens die Sommermütze verdeckte), nichtsdestoweniger an beiden Schläfen ein paar lange glatte Haarsträhnen hatte, die bis tief auf die Schulter niederhingen. Alles an ihm war außer Verhältnis, und so kam es, daß, seiner Kleinheit unerachtet, oder vielleicht auch um dieser willen, alles zu groß an ihm erschien: die Nase, die Ohren, die Hände. Und eigentlich auch die Augen. Aber diese sah man nur, wenn er, was öfters geschah, die ganz verblakte Hornbrille abnahm. Er war eine typische Gärtnerfigur: unfreundlich, grob und habsüchtig, vor allem auch seinem Wohltäter, dem Kommerzienrat, gegenüber, und nur wenn er die »Frau Rätin« sah, erwies er sich auffallend verbindlich und guter Laune.

So nahm er denn auch heute das scherzhaft hingeworfene »wenn wir dürfen« in bester Stimmung auf und sagte, während er mit der Rechten (in der er einen kleinen Aurikeltopf hielt) seine großschirmige Mütze nach hinten schob: »Jott, Frau Rätin, ob *Sie* dürfen! Solche Frau! Solche Frau wie Sie darf allens. Un warum? Weil Ihnen allens kleid't. Un wen alles kleid't, der darf ooch alles. Uff's Kleiden kommt's an. 's gibt welche, die sagen, die Blumen machen dumm und simplig. Aber daß es uff's Kleiden ankommt, so viel lernt man bei de Blumens.«

»Immer mein galanter Kagelmann«, lachte Melanie. »Man merkt doch den Unverheirateten, den Junggesellen. Und doch ist es unrecht, Kagelmann, daß Sie so geblieben sind. Ich meine, so ledig. Ein Mann wie Sie, so frisch und gesund, und ein so gutes Geschäft. Und reich dazu. Die Leute sagen ja, Sie hätten ein Rittergut. Aber ich will es nicht wissen, Kagelmann. Ich respektiere Geheimnisse. Nur das ist wahr, Ihr Efeuhaus ist zu klein, immer vorausgesetzt, daß Sie sich noch mal anders besinnen.«

»Ja, kleen is es man. Aber vor mir is es jroß genug, das heißt vor mir alleine. Sonst... Aber ich bin ja nu all sechzig.«

»Sechzig. Mein Gott, sechzig. Sechzig ist ja gar kein Alter.«

»Nee«, sagte Kagelmann. »En Alter is es eijentlich noch nich. Un es jeht ooch allens noch. Un janz jut. Un es schmeckt ooch noch, un die Gebrüder Benekens dragen einen ooch noch. Aber viel mehr is es ooch nich. Un wen soll man denn am Ende nehmen? Sehen Se, Frau Rätin, die so for mir passen, die gefallen mir nich, un die mir gefallen, die passen wieder nich. – Ich wäre so vor dreißig oder so drum rum. Dreißig is jut, un dreißig zu dreißig, das stimmt ooch. Aber sechzig in dreißig jeht nich. Und da sagt denn die Frau: borg' ich mir einen.«

Melanie lachte.

Kagelmann aber fuhr fort: »Ach, Frau Kommerzienrätin, Sie hören so was nich un glauben jar nich, wie die Welt is un was allens passiert. Da war hier einer drüben bei Flatows, Cohn und Flatow, großes Ledergeschäft (un sie sollen's ja von Amerika kriegen, na, mir is es jleich), und war ooch en Gärtner, un war woll so sechsundfufzig. Oder vielleicht ooch erst fünfundfufzig. Un er nahm sich ja nu so'n Madamchen, so von'n Jahrer dreißig, un war'ne Wittib, un immer janz schwarz, un'ne hübsche Person, un saß immer ins mittelste Zelt, Nummer 4, wo Kaiser Wilhelm steht, un wo immer die Musik is mit Klavier un Flöte. Ja, du mein Jott, was hat er gehabt? Jar nichts hat er gehabt. Un da sitzt er nu mit seine drei Würmer, und Madamchen is weg. Un mit wen is se weg? Mit'n Gelbschnabel, un hatte noch keene zwanzig uff'n Rücken, un Teichgräber sagt, er wär' erst achtzehn gewesen. Un möglich is es. Aber ein fixer kleiner Kerl war es, so was Italiensches, un war doch bloß aus Rathnow. Aber een paar Oogen! Ich sag' Ihnen, Frau Kommerzienrätin, wie'n Feuerwerk, un es war or'ntlich, als ob's man so prasselte.«

»Ja, das ist traurig für den Mann«, lachte Melanie. »Aber doch am traurigsten für die Frau. Denn wenn einer *solche* Augen hat...«

»Un so was is jetzt alle Tage«, schloß der Alte, der auf die Zwischenbemerkung nicht geachtet hatte und wieder bei seinen Töpfen zu stellen und zu kramen anfing.

Aber Melanie ließ ihm keine Ruh'. »Alle Tage«, sagte sie. »Natürlich, alle Tage. Natürlich, alles kommt vor. Aber das darf einen doch nicht abhalten. Sonst könnte ja keiner mehr heiraten, und es gäbe gar kein Leben und keine Menschen mehr. Denn ein kleiner fixer Gärtnerbursche, nu, mein Gott, der find't sich zuletzt überall.«

»Ja, Frau Kommerzienrätin, das is schon richtig. Aber mitunter find't er sich immer und mitunter find't er sich bloß manchmal. Heiraten! Nu ja, hübsch muß es ja sind, sonst dhäten es nich so viele. Aber besser is besser. Un ich denke, lieber bewahrt als beklagt.«

In diesem Augenblicke wurde von der Hauptallee her ein Einspänner sichtbar und hielt, indem er eine Biegung machte, vor der Bank, auf der Rubehn und Melanie Platz genommen hatten. Es war ein auf niedrigen Rädern gehendes Fuhrwerk, das den Geschäftsverkehr des kleinen Privattreibhauses mit der Stadt vermittelte.

Kagelmann tat ein paar Fragen an den vorn auf dem Deichselbrette sitzenden Kutscher, und nachdem er noch einen andern Arbeiter herbeigerufen hatte, fingen alle drei an, die Palmenkübel abzuladen, die, trotzdem sie nur von mäßiger Größe waren, den Rand des Wagenkastens weit überragten und mit ihren dunklen Kronen, schon von fernher, den Eindruck prächtig wehender Federbüsche gemacht hatten.

Alle drei waren ein paar Minuten lang emsig bei der Arbeit, als aber schließlich alles abgeladen war, wandte sich Kagelmann wieder an seine gnädige Frau und sagte, während er die zwei größten und schönsten Palmen mit seinen Händen patschelte: »Ja, Frau Rätin, das sind nu so meine Stammhalter, so meine zwei Säulen vons Geschäft. Un immer unterwegs, wie'n Landbriefträger. Man bloß noch unterwegser. Denn der hat doch'n Sonntag oder Kirchenzeit. Aber meine Palmen nich. Un ich freue mir immer or'ntlich, wenn mal'n Stillstand is und ich allens mal wieder so zu sehen kriege. So wie heute. Denn mitunter seh' ich meine Palmen die janze Woche nich.«

»Aber warum nicht?«

»Jott, Frau Rätin, Palme paßt immer. Un is kein Unterschied, ob Trauung oder Begräbnis. Und manche taufen auch schon mit Palme. Und wenn ich sage Palme, na, so kann ich auch sagen Lorbeer oder Lebensbaum oder was wir Thuja nennen. Aber Palme, versteht sich, is immer das Feinste. Un is bloß man *ein* Metier, das is jrade so, janz akkurat ebenso bei Leben und Sterben. Und is ooch immer dasselbe.«

»Ah, ich versteh'«, sagte Melanie. »Der Tischler.«

»Nein, Frau Rätin, der Tischler nich. Er is woll auch immer mit dabei, das is schon richtig, aber's is doch nich immer dasselbe. Denn ein Sarg is keine Wiege nich und eine Wiege is kein Sarg nich. Und was een richtiges Himmelbett is, nu davon will ich jar nich erst reden...«

»Aber Kagelmann, wenn es nicht der Tischler ist, wer denn?«

»Der Domchor, Frau Rätin. Der is auch immer mit dabei un is immer dasselbe. Jrade so wie bei mir. Un er hat auch so seine zwei Stammhalter, seine zwei Säulen vons Geschäft: ›'s is bestimmt in Gottes Rat‹ oder ›Wie sie so sanft ruhn‹. Un es paßt immer un macht keinen Unterschied, ob einer abreist oder ob einer begraben wird. Un grün is grün, un is jrade so wie Lebensbaum und Palme.«

»Und doch, Kagelmann, wenn Sie nun mal heiraten und selber Hochzeit machen (aber nicht hier in Ihrem Efeuhause, das ist zu klein), dann sollen Sie doch beides haben: Gesang und Palme. Und was für Palmen! Das versprech' ich Ihnen. Denn ohne Palmen und Gesang ist es nicht feierlich genug. Und aufs Feierliche kommt es an. Und dann gehen wir in das große Treibhaus, bis dicht an die Kuppel, und machen einen wundervollen Altar unter der allerschönsten Palme. Und da sollen Sie getraut werden. Und oben in der Kuppel wollen wir stehn und ein schönes Lied singen, einen Choral, ich und Fräulein Anastasia, und Herr Rubehn hier und Herr Elimar Schulze, den Sie ja auch kennen. Und dabei soll Ihnen zumute sein, als ob Sie schon im Himmel wären und hörten die Engel singen.«

»Glaub' ich, Frau Rätin. Glaub' ich.«

»Und zu vorläufigem Dank für all diese kommenden Herrlichkeiten sollen Sie, liebster Kagelmann, uns jetzt in das Palmenhaus führen. Denn ich weiß nicht Bescheid und kenne die

Namen nicht, und der fremde Herr hier, der ein paarmal um die Welt herumgefahren ist und die Palmen sozusagen an der Quelle studiert hat, will einmal sehen, was wir haben und nicht haben.«

Eigentlich kam alles dieses dem Alten so wenig gelegen wie möglich, weil er seine Kübel und Blumentöpfe noch vor Dunkelwerden in das kleine Treibhaus hineinschaffen wollte. Er bezwang sich aber, schob seine Mütze, wie zum Zeichen der Zustimmung, wieder nach hinten und sagte: »Frau Rätin haben bloß zu befehlen.«

Und nun gingen sie zwischen langen und niedrigen Backsteinöfen hin, den bloß mannsbreiten Mittelgang hinauf, bis an die Stelle, wo dieser Mittelgang in das große Palmenhaus einmündete. Wenige Schritte noch, und sie befanden sich wie am Eingang eines Tropenwaldes, und der mächtige Glasbau wölbte sich über ihnen. Hier standen die Prachtexemplare der van der Straatenschen Sammlung: Palmen, Drakäen, Riesenfarren, und eine Wendeltreppe schlängelte sich hinauf, erst bis in die Kuppel und dann um diese selbst herum und in einer der hohen Emporen des Langschiffes weiter.

Unterwegs war nicht gesprochen worden.

Als sie jetzt unter der hohen Wölbung hielten, entsann sich Kagelmann, etwas Wichtiges vergessen zu haben. Eigentlich aber wollt' er nur zurück und sagte: »Frau Rätin wissen ja nu Bescheid un kennen die Galerie. Da wo der kleine Tisch is un die kleinen Stühle, das is der beste Platz, un is wie' ne Laube, un janz dicht. Un da sitzt ooch immer der Herr Kommerzienrat. Un keiner sieht ihn. Un das hat er am liebsten.« Und danach verabschiedete sich der Alte, wandte sich aber noch einmal um, um zu fragen, »ob er das Fräulein schicken solle?«

»Gewiß, Kagelmann. Wir warten.«

Und als sie nun allein waren, nahm Rubehn den Vortritt und stieg hinauf und eilte sich, als er oben war, der noch auf der Wendeltreppe stehenden Melanie die Hand zu reichen. Und nun gingen sie weiter über die kleinen, klirrenden Eisenbrettchen hin, die hier als Dielen lagen, bis sie zu der von Kagelmann beschriebenen Stelle kamen, besser beschrieben, als er selber wissen mochte. Wirklich, es war eine phantastisch aus Blattkronen gebildete Laube, fest geschlossen, und überall an den Gurten und Ribben der Wölbung hin rankten sich Orchideen, die die ganze Kuppel mit ihrem Duft erfüllten. Es atmete sich wonnig, aber schwer in dieser dichten Laube; dabei war es, als ob hundert Geheimnisse sprächen, und Melanie fühlte, wie dieser berauschende Duft ihre Nerven hinschwinden machte. Sie zählte jenen von äußeren Eindrücken, von Luft und Licht abhängigen Naturen zu, die der Frische bedürfen, um selber frisch zu sein. Über ein Schneefeld hin, bei rascher Fahrt und scharfem Ost – da wär' ihr der heitere Sinn, der tapfere Mut ihrer Seele wiedergekommen, aber diese weiche, schlaffe Luft machte sie selber weich und schlaff, und die Rüstung ihres Geistes lockerte sich und löste sich und fiel.

»Anastasia wird uns nicht finden.«

»Ich vermisse sie nicht.«

»Und doch will ich nach ihr rufen.«

»Ich vermisse sie nicht«, wiederholte Rubehn und seine Stimme zitterte. »Ich vermisse nur das Lied, das sie damals sang, als wir im Boot über den Strom fuhren. Und nun rate.«

»Long, long ago...«

Er schüttelte den Kopf.

»Oh, säh' ich auf der Heide dort...«

»Auch *das* nicht, Melanie.«

»Rothtraut«, sagte sie leis.

Und nun wollte sie sich erheben. Aber er litt es nicht und kniete nieder und hielt sie fest, und sie flüsterten Worte, so heiß und so süß wie die Luft, die sie atmeten.

Endlich aber war die Dämmerung gekommen, und breite Schatten fielen in die Kuppel. Und als alles immer noch still blieb, stiegen sie die Treppe hinab und tappten sich durch ein Gewirr von Palmen, erst bis in den Mittelgang und dann ins Freie zurück.

Draußen fanden sie Anastasia.

»Wo du nur bliebst!« fragte Melanie befangen. »Ich habe mich geängstigt um dich und mich. Ja, es ist so. Frage nur Ruben. Und nun hab' ich Kopfweh.«

Anastasia nahm unter Lachen den Arm der Freundin und

sagte nur: »Und du wunderst dich über Kopfweh! Man wandelt nicht ungestraft unter Palmen.«

Melanie wurde rot bis an die Schläfe. Aber die Dunkelheit half es ihr verbergen. Und so schritten sie der Villa zu, darin schon die Lichter brannten.

Alle Türen und Fenster standen auf, und von den frisch gemähten Wiesen her kam eine balsamische Luft. Anastasia setzte sich an den Flügel und sang und neckte sich mit Rubehn, der bemüht war, auf ihren Ton einzugehen. Aber Melanie sah vor sich hin und schwieg und war weit fort. Auf hoher See. Und in ihrem Herzen klang es wieder: Wohin treiben wir?!

Eine Stunde später erschien van der Straaten und rief ihnen schon vom Korridor her in Spott und guter Laune zu: »Ah, die Gemeinde der Heiligen! Ich würde fürchten zu stören. Aber ich bringe gute Zeitung.«

Und als alles sich erhob und entweder wirklich neugierig war oder sich wenigstens das Ansehen davon gab, fuhr er in seinem Berichte fort: »Exzellenz sehr gnädig. Alles sondiert und abgemacht. Was noch aussteht, ist Form und Bagatelle. Oder Sitzung und Schreiberei. Melanie, wir haben heut' einen guten Schritt vorwärts getan. Ich verrate weiter nichts. Aber das glaub' ich sagen zu dürfen: von diesem Tag an datiert sich eine neue Ära des Hauses van der Straaten.«

13

WEIHNACHTEN

Die nächsten Tage, die viel Besuch brachten, stellten den unbefangenen Ton früherer Wochen anscheinend wieder her, und was von Befangenheit blieb, wurde, die Freundin abgerechnet, von niemandem bemerkt, am wenigsten von van der Straaten, der mehr denn je seinen kleinen und großen Eitelkeiten nachhing.

Und so näherte sich der Herbst, und der Park wurde schöner, je mehr sich seine Blätter färbten, bis gegen Ende September der Zeitpunkt wieder da war, der, nach altem Herkommen, dem Aufenthalt in der Villa draußen ein Ende machte.

Schon in den unmittelbar voraufgehenden Tagen war Rubehn nicht mehr erschienen, weil allernächstliegende Pflichten ihn an die Stadt gefesselt hatten. Ein jüngerer Bruder von ihm, von einem alten Prokuristen des Hauses begleitet, war zu rascher Etablierung des Zweiggeschäfts herübergekommen, und ihren gemeinschaftlichen Anstrengungen gelang es denn auch wirklich, in den ersten Oktobertagen eine Filiale des großen Frankfurter Bankhauses ins Leben zu rufen.

Van der Straaten nahm an all diesen Hergängen den größten Anteil und sah es als ein gutes Zeichen und eine Gewähr geschäftskundiger Leitung an, daß Rubehns Besuche seltener wurden und in den Novemberwochen beinahe ganz aufhörten. In der Tat erschien unser neuer »Filialchef«, wie der Kommerzienrat ihn zu nennen beliebte, nur noch an den kleinen und kleinsten Gesellschaftstagen und hätte wohl auch an diesen am liebsten gefehlt. Denn es konnt' ihm nicht entgehen und entging ihm auch wirklich nicht, daß ihm von Reiff und Duquede, ganz besonders aber von Gryczinski, mit einer vornehm ablehnenden Kühle begegnet wurde. Die schöne Jacobine suchte freilich durch halbverstohlene Freundlichkeiten alles wieder ins gleiche zu bringen und beschwor ihn, ihres Schwagers Haus doch nicht ganz zu vernachlässigen, um ihretwillen nicht und um Melanies willen nicht, aber jedesmal, wenn sie den Namen nannte, schlug sie doch verlegen die Augen nieder und brach rasch und ängstlich ab, weil ihr Gryczinski sehr bestimmte Weisungen gegeben hatte, jedwedes Gespräch mit Rubehn entweder ganz zu vermeiden oder doch auf wenige Worte zu beschränken.

Um vieles heiterer gestalteten sich die kleinen Reunions, wenn die Gryczinskis fehlten und statt ihrer bloß die beiden Maler und Fräulein Anastasia zugegen waren. Dann wurde wieder gescherzt und gelacht, wie damals in dem Stralauer Kaffeehaus, und van der Straaten, der mittlerweile von Besuchen, sogar von häufigen Besuchen gehört hatte, die Rubehn in Anastasias Wohnung gemacht haben solle, hing in Ausnutzung dieser ihm hinterbrachten Tatsache seiner alten Neigung nach, alle dabei Beteiligten ins Komische zu ziehen und zum Gegenstande seiner Schraubereien zu machen. Er sähe nicht ein, wenigstens für seine Person nicht, warum er sich eines reinen und auf musikalischer Glaubenseinigkeit aufgebauten Verhältnisses nicht aufrichtig freuen solle, ja, die Freude darüber würd' ihm einfach als Pflicht erscheinen, wenn er nicht andererseits den alten Satz wieder bewahrheitet fände, daß jedes neue Recht immer nur unter Kränkung alter Rechte geboren werden könne. Das neue Recht (wie der Fall hier läge) sei durch seinen Freund Rubehn, das alte Recht durch seinen Freund Elimar vertreten, und wenn er diesem letzteren auch gerne zugestehe, daß er in vielen Stücken er selbst geblieben, ja bei Tische sogar als eine Potenzierung seiner selbst zu erachten sei, so läge doch gerade hierin die nicht wegzuleugnende Gefahr. Denn er wisse wohl, daß dieses Plus an Verzehrung einen furchtbaren Gleichschritt mit Elimars innerem verzehrenden Feuer halte. Wes Namens aber dieses Feuer sei, ob Liebe, Haß oder Eifersucht, das wisse nur *der*, der in den Abgrund sieht.

In dieser Weise zischten und platzten die reichlich umhergeworfenen van der Straatenschen Schwärmer, von deren Sprühfunken sonderbarerweise diejenigen am wenigsten berührt wurden, auf die sie berechnet waren. Es lag eben alles anders, als der kommerzienrätliche Feuerwerker annahm. Elimar, der sich auf der Stralauer Partie, weit über Wunsch und Willen hinaus, engagiert hatte, hatte durch Rubehns anscheinende Rivalität eine Freiheit wiedergewonnen, an der ihm viel, viel mehr als an Anastasias Liebe gelegen war, und diese selbst wiederum vergaß ihr eigenes, offenbar im Niedergange begriffenes Glück in dem Wonnegefühl, ein anderes hochinteressantes Verhältnis unter ihren Augen und ihrem Schutze heranwachsen zu sehen. Sie schwelgte mit jedem Tage mehr in der Rolle der Konfidenten, und weit über das gewöhnliche Maß hinaus mit dem alten Evahange nach dem Heimlichen und Verbotenen ausgerüstet, zählte sie diese Winterwochen nicht nur zu den angeregtesten ihres an Anregungen so reichen Lebens, sondern erfreute sich nebenher auch noch des unbeschreiblichen Vergnügens, den ihr au fond unbequemen und widerstrebenden van der Straaten gerade *dann* am herzlichsten belachen zu können, wenn dieser sich in seiner Sultanslaune gemüßigt fühlte, *sie* zum Gegenstand allgemeiner und natürlich auch seiner eigenen Lachlust zu machen.

In der Tat, unser kommerzienrätlicher Freund hätte bei mehr Aufmerksamkeit und weniger Eigenliebe stutzig werden und über das Lächeln und den Gleichmut Anastasias den eigenen Gleichmut verlieren müssen; er gab sich aber umgekehrt einer Vertrauensseligkeit hin, für die, bei seinem sonst soupçonnösen und pessimistischen Charakter, jeder Schlüssel gefehlt haben würde, wenn er nicht unter Umständen, und auch jetzt wieder, der Mann völlig entgegengesetzter Voreingenommenheiten gewesen wäre. In seiner Scharfsicht oft übersichtig und Dinge sehend, die gar nicht da waren, übersah er ebenso oft andere, die klar zutage lagen. Er stand in der abergläubischen Furcht, in seinem Glücke von einem vernichtenden Schlage bedroht zu sein, aber nicht heut' und nicht morgen, und je bestimmter und unausbleiblicher er diesen Schlag von der Zukunft erwartete, desto sicherer und sorgloser erschien ihm die Gegenwart. Und am wenigsten sah er sie von *der* Seite her gefährdet, von der aus die Gefahr so nahe lag und von jedem andern erkannt worden wäre. Doch auch hier wiederum stand er im Bann einer vorgefaßten Meinung, und zwar eines künstlich konstruierten Rubehn, der mit dem wirklichen eine ganz oberflächliche Verwandtschaft, aber in der Tat auch nur *diese* hatte. Was sah er in ihm? Nichts als ein Frankfurter Patrizierkind, eine ganz und gar auf Anstand und Hausehre gestellte Natur, die zwar in jugendliche Torheiten verfallen, aber einen Vertrauens- und Hausfriedensbruch nie und nimmer begehen könne. Zum Überflusse war er verlobt und um so verlobter, je mehr er es bestritt. Und abends beim Tee, wenn Anastasia zugegen und das Verlobungsthema mal wieder an der Reihe war, hieß es vertraulich und gutgelaunt: »Ihr Weiber hört ja das Gras wachsen und nun gar erst *das* Gras! Ich wäre doch neugierig zu hören, an wen er sich vertan hat. Eine Vermutung hab' ich und wette zehn gegen eins, an eine Freiin vom deutschen Uradel, etwa wie Schreck von Schreckenstein oder Sattler von der Hölle.« Und dann widersprachen beide Damen, aber doch so klug und vorsichtig, daß ihr Widerspruch, anstatt irgend etwas zu beweisen, eben nur dazu diente, van der Straaten in seiner vorgefaßten Meinung immer fester zu machen.

Und so kam Heiligabend, und im ersten Saale der Bildergalerie waren all unsre Freunde, mit Ausnahme Rubehns, um den brennenden Baum her versammelt. Elimar und Gabler hatten es sich nicht nehmen lassen, auch ihrerseits zu der reichen Bescherung beizusteuern: ein riesiges Puppenhaus, drei Stock hoch, und im Souterrain eine Waschküche mit Herd und Kessel und Rolle. Und zwar eine altmodische Rolle mit Steinkasten und Mangelholz. Und sie rollte wirklich. Und es unterlag alsbald keinem Zweifel, daß das Puppenhaus den Triumph des Abends bildete, und beide Kinder waren selig. Sogar Lydia tat ihre Vornehmheitsallüren beiseit und ließ sich von Elimar in die Luft werfen und wieder fangen. Denn er war auch Turner und Akrobat. Und selbst Melanie lachte mit und schien sich des Glücks der andern zu freuen oder es gar zu teilen. Wer aber schärfer zugesehen hätte, der hätte wohl wahrgenommen, daß sie sich bezwang, und mitunter war es, als habe sie geweint. Etwas unendlich Weiches und Wehmütiges lag in dem Ausdruck ihrer Augen, und der Polizeirat sagte zu Duquede: »Sehen Sie, Freund, ist sie nicht schöner denn je?«

»Blaß und angegriffen«, sagte dieser. »Es gibt Leute, die blaß und angegriffen immer schön finden. Ich nicht. Sie wird überhaupt überschätzt, in allem, und am meisten in ihrer Schönheit.«

An den Aufbau schloß sich wie gewöhnlich ein Souper, und man endete mit einem schwedischen Punsch. Alles war heiter und guter Dinge. Melanie belebte sich wieder, gewann auch wieder frischere Farben, und als sie Riekchen und Anastasia, die bis zuletzt geblieben waren, bis an die Treppe geleitete, rief sie dem kleinen Fräulein mit ihrer freundlichen und herzgewinnenden Stimme nach: »Und sieh dich vor, Riekchen. Christel sagt mir eben, es glatteist.« Und dabei bückte sie sich über das Geländer und grüßte mit der Hand.

»Oh, ich falle nicht«, rief die Kleine zurück. »Kleine Leute fallen überhaupt nicht. Und am wenigsten, wenn sie vorn und hinten gut balancieren.«

Aber Melanie hörte nichts mehr von dem, was Riekchen sagte. Der Blick über das Geländer hatte sie schwindlig gemacht, und sie wäre gefallen, wenn sie nicht van der Straaten aufgefangen und in ihr Zimmer zurückgetragen hätte. Er wollte klingeln und nach dem Arzte schicken. Aber sie bat ihn, es zu lassen. Es sei nichts, oder doch nichts Ernstes, oder doch nichts, wobei der Arzt ihr helfen könne.

Und dann sagte sie, was es sei.

14

ENTSCHLUSS

Erst den dritten Tag danach hatte sich Melanie hinreichend erholt, um in der Alsenstraße, wo sie seit Wochen nicht gewesen war, einen Besuch machen zu können. Vorher aber wollte sie bei der Madame Guichard, einer vor kurzem erst etablierten Französin, vorsprechen, deren Confektions und künstliche Blumen ihr durch Anastasia gerühmt worden waren. Van der Straaten riet ihr, weil sie noch angegriffen sei, lieber den Wagen zu nehmen, aber Melanie bestand darauf, alles zu Fuß abmachen zu wollen. Und so kleidete sie sich in ihr diesjähriges Weihnachtsgeschenk, einen Nerzpelz und ein Kastorhütchen mit Straußenfeder, und war eben auf dem letzten Treppenabsatz, als ihr Rubehn begegnete, der inzwischen von ihrem Unwohlsein gehört hatte und nun kam, um nach ihrem Befinden zu fragen.

»Ah, wie gut, daß Sie kommen«, sagte Melanie. »Nun hab' ich Begleitung auf meinem Gange. Van der Straaten wollte mir seinen Wagen aufzwingen, aber ich sehne mich nach Luft und Bewegung. Ach, unbeschreiblich ... Mir ist so bang und schwer ...«

Und dann unterbrach sie sich und setzte rasch hinzu: »Geben Sie mir Ihren Arm. Ich will zu meiner Schwester. Aber vorher will ich Ballblumen kaufen, und dahin sollen Sie mich begleiten. Eine halbe Stunde nur. Und dann geb' ich Sie frei, ganz frei.«

»Das dürfen Sie nicht, Melanie. Das werden Sie nicht.«

»Doch.«

»Ich *will* aber nicht freigegeben sein.«

Melanie lachte. »So seid ihr. Tyrannisch und eigenmächtig auch noch in eurer Huld, auch *dann* noch, wenn ihr uns dienen wollt. Aber kommen Sie. Sie sollen mir die Blumen aussuchen helfen. Ich vertraue ganz Ihrem Geschmack. Granatblüten; nicht wahr?«

Und so gingen sie die große Petristraße hinunter und vom Platz aus durch ein Gewirr kleiner Gassen, bis sie, hart an der Jägerstraße, das Geschäft der Madame Guichard entdeckten, einen kleinen Laden, in dessen Schaufenster ein Teil ihrer französischen Blumen ausgebreitet lag.

Und nun traten sie ein. Einige Kartons wurden ihnen gezeigt, und ehe noch viele Worte gewechselt waren, war auch schon die Wahl getroffen. In der Tat, Rubehn hatte sich für eine Granatblütengarnitur entschieden, und eine Direktrice, die mit zugegen war, versprach alles zu schicken. Melanie selbst aber gab der Französin ihre Karte. Diese versuchte den langen Titel und Namen zu bewältigen, und ein Lächeln flog erst über ihr Gesicht, als sie das »née de Caparoux« las. Ihre nicht hübschen Züge verklärten sich plötzlich, und es war mit einem unbeschreiblichen Ausdruck von Glück und Wehmut, daß sie sagte: »Madame est Française! ... Ah, notre belle France.«

Dieser kleine Zwischenfall war an Melanie nicht gleichgiltig vorübergegangen, und als sie draußen ihres Freundes Arm nahm, sagte sie: »Hörten Sie's wohl? Ah, notre belle France! Wie das so sehnsüchtig klang. Ja, sie hat ein Heimweh. Und alle haben wir's. Aber wohin? wonach? ... Nach unsrem Glück ... Nach unsrem Glück! Das niemand kennt und niemand sieht. Wie heißt es doch in dem Schubertschen Liede?«

»Da, wo du *nicht* bist, ist das Glück.«

»Da, wo du *nicht* bist«, wiederholte Melanie.

Rubehn war bewegt und sah ihr unwillkürlich nach den Augen. Aber er wandte sich wieder, weil er die Träne nicht sehen wollte, die darin glänzte.

Vor dem großen Platz, in den die Straße mündet, trennten sie sich. Er, für sein Teil, hätte sie gern weiter begleitet, aber sie wollt' es nicht und sagte leise: »Nein, Rubehn, es war der

Begleitung schon zuviel. Wir wollen die bösen Zungen nicht vor der Zeit herausfordern. Die bösen Zungen, von denen ich eigentlich kein Recht habe zu sprechen. Adieu.« Und sie wandte sich noch einmal und grüßte mit leichter Bewegung ihrer Hand.

Er sah ihr nach, und ein Gefühl von Schreck und ungeheurer Verantwortlichkeit über ein durch ihn gestörtes Glück überkam ihn und erfüllte plötzlich sein ganzes Herz. Was soll werden? fragte er sich. Aber dann wurde der Ausdruck seiner Züge wieder milder und heitrer, und er sagte vor sich hin: »Ich bin nicht der Narr, der von Engeln spricht. Sie war keiner und ist keiner. Gewiß nicht. Aber ein freundlich Menschenbild ist sie, so freundlich, wie nur je eines über diese arme Erde gegangen ist... Und ich liebe sie, viel, viel mehr, als ich geglaubt habe, viel, viel mehr, als ich je geglaubt hätte, daß ich lieben könnte. Mut, Melanie, nur Mut. Es werden schwere Tage kommen, und ich sehe sie schon zu deinen Häupten stehen. Aber mir ist auch, als klär' es sich dahinter. Oh, nur Mut, Mut!«

Eine halbe Woche danach war Silvester, und auf dem kleinen Balle, den Gryczinskis gaben, war Melanie die Schönste. Jacobine trat zurück und gönnte der älteren Schwester ihre Triumphe. »Superbes Weib. Ägyptische Königstochter«, schnarrte Rittmeister von Schnabel, der wegen seiner eminenten Ulanenfigur aus der Provinz in die Residenz versetzt worden war und von dem Gryczinski zu sagen pflegte: »Der geborene Prinzessinnentänzer. Nur schade, daß es keine Prinzessinnen mehr gibt.«

Aber Schnabel war nicht der einzige Melaniebewunderer. In der letzten Fensternische stand eine ganze Gruppe von jungen Offizieren: Wensky von den Ohlauer kaffeebraunen Husaren, enragierter Sportsman und Steeplechasereiter (Oberschenkel dreimal an derselben Stelle gebrochen), neben ihm Ingenieurhauptmann Stiffelius, berühmter Rechner, mager und trocken wie seine Gleichungen, und zwischen beiden Lieutenant Tigris, kleiner, kräpscher Füsilieroffizier vom Regiment Zauche-Belzig, der aus Gründen, die niemand kannte, mehrere Jahre lang der Pariser Gesandtschaft attachiert gewesen war und sich seitdem für einen Halbfranzosen, Libertin und Frauenmarder hielt. Junge Mädchen waren ihm »ridikül«. Er schob eben, trotzdem er wahre Luchsaugen hatte, sein an einem kurzen Seidenbande hängendes Pincenez zurecht und sagte: »Wensky, Sie sind ja so gut wie zu Haus hier, und eigentlich Hahn im Korbe. Wer ist denn dieser Prachtkopf mit den Granatblüten? Ich könnte schwören, sie schon gesehen zu haben. Aber wo? Halb die Herzogin von Mouchy und halb die Beauffremont. Un teint de lis et de rose, et tout à fait distinguée.«

»Sie treffen es gut genug, mon cher Tigris«, lachte Wensky, »'s ist die Schwester unsrer Gryczinska, eine geborne de Caparoux.«

»Drum, drum auch. Jeder Zoll eine Französin. Ich konnte mich nicht irren. Und wie sie lacht.«

Ja, Melanie lachte wirklich. Aber wer sie die folgenden Tage gesehen hätte, der hätte die Beauté jenes Ballabends in ihr nicht wiedererkannt, am wenigsten wär' er ihrem Lachen begegnet. Sie lag leidend und abgehärmt, uneins mit sich und der Welt, auf dem Sofa und las ein Buch, und wenn sie's gelesen hatte, so durchblätterte sie's wieder, um sich einigermaßen zurückzurufen, was sie gelesen. Ihre Gedanken schweiften ab. Rubehn kam, um nach ihr zu fragen, aber sie nahm ihn nicht an und grollte mit ihm, wie mit jedem. Und ihr wurde nur leichter ums Herz, wenn sie weinen konnte.

So vergingen ein paar Wochen, und als sie wieder aufstand und sprach und wieder nach den Kindern und dem Haushalte sah, schärfer und eindringlicher als sonst, war ihr der energische Mut ihrer früheren Tage zurückgekehrt, aber nicht die Stimmung. Sie war reizbar, heftig, bitter. Und was schlimmer, auch kapriziös. Van der Straaten unternahm einen Feldzug gegen diesen vielköpfigen Feind und im einzelnen nicht ohne Glück, aber in der Hauptsache griff er fehl, und während er ihrer Reizbarkeit klugerweise mit Nachgiebigkeit begegnete, war er, ihrer Caprice gegenüber, unklugerweise darauf aus, sie durch Zärtlichkeit besiegen zu wollen. Und das entschied über ihn und sie. Jeder Tag wurd ihr qualvoller, und die sonst so stolze und siegessichere Frau, die mit dem Manne, dessen Spielzeug sie zu sein schien und zu sein vorgab, durch viele

Jahre hin immer nur ihrerseits gespielt hatte, sie schrak jetzt zusammen und geriet in ein nervöses Zittern, wenn sie von fern her seinen Schritt auf dem Korridore hörte. Was wollte er? Um was kam er? Und dann war es ihr, als müsse sie fliehen und aus dem Fenster springen. Und kam er dann wirklich und nahm ihre Hand, um sie zu küssen, so sagte sie: »Geh. Ich bitte dich. Ich bin am liebsten allein.«

Und wenn sie dann allein war, so stürzte sie fort, oft ohne Ziel, öfter noch in Anastasiens stille, zurückgelegene Wohnung, und wenn dann der Erwartete kam, dann brach alle Not ihres Herzens in bittre Tränen aus, und sie schluchzte und jammerte, daß sie dieses Lügenspiel nicht mehr ertragen könne. »Steh mir bei, hilf mir, Ruben, oder du siehst mich nicht lange mehr. Ich muß fort, fort, wenn ich nicht sterben soll vor Scham und Gram.«

Und er war mit erschüttert und sagte: »Sprich nicht so, Melanie. Sprich nicht, als ob ich nicht alles wollte, was du willst. Ich habe dein Glück gestört (*wenn* es ein Glück war), und ich will es wieder aufbauen. Überall in der Welt, *wie* du willst und *wo du* willst. Jede Stunde, jeden Tag.«

Und dann bauten sie Luftschlösser und träumten und hatten eine lachende Zukunft um sich her. Aber auch wirkliche Pläne wurden laut, und sie trennten sich unter glücklichen Tränen.

15

DIE VERNEZOBRES

Und was geplant worden war, das war Flucht. Den letzten Tag im Januar wollten sie sich an einem der Bahnhöfe treffen, in früher Morgenstunde, und dann fahren, weit, weit in die Welt hinein, nach Süden zu, über die Alpen. »Ja, über die Alpen«, hatte Melanie gesagt und aufgeatmet, und es war ihr dabei gewesen, als wär' erst ein neues Leben für sie gewonnen, wenn der große Wall der Berge trennend und schützend hinter ihr läge. Und auch darüber war gesprochen worden, was zu geschehen habe, wenn van der Straaten ihr Vorhaben etwa hindern wolle. »Das wird er nicht«, hatte Melanie gesagt. »Und warum nicht? Er ist nicht immer der Mann der zarten Rücksichtsnahmen und liebt es mitunter, die Welt und ihr Gerede zu brüskieren.« »Und doch wird er sich's ersparen, sich und uns. Und wenn du wieder fragst, warum? Weil er mich liebt. Ich hab' es ihm freilich schlecht gedankt. Ach, Ruben, Freund, was sind wir in unserem Tun und Wollen! Undank, Untreue... mir so verhaßt! Und doch ... ich tät' es wieder, alles, alles. Und ich will es nicht anders, als es ist.«

So vergingen die Januarwochen. Und nun war es die Nacht vor dem festgesetzten Tage. Melanie hatte sich zu früher Stunde niedergelegt und ihrer alten Dienerin befohlen, sie Punkt drei zu wecken. Auf diese konnte sie sich unbedingt verlassen, trotzdem Christel ihren Dienstjahren, aber freilich auch nur diesen nach, zu jenen Erbstücken des Hauses gehörte, die sich unter Duquedes Führung in einer stillen Opposition gegen Melanie gefielen.

Und kaum, daß es drei geschlagen, so war Christel da, fand aber ihre Herrin schon auf und konnte derselben nur noch beim Ankleiden behilflich sein. Und auch das war nicht viel, denn es zitterten ihr die Hände, und sie hatte, wie sie sich ausdrückte, »einen Flimmer vor den Augen«. Endlich aber war doch alles fertig, der feste Lederstiefel saß, und Melanie sagte: »So ist's gut, Christel. Und nun gib die Handtasche her, daß wir packen können.«

Christel holte die Tasche, die dicht am Fenster auf einer Spiegelkonsole stand, und öffnete das Schloß. »Hier, das tu hinein. Ich hab' alles aufgeschrieben.« Und Melanie riß, als sie dies sagte, ein Blatt aus ihrem Notizbuch und gab es der Alten. Diese hielt den Zettel neben das Licht und las und schüttelte den Kopf.

»Ach, meine gute, liebe Frau, das ist ja gar nichts ... Ach, meine liebe, gute Frau, Sie sind ja ...«

»So verwöhnt, willst du sagen. Ja, Christel, das bin ich. Aber Verwöhnung ist kein Glück. Ihr habt hier ein Sprichwort: ›wenig mit Liebe‹. Und die Leute lachen darüber. Aber über das Wahrste wird immer gelacht. Und dann, wir gehen ja nicht aus der Welt. Wir reisen bloß. Und auf Reisen heißt es: Leicht' Gepäck. Und sage selbst, Christel, ich kann doch nicht mit einem Riesenkoffer aus dem Hause gehen. Da fehlte bloß noch der Schmuck und die Kassette.«

Melanie hatte, während sie so sprach, ihre Hände dicht über das halb niedergebrannte Feuer gehalten. Denn es war kalt und sie fröstelte. Jetzt setzte sie sich in einen nebenstehenden Fauteuil und sah abwechselnd in die glühenden Kohlen und dann wieder auf Christel, die das wenige, was aufgeschrieben war, in die Tasche tat und immer leise vor sich hinsprach und weinte. Und nun war alles hinein, und sie drückte den Bügel ins Schloß und stellte die Tasche vor Melanie nieder.

So verging eine Weile. Keiner sprach. Endlich aber trat Christel von hinten her an ihre junge Herrin heran und sagte: »Jott, liebe, jnädige Frau, muß es denn ... Bleiben Sie doch. Ich bin ja bloß solche alte, dumme Person. Aber die Dummen sind oft gar nicht so dumm. Und ich sag' Ihnen, meine liebe Jnädigste, Sie jlauben jar nich, woran sich der Mensch alles jewöhnen kann. Jott, der Mensch jewöhnt sich an alles. Und wenn man reich ist und hat so viel, da kann man auch viel aushalten. Un vor mir wollt' ich woll einstehn. Un wie jeht es denn? Un wie leben denn die Menschen? In jedes Haus is'n Gespenst, sagen sie jetzt, un das is so'ne neumodsche Redensart! Aber wahr is es. Und in manches Haus sind zweie, un rumoren, daß man's bei hellen, lichten Dage hören kann. Un so war es auch bei Vernezobres. Ich bin ja nu fufzig, und dreiundzwanzig hier. Und sieben vorher bei Vernezobres. Un war auch Kommerzienrat un alles ebenso. Das heißt, beinah.«

»Und wie war es denn?« lächelte Melanie.

»Jott, wie war es? Wie's immer is. Sie war dreißig un er war fufzig. Un sie war sehr hübsch. Drall und blond, sagten die Leute. Na, un er? Ich will jar nich sagen, was die Leute von ihm alles gesagt haben. Aber viel Jutes war es nich ... Un natürlich, da war ja denn auch ein Baumeister, das heißt eigentlich kein richtiger Baumeister, bloß einer, der immer Brücken baut for Eisenbahnen un so, un immer mit'n Gitter un schräge Löcher, wo man durchkucken kann. Un der war ja nu da un wie'n Wiesel, un immer mit ins Konzert un nach Saatwinkel oder Pichelsberg, un immer's Jackett übern Arm, un Fächer un Sonnenschirm, un immer Erdbeeren gesucht un immer verirrt un nie da, wenn die Herrschaften wieder nach Hause wollten. Un unser Herr, der ängstigte sich, un dacht' immer, es wäre was passiert. Un was die andern waren, na, die tuschelten.«

»Und trennten sie sich? Oder blieben sie zusammen? Ich meine die Vernezobres«, fragte Melanie, die mit halber Aufmerksamkeit zugehört hatte.

»Natürlich blieben sie. Mal hört' ich, weil ich nebenan war, daß er sagte: ›Hulda, das geht nicht.‹ Denn sie hieß wirklich Hulda. Und er wollt' ihr Vorwürfe machen. Aber da kam er ihr jrade recht. Un sie drehte den Spieß um un sagte: ›was er nur wolle? Sie wolle fort. Un sie liebe ihn, das heißt den andern, un ihn liebe sie *nicht*. Un sie dächte gar nicht dran, ihn zu lieben. Und es wär' eijentlich bloß zum Lachen.‹ Und so ging es weiter, und sie lachte wirklich. Un ich sag' Ihnen, da wurd' er wie'n Ohrwurm und sagte bloß: ›sie sollte sich's doch überlegen‹. Un so kam es denn auch, un als Ende Mai war, da kam ja der Vernezobresche Doktor, so'n richtiger, der alles janz genau wußte, der sagte, ›sie müßte nachs Bad‹, wovon ich aber den Namen immer vergesse, weil da der Wellenschlag am stärksten ist. Un das war ja nu damals, als sie jrade die große Hängebrücke bauten, un die Leute sagten, er könnt' es alles am besten ausrechnen. Un was unser Kommerzienrat war, der kam immer bloß sonnabends. Un die Woche hatte sie frei. Un als Ende August war, oder so, da kam sie wieder un war ganz frisch un munter un hatte or'ntlich rote Backen, un kajolierte ihn. Und von *ihm* war gar keine Rede mehr.«

Melanie hatte, während Christel sprach, ein paar Holzscheite auf die Kohlen geworfen, so daß es wieder prasselte, und sagte: »Du meinst es gut. Aber so geht es nicht. Ich bin doch anders. Und wenn ich's nicht bin, so bild' ich es mir wenigstens ein.«

»Jott«, sagte Christel, »en bißchen anders is es immer. Un sie war auch bloß von Neu-Cölln ans Wasser, un die Singuhr immer jrade gegenüber. Aber die war nich schuld mit ›Üb immer Treu und Redlichkeit‹.«

»Ach, meine gute Christel, Treu und Redlichkeit! Danach

drängt es jeden, jeden, der nicht ganz schlecht ist. Aber weißt du, man kann auch treu sein, wenn man untreu ist. Treuer als in der Treue.«

»Jott, liebe Jnädigste, sagen Se doch so was nich. Ich versteh' es eigentlich nich. Un das muß ich Ihnen sagen, wenn einer so was sagt, un ich versteh' es nicht, denn is es immer schlimm. Un Sie sagen, Sie sind anders. Ja, das is schon richtig, un wenn es auch nich janz richtig is, so is es doch halb richtig. Un was die Hauptsache is, das is, meine liebe Jnädigste, die hat eijentlich das liebe kleine Herz auf'n rechten Fleck, un is immer für Helfen und Geben, un immer für die armen Leute. Un was die Vernezobern war, na, die putzte sich bloß, un war immer vor'n Stehspiegel, der alles noch hübscher machte, und sah aus wie's Modejournal und war eijentlich dumm. Wie'n Haubenstock, sagten die Leute. Un war auch nich so was Vornehmes wie meine liebe Jnädigste, un bloß aus 'ne Färberei, türkischrot. Aber das muß ich Ihnen sagen, Ihrer is doch auch anders als der Vernezobern ihrer war, un hat sich gar nich, un red't immer freiweg, un kann keinen was abschlagen. Un zu Weihnachten immer alles doppelt.«

Melanie nickte.

»Nu, sehen Sie, meine liebe Jnädigste, das is hübsch, daß Sie mir zunicken, un wenn Sie mir immer wieder zunicken, dann kann es auch alles noch wieder werden, un wir packen alles wieder aus, un Sie legen sich ins Bett un schlafen bis an'n hellen lichten Tag. Un Klocker zwölfe bring' ich Ihnen Ihren Kaffee un Ihre Schokolade, alles gleich auf *ein* Brett, un wenn ich Ihnen dann erzähle, daß wir hier gesessen, und was wir alles gesprochen haben, dann is es Ihnen wie'n Traum. Denn dabei bleib' ich, er is eijentlich auch ein juter Mann, ein sehr juter, un bloß ein bißchen sonderbar. Un sonderbar is nichts Schlimmes. Und ein reicher Mann wird es doch wohl am Ende dürfen! Un wenn ich reich wäre, ich wäre noch viel sonderbarer. Un daß er immer so spricht un solche Redensarten macht, als hätt' er keine Bildung nich un wäre von'n Wedding oder so, ja, du himmlische Güte, warum soll er nich? Warum soll er nich so reden, wenn es ihm Spaß macht? Er is nu mal fürs Berlinsche. Aber is er denn nich einer? Und am Ende...«

Christel unterbrach sich und zog sich erschrocken in die Nebenstube zurück, denn van der Straaten war eingetreten. Er war noch in demselben Gesellschaftsanzug, in dem er, eine Stunde nach Mitternacht, nach Hause gekommen war, und seine überwachten Züge zeigten Aufregung und Ermattung. Von welcher Seite her er Mitteilung über Melanies Vorhaben erhalten hatte, blieb unaufgeklärt. Aus allem war nur ersichtlich, daß er sich gelobt hatte, die Dinge ruhig gehen zu lassen. Und wenn er dennoch kam, so geschah es nicht, um gewaltsam zu hindern, sondern nur, um Vorstellungen zu machen, um zu bitten. Es kam nicht der empörte Mann, sondern der liebende.

Er schob einen Fauteuil an das Feuer, ließ sich nieder, so daß er jetzt Melanie gegenübersaß, und sagte leicht und geschäftsmäßig: »Du willst fort, Melanie?«

»Ja, Ezel.«

»Warum?«

»Weil ich einen andern liebe.«

»Das ist kein Grund.«

»Doch.«

»Und ich sage dir, es geht vorüber, Lanni. Glaube mir, ich kenne die Frauen. Ihr könnt das Einerlei nicht ertragen, auch nicht das Einerlei des Glücks. Und am verhaßtesten ist euch das eigentliche, das höchste Glück, das Ruhe bedeutet. Ihr seid auf die Unruhe gestellt. Ein bißchen schlechtes Gewissen habt ihr lieber als ein gutes, das nicht prickelt, und unter allen Sprüchwörtern ist euch das vom ›besten Ruhekissen‹ am langweiligsten und am lächerlichsten. Ihr wollt gar nicht ruhen. Es soll euch immer was kribbeln und zwicken, und ihr habt den überspannt sinnlichen oder meinetwegen auch den heroischen Zug, daß ihr dem Schmerz die süße Seite abzugewinnen wißt.«

»Es ist möglich, daß du recht hast, Ezel. Aber je mehr du recht hast, je mehr rechtfertigst du mich und mein Vorhaben. Ist es wirklich, wie du sagst, so wären wir geborene Hazardeurs, und Vabanquespielen so recht eigentlich unsere Natur. Und natürlich auch die meinige.«

Er hörte sie gern in dieser Weise sprechen, es klang ihm wie aus guter, alter Zeit her, und er sagte, während er den Fauteuil vertraulich näher rückte: »Laß uns nicht spießbürgerlich sein, Lanni. Sie sagen, ich wär' ein Bourgeois, und es mag sein. Aber ein Spießbürger bin ich *nicht*. Und wenn ich die Dinge des Lebens nicht sehr groß und nicht sehr ideal nehme, so nehm' ich sie doch auch nicht klein und eng. Ich bitte dich, übereile nichts. Meine Kurse stehen jetzt niedrig, aber sie werden wieder steigen. Ich bin nicht Geck genug, mir einzubilden, daß du schönes und liebenswürdiges Geschöpf, verwöhnt und ausgezeichnet von den Klügsten und Besten, daß du mich aus purer Neigung oder gar aus Liebesschwärmerei genommen hättest. Du hast mich genommen, weil du noch jung warst und noch keinen liebtest, und in deinem witzigen und gesunden Sinn einsehen mochtest, daß die jungen Attachés auch keine Helden und Halbgötter wären. Und weil die Firma van der Straaten einen guten Klang hatte. Also nichts von Liebe. Aber du hast auch nichts *gegen* mich gehabt und hast mich nicht ganz alltäglich gefunden und hast mit mir geplaudert und gelacht und gescherzt. Und dann hatten wir die Kinder, die doch schließlich reizende Kinder sind, zugestanden, *dein* Verdienst, und du hast enfin an die zehn Jahr' in der Vorstellung und Erfahrung gelebt, daß es nicht zu den schlimmsten Dingen zählt, eine junge, bequem gebettete Frau zu sein und der Augapfel ihres Mannes, eine junge, verwöhnte Frau, die tun und lassen kann, was sie will, und als Gegenleistung nichts andres einzusetzen braucht als ein freundliches Gesicht, wenn es ihr grade paßt. Und sieh, Melanie, weiter will ich auch jetzt nichts, oder sag' ich lieber, will ich auch in Zukunft nichts. Denn in diesem Augenblick erscheint dir auch das wenige, was ich fordere, noch als zu viel. Aber es wird wieder anders, muß wieder anders werden. Und ich wiederhole dir, ein Minimum ist mir genug. Ich will keine Leidenschaft. Ich will nicht, daß du mich ansehen sollst, als ob ich Leone Leoni wär' oder irgendein anderer großer Romanheld, dem zuliebe die Weiber Giftbecher trinken wie Mandelmilch und lächelnd sterben, bloß um *ihn* noch einmal lächeln zu sehen. Ich bin nicht Leone Leoni, bin bloß deutsch und von holländischer Abstraktion, wodurch das Deutsche nicht besser wird, und habe die mir abstammlich zukommenden hohen Backenknochen. Ich bewege mich nicht in Illusionen, am wenigsten über meinen äußeren Menschen, und ich verlange keine Liebesgroßtaten von dir. Auch nicht einmal Entsagungen. Entsagungen machen sich zuletzt von selbst, und das sind die besten. Die besten, weil es die freiwilligen und eben deshalb auch die dauerhaften und zuverlässigen sind. Übereile nichts. Es wird sich alles wieder zurechtrücken.«

Er war aufgestanden und hatte die Lehne des Fauteuils genommen, auf der er sich jetzt hin und her wiegte. »Und nun noch eins, Lanni«, fuhr er fort, »ich bin nicht der Mann der Rücksichtsnahmen und hasse diese langweiligen ›Regards‹ auf nichts und wieder nichts. Aber dennoch sag' ich dir, nimm Rücksicht auf dich *selbst*. Es ist nicht gut, immer nur an das zu denken, was die Leute sagen, aber es ist noch weniger gut, gar nicht daran zu denken. Ich hab' es an mir selbst erfahren. Und nun überlege. Wenn du *jetzt* gehst ... Du weißt, was ich meine. Du kannst jetzt nicht gehen; nicht *jetzt*.«

»Eben deshalb geh' ich, Ezel«, antwortete sie leise. »Es soll klar zwischen uns werden. Ich habe diese schnöde Lüge satt.«

Er hatte jedes Wort begierig eingesogen, wie man in entscheidenden Momenten auch das hören will, was einem den Tod gibt. Und nun war es gesprochen. Er ließ den Stuhl wieder nieder und warf sich hinein, und einen Augenblick war es ihm, als schwänden ihm die Sinne. Aber er erholte sich rasch wieder, rieb sich Stirn und Schläfe und sagte: »Gut. Auch das. Ich will es verwinden. Laß uns miteinander reden. Auch darüber reden. Du siehst, ich leide; mehr als all mein Lebtag. Aber ich weiß auch, es ist so Lauf der Welt, und ich habe kein Recht, dir Moral zu predigen. Was liegt nicht alles hinter mir! ... Es mußte so kommen, *mußte* nach dem van der Straatenschen Hausgesetz (warum sollen wir nicht auch ein Hausgesetz haben), und ich glaube fast, ich wußt' es von Jugend auf.« Und nach einer Weile fuhr er fort: »Es gibt ein Sprichwort ›Gottes Mühlen mahlen langsam‹, und sieh, als ich noch ein kleiner Junge war, hört' ich's oft von unserer alten Kindermuhme, und mir wurd' immer so bange dabei. Es war wohl eine Vorahnung. Nun bin ich zwischen den zwei Steinen, und mir ist, als würd' ich zermahlen und zermalmt...«

Zermahlen? Er schlug mit der rechten in die linke Hand und wiederholte noch einmal und in plötzlich verändertem Tone: »Zermahlen! Es hat eigentlich etwas Komisches. Und wahrhaftig, hol die Pest alle feigen Memmen. Ich will mich nicht länger damit quälen. Und ich ärgere mich über mich selbst und meine Haberei und Tuerei. Bah, die Nachmittagsprediger der Weltgeschichte machen zuviel davon, und wir sind dumm genug und plappern es ihnen nach. Und immer mit Vergessen allereigenster Herrlichkeit, und immer mit Vergessen, wie's war und ist und sein wird. Oder war es besser in den Tagen meines Paten Ezechiel? Oder als Adam grub und Eva spann? Ist nicht das ganze Alte Testament ein Sensationsroman? Dreidoppelte Geheimnisse von Paris! Und ich sage dir, Lanni, gemessen an *dem*, sind wir die reinen Lämmchen, weiß wie Schnee. Waisenkinder. Und so höre mich denn. Es soll niemand davon wissen, und ich will es halten, als ob es mein eigen wäre. Deine ist es ja, und das ist die Hauptsache. Denn so du's nicht übelnimmst, ich liebe dich und will dich behalten. Bleib. Es soll nichts sein. *Soll* nicht. Aber bleibe.«

Melanie war, als er zu sprechen begann, tief erschüttert gewesen, aber er selbst hatte, je weiter er kam, dieses Gefühl wieder weggesprochen. Es war eben immer dasselbe Lied. Alles, was er sagte, kam aus einem Herzen voll Gütigkeit und Nachsicht, aber die Form, in die sich diese Nachsicht kleidete, verletzte wieder. Er behandelte das, was vorgefallen, aller Erschütterung unerachtet, doch bagatellmäßig obenhin und mit einem starken Anfluge von zynischem Humor. Es war wohlgemeint, und die von ihm geliebte Frau sollte, seinem Wunsche nach, den Vorteil davon ziehn. Aber ihre vornehmere Natur sträubte sich innerlichst gegen eine solche Behandlungsweise. Das Geschehene, das wußte sie, war ihre Verurteilung vor der Welt, war ihre Demütigung, aber es war doch auch zugleich ihr Stolz, dies Einsetzen ihrer Existenz, dies rückhaltlose Bekenntnis ihrer Neigung. Und nun plötzlich sollt' es *nichts* sein, oder doch nicht viel mehr als nichts, etwas ganz Alltägliches, über das sich hinwegsehn und hinweggehen lasse. Das widerstand ihr. Und sie fühlte deutlich, daß das Geschehene verzeihlicher war als seine Stellung zu dem Geschehenen. Er hatte keinen Gott und keinen Glauben, und es blieb nur das eine zu seiner Entschuldigung übrig: daß sein Wunsch, ihr goldne Brücken zu bauen, sein Verlangen nach Ausgleich um *jeden* Preis, ihn anders hatte sprechen lassen, als er in seinem Herzen dachte. Ja, so war es. Aber wenn es so war, so konnte sie dies Gnadengeschenk nicht annehmen. Jedenfalls wollte sie's nicht.

»Du meinst es gut, Ezel«, sagte sie. »Aber es kann nicht sein. Es hat eben alles seine natürliche Konsequenz, und *die*, die hier spricht, die scheidet uns. Ich weiß wohl, daß auch anderes geschieht, jeden Tag, und es ist noch keine halbe Stunde, daß mir Christel davon vorgeplaudert hat. Aber einem jeden ist das Gesetz ins Herz geschrieben, und danach fühl' ich, ich muß fort. Du liebst mich, und deshalb willst du darüber hinsehen. Aber du darfst es nicht, und du *kannst* es auch nicht. Denn du bist nicht jede Stunde derselbe, keiner von uns. Und keiner kann vergessen. Erinnerungen aber sind mächtig, und Fleck ist Fleck, und Schuld ist Schuld.«

Sie schwieg einen Augenblick und bog sich rechts nach dem Kamin hin, um ein paar Kohlenstückchen in die jetzt hellbrennende Flamme zu werfen. Aber plötzlich, als ob ihr ein ganz neuer Gedanke gekommen, sagte sie mit der ganzen Lebhaftigkeit ihres früheren Wesens: »Ach, Ezel, ich spreche von Schuld und wieder Schuld, und es muß beinah klingen, als sehnt' ich mich danach, eine büßende Magdalena zu sein. Ich schäme mich ordentlich der großen Worte. Aber freilich, es gibt keine Lebenslagen, in denen man aus der Selbsttäuschung und dem Komödienspiele herauskäme. Wie steht es denn eigentlich? Ich will fort, nicht aus Schuld, sondern aus Stolz, und will fort, um mich vor mir selber wieder herzustellen. Ich kann das kleine Gefühl nicht länger ertragen, das an aller Lüge haftet; ich will wieder klare Verhältnisse sehen und will wieder die Augen aufschlagen können. Und das kann ich nur, wenn ich gehe, wenn ich mich von dir trenne und mich offen und vor aller Welt zu meinem Tun bekenne. Das wird ein groß' Gerede geben, und die Tugendhaften und Selbstgerechten werden es mir nicht verzeihn. Aber die Welt besteht nicht aus lauter Tugendhaften und Selbstgerechten, sie besteht auch aus Menschen, die Menschliches menschlich ansehen. Und auf *die* hoff' ich, *die* brauch' ich. Und vor allem brauch' ich mich selbst. Ich will wieder in Frieden mit mir selber leben, und wenn nicht in Frieden, so doch wenigstens ohne Zwiespalt und zweierlei Gesicht.«

Es schien, daß van der Straaten antworten wollte, aber sie litt es nicht und sagte: »Sage nicht nein. Es ist so und nicht anders. Ich will den Kopf wieder hochhalten und mich wieder fühlen lernen. Alles ist eitel Selbstgerechtigkeit. Und ich weiß auch, es wäre besser und selbstsuchtsloser, ich bezwänge mich und bliebe, freilich immer vorausgesetzt, ich könnte mit einer Einkehr bei mir selbst beginnen. Mit Einkehr und mit Reue. Aber das kann ich nicht. Ich habe nur ein ganz äußerliches Schuldbewußtsein, und wo mein Kopf sich unterwirft, da protestiert mein Herz. Ich nenn' es selber ein störrisches Herz, und ich versuche keine Rechtfertigung. Aber es wird nicht anders durch mein Schelten und Schmähen. Und sieh, so hilft mir denn eines nur und reißt mich eines nur aus mir heraus: ein ganz neues Leben und in ihm *das*, was das erste vermissen ließ: Treue. Laß mich gehen. Ich will nichts beschönigen, aber das laß mich sagen: es trifft sich gut, daß das Gesetz, das uns scheidet, und mein eignes selbstisches Verlangen zusammenfallen.«

Er hatte sich erhoben, um ihre Hand zu nehmen, und sie ließ es geschehen. Als er sich aber niederbeugen und ihr die Stirn küssen wollte, wehrte sie's und schüttelte den Kopf. »Nein, Ezel, nicht so. Nichts mehr zwischen uns, was stört und verwirrt und quält und ängstigt und immer nur erschweren und nichts mehr ändern kann... Ich werd' erwartet. Und ich will mein neues Leben nicht mit einer Unpünktlichkeit beginnen. Unpünktlich sein ist unordentlich sein. Und davor hab' ich mich zu hüten. Es soll Ordnung in mein Leben kommen, Ordnung und Einheit. Und nun leb wohl und vergiß.«

Er hatte sie gewähren lassen, und sie nahm die kleine Reisetasche, die neben ihr stand, und ging. Als sie bis an die Tapetentür gekommen war, die zu der Kinderschlafstube führte, blieb sie stehen und sah sich noch einmal um. Er nahm es als ein gutes Zeichen und sagte: »Du willst die Kinder sehen!«

Es war das Wort, das sie gefürchtet hatte, das Wort, das in ihr selber sprach. Und ihre Augen wurden groß, und es flog um ihren Mund, und sie hatte nicht die Kraft, ein »Nein« zu sagen. Aber sie bezwang sich und schüttelte nur den Kopf und ging auf Tür und Flur zu.

Draußen stand Christel, ein Licht in der Hand, um ihrer Herrin das Täschchen abzunehmen und sie die beiden Treppen hinabzubegleiten. Aber Melanie wies es zurück und sagte: »Laß, Christel, ich muß nun meinen Weg allein finden.« Und auf der zweiten Treppe, die dunkel war, begann sie wirklich zu suchen und zu tappen.

»Es beginnt früh«, sagte sie.

Das Haus war schon auf, und draußen blies ein kalter Wind von der Brüderstraße her, über den Platz weg, und der Schnee federte leicht in der Luft. Sie mußte dabei des Tages denken, nun beinah jährig, wo der Rollwagen vor ihrem Hause hielt, und wo die Flocken auch wirbelten wie heut' und die kindische Sehnsucht über sie kam, zu steigen und zu fallen wie sie.

Und nun hielt sie sich auf die Brücke zu, die nach dem Spittelmarkte führt, und sah nichts als den Laternenanstecker ihres Reviers, der mit seiner langen schmalen Leiter immer vor ihr her lief, und wenn er oben stand, halb neugierig und halb pfiffig auf sie niedersah und nicht recht wußte, was er aus ihr machen sollte.

Jenseits der Brücke kam eine Droschke langsam auf sie zu. Der Kutscher schlief, und das Pferd eigentlich auch, und da nichts Besseres in Sicht war, so zupfte sie den immer noch Verschlafenen an seinem Mantel und stieg endlich ein und nannt' ihm den Bahnhof. Und es war auch, als ob er sie verstanden und zugestimmt habe. Kaum aber, daß sie saß, so wandt' er sich auf dem Bock um und brummelte durch das kleine Guckloch: »er sei Nachtdroschke, un janz klamm, un von Klock elwe nichts in'n Leib. Un er wolle jetzt nach Hause«. Da mußte sie sich aufs Bitten legen, bis er endlich nachgab. Und nun schlug er auf das arme Tier los, und holprig ging es die lange Straße hinunter.

Sie warf sich zurück und stemmte die Füße gegen den Rücksitz, aber die Kissen waren feucht und kalt, und das eben erlöschende Lämpchen füllte die Droschke mit einem trüben Qualm. Ihre Schläfen fühlten mehr und mehr einen Druck, und ihr wurde weh und widrig in der elenden Armeleuteluft. Endlich ließ sie die Fenster nieder und freute sich des frischen Windes, der durchzog. Und freute sich auch des erwachenden Lebens der Stadt, und jeden Bäckerjungen, der trällernd und pfeifend und seinen Korb mit Backwaren hoch auf dem Kopf an ihr vorüberzog, hätte sie grüßen mögen. Es war doch ein heiterer Ton, an dem sich ihre Niedergedrücktheit aufrichten konnte.

Sie waren jetzt bis an die letzte Querstraße gekommen, und in fortgesetztem und immer nervöser werdendem Hinaussehen erschien es ihr, als ob alle Fuhrwerke, die denselben Weg hatten, ihr eignes elendes Gefährt in wachsender Eil' überholten. Erst einige, dann viele. Sie klopfte, rief. Aber alles umsonst. Und zuletzt war es ihr, als läg' es an ihr und als versagten *ihr* die Kräfte, und als sollte sie die letzte sein und käme nicht mehr mit, heute nicht und morgen nicht und nie mehr. Und ein Gefühl unendlichen Elends überkam sie. »Mut, Mut«, rief sie sich zu und raffte sich zusammen und zog ihre Füße von dem Rücksitzkissen und richtete sich auf. Und sieh, ihr wurde besser. Mit ihrer äußeren Haltung kam ihr auch die innere zurück.

Und nun endlich hielt die Droschke, und weil weder oben noch auch vorne bei dem Kutscher etwas von Gepäckstücken sichtbar war, war auch niemand da, der sich dienstbar gezeigt und den Droschkenschlag geöffnet hätte. Sie mußt' es von innen her selber tun und sah sich um und suchte. »Wenn er nicht da wäre!« Doch sie hatte nicht Zeit, es auszudenken. Im nächsten Augenblicke schon trat von einem der Auffahrtspfeiler her Rubehn an sie heran und bot ihr die Hand, um ihr beim Aussteigen behilflich zu sein. Ihr Fuß stand eben auf dem mit Stroh umwickelten Tritt, und sie lehnte den Kopf an seine Schulter und flüsterte: »Gott sei Dank! Ach, war *das* eine Stunde! Sei gut, einzig Geliebter, und lehre sie mich vergessen.«

Und er hob die geliebte Last und setzte sie nieder und nahm ihren Arm und das Täschchen, und so schritten sie die Treppe hinauf, die zu dem Perron und dem schon haltenden Zuge führte.

17

DELLA SALUTE

»Nach Süden!« Und in kurzen, oft mehrtägig unterbrochenen Fahrten, wie sie Melanies erschütterte Gesundheit unerläßlich machte, ging es über den Brenner, bis sie gegen Ende Februar in Rom eintrafen, um daselbst das Osterfest abzuwarten und »Nachrichten aus der Heimat«. Es war ein absichtlich indifferentes Wort, das sie wählten, während es sich doch in Wahrheit um Mitteilungen handelte, die für ihr Leben entscheidend waren und die länger ausblieben als erwünscht. Aber endlich waren sie da, diese »Nachrichten aus der Heimat«, und der nächste Morgen bereits sah beide vor dem Eingang einer kleinen englischen Kapelle, deren alten Reverend sie schon vorher kennengelernt und, durch seine Milde dazu bestimmt, ins Vertrauen gezogen hatten. Auch ein paar Freunde waren zugegen, und unmittelbar nach der kirchlichen Handlung brach man auf, um, nach monatelangem Eingeschlossensein in der Stadt, einmal außerhalb ihrer Mauern aufatmen und sich der Krokus- und Veilchenpracht in Villa d'Este freuen zu können. Und alles freute sich wirklich, am meisten aber Melanie. Sie war glücklich, unendlich glücklich. Alles, was ihr das Herz bedrückt hatte, war wie mit einem Schlage von ihr genommen, und sie lachte wieder, wie sie seit lange nicht mehr gelacht hatte, kindlich und harmlos. Ach, wem *dies* Lachen wurde, dem bleibt es, und wenn es schwand, so kehrt es wieder. Und es überdauert alle Schuld und baut uns die Brücken vorwärts und rückwärts in eine bessere Zeit.

Wohl, es war ihr so frei geworden an diesem Tag, aber sie wollt' es noch freier haben, und als sie, bei Dunkelwerden, in ihre Wohnung zurückkehrte, drin die treffliche römische Wirtin außer dem hohen Kaminfeuer auch schon die dreidochtige

Lampe angezündet hatte, beschloß sie, denselben Abend noch an ihre Schwester Jacobine zu schreiben, allerlei Fragen zu tun und nebenher von ihrem Glück und ihrer Reise zu plaudern.

Und sie tat es und schrieb:

»Meine liebe Jacobine. Heute war ein rechter Festestag und, was mehr ist, auch ein glücklicher Tag, und ich möchte meinem Danke so gern einen Ausdruck geben. Und da schreib' ich denn. Und an wen lieber als an Dich, Du mein geliebtes Schwesterherz. Oder willst Du das Wort nicht mehr hören? Oder darfst Du nicht?

Ich schreibe Dir diese Zeilen in der Via Catena, einer kleinen Querstraße, die nach dem Tiber hinführt, und wenn ich die Straße hinuntersehe, so blinken mir, vom andern Ufer her, ein paar Lichter entgegen. Und diese Lichter kommen von der Farnesina, der berühmten Villa, drin Amor und Psyche sozusagen aus allen Fensterkappen sehen. Aber ich sollte nicht so scherzhaft über derlei Dinge sprechen, und ich könnt' es auch nicht, wenn wir heute nicht in der Kapelle gewesen wären. Endlich, endlich! Und weißt Du, wer mit unter den Zeugen war? Unser Hauptmann von Brausewetter, Dein alter Tänzer von Dachrödens her. Und lieb und gut und ohne Hoffart. Und wenn man in der Acht ist, die noch schlimmer ist als das Unglück, so hat man ein Auge dafür, und das Bild, Du weißt schon, über das ich damals so viel gespottet und gescherzt habe, es will mir nicht aus dem Sinn. Immer dasselbe ›Steinige, steinige‹. Und die Stimme schweigt, die vor den Pharisäern das himmlische Wort sprach.

Aber nichts mehr davon, ich plaudre lieber.

Wir reisten in kleinen Tagereisen, und ich war anfänglich abgespannt und freudlos, und wenn ich eine Freude zeigte, so war es nur um Rubens willen. Denn er tat mir so leid. Eine weinerliche Frau! Ach, das ist das Schlimmste, was es gibt. Und gar erst auf Reisen. Und so ging es eine ganze Woche lang, bis wir in die Berge kamen. Da wurd' es besser, und als wir neben dem schäumenden Inn hinfuhren und an demselben Nachmittage noch in Innsbruck ein wundervolles Quartier fanden, da fiel es von mir ab und ich konnte wieder aufatmen. Und als Ruben sah, daß mir alles so wohltat und mich erquickte, da blieb er noch den folgenden Tag und besuchte mit mir alle Kirchen und Schlösser und zuletzt auch die Kirche, wo Kaiser Max begraben liegt. Es ist derselbe von der Martinswand her, und derselbe auch, der zu Luthers Zeiten lebte. Freilich schon als ein sehr alter Herr. Und es ist auch der, den Anastasius Grün als ›Letzten Ritter‹ gefeiert hat, worin er vielleicht etwas zu weit gegangen ist. Ich glaube nämlich nicht, daß er der letzte Ritter war. Er war überhaupt zu stark und zu korpulent für einen Ritter, und ohne Dir schmeicheln zu wollen, find' ich, daß Gryczinski ritterlicher ist. Sonderbarerweise fühl' ich mich überhaupt eingepreußter, als ich dachte, so daß mir auch das Bildnis Andreas Hofers wenig gefallen hat. Er trägt einen Tiroler Spruchgürtel um den Leib und wurde zu Mantua, wie Du vielleicht gehört haben wirst, erschossen. Manche tadeln es, daß er sich geängstigt haben soll. Ich für mein Teil habe nie begreifen können, wie man es tadeln will, nicht gern erschossen zu werden.

Und dann gingen wir über den Brenner, der ganz in Schnee lag, und es sah wundervoll aus, wie wir an derselben Bergwand, an der unser Zug emporkletterte, zwei, drei andre Züge tief unter uns sahen, so winzig und unscheinbar wie die Futterkästchen an einem Zeisigbauer. Und denselben Abend noch waren wir in Verona. Das vorige Mal, als ich dort war, hatt' ich es nur passiert, jetzt aber blieben wir einen Tag, weil mir Ruben das altrömische Theater zeigen wollte, das sich hier befindet. Es war ein kalter Tag, und mich fror in dem eisigen Winde, der ging, aber ich freue mich doch, es gesehen zu haben. Wie beschreib' ich es Dir nur? Du mußt Dir das Opernhaus denken, aber nicht an einem gewöhnlichen Tage, sondern an einem Subkriptionsballabend, und an der Stelle, wo die Musik ist, rundet es sich auch noch. Es ist nämlich ganz eiförmig und amphitheatralisch, und der Himmel als Dach darüber, und ich würd' es alles sehr viel mehr noch genossen haben, wenn ich mich nicht hätte verleiten lassen, in einem benachbarten Restaurant ein Salamifrühstück zu nehmen, das mir um ein Erhebliches zu national war.

Die Woche darauf kamen wir nach Florenz, und wenn ich Duquede wäre, so würd' ich sagen: es wird überschätzt. Es ist voller Engländer und Bilder, und mit den Bildern wird man nicht fertig. Und dann haben sie die ›Cascinen‹, etwas wie unsre Tiergarten- oder Hofjägerallee, worauf sie sehr stolz sind, und man sieht auch wirklich Fuhrwerke mit sechs und zwölf und sogar mit vierundzwanzig Pferden. Aber ich habe sie nicht gesehen und will Dich durch Zahlenangaben nicht beirren. Über den Arno führt eine Budenbrücke, nach Art des Rialto, und wenn Du von den vielen Kirchen und Klöstern absehen willst, so gilt der alte Herzogspalast als die Hauptsehenswürdigkeit der Stadt. Und am schönsten finden sie den kleinen Turm, der aus der Mitte des Palastes aufwächst, nicht viel anders als ein Schornstein mit einem Kranz und einer Galerie darum. Es soll aber sehr originell gedacht sein. Und zuletzt findet man es auch. Und in der Nähe befindet sich eine lange schmale Gasse, die neben der Hauptstraße herläuft und in der beständig Wachteln am Spieß gebraten werden. Und alles riecht nach Fett, und dazwischen Lärm und Blumen und aufgetürmter Käse, so daß man nicht weiß, wo man bleiben, und ob man sich mehr entsetzen oder freuen soll. Aber zuletzt freut man sich, und es ist eigentlich das Hübscheste, was ich auf meiner ganzen Reise gesehen habe. Natürlich Rom ausgenommen. Und nun bin ich in Rom.

Aber Herzens-Jacobine, davon kann ich Dir heute nicht schreiben, denn ich bin schon auf dem vierten Blatt, und Ruben wird ungeduldig und wirft aus seiner dunklen Ecke Konfetti nach mir, trotzdem wir den Karneval längst hinter uns haben. Und so brech' ich denn ab und tue nur noch ein paar Fragen.

Freilich, jetzt, wo ich die Fragen stellen will, wollen sie mir nicht recht aus der Feder, und Du mußt sie erraten. Rätsel sind es nicht. In Deiner Antwort sei schonend, aber verschweige nichts. Ich muß das Unangenehme, das Schmerzliche tragen lernen. Es ist nicht anders. Über all das geb' ich mich keinen Illusionen hin. Wer in die Mühle geht, wird weiß. Und die Welt wird schlimmere Vergleiche wählen. Ich möchte nur, daß bei meiner Verurteilung über die ›mildernden Umstände‹ nicht ganz hinweggegangen würde. Denn sieh, ich konnte nicht anders. Und ich habe nur noch den *einen* Wunsch, daß es mir vergönnt sein möchte, *dies* zu beweisen. Aber dieser Wunsch wird mir versagt bleiben, und ich werd' allen Trost in meinem Glück und alles Glück in meiner Zurückgezogenheit suchen und finden müssen. Und das werd' ich. Ich habe genug von dem Geräusch des Lebens gehabt, und ich sehne mich nach Einkehr und Stille. Die hab' ich *hier*. Ach, wie schön ist diese Stadt, und mitunter ist es mir, als wär' es wahr und als käm' uns jedes Heil und jeder Trost aus Rom und nur aus Rom. Es ist ein seliges Wandeln an diesem Ort, ein Sehen und Hören als wie im Traum.

Und nun, meine süße Jacobine, lebe wohl und schreibe recht, recht viel und recht ausführlich. Es interessiert mich alles, und ich sehne mich nach Nachricht, vor allem nach Nachricht ... Aber Du weißt es ja. Nichts mehr davon. Immer die Deine.

Melanie R.«

Der Brief wurde noch denselben Abend zur Post gegeben, in dem dunklen Gefühl, daß eine rasche Beförderung auch eine rasche Antwort erzwingen könne. Aber diese Antwort blieb aus, und die darin liegende Kränkung würde sehr schmerzlich empfunden worden sein, wenn nicht Melanie, wenige Tage nach Absendung des Briefes, in ihre frühere Melancholie zurückverfallen wäre. Sie glaubte bestimmt, daß sie sterben werde, versuchte zu lächeln und brach doch plötzlich in einen Strom von Tränen aus. Denn sie hing am Leben und genoß inmitten ihres Schmerzes *ein* unendliches Glück: die Nähe des geliebten Mannes.

Und sie hatte wohl recht, sich dieses Glückes zu freuen. Denn alle Tugenden Rubehns zeigten sich um so heller, je trüber die Tage waren. Er kannte nur Rücksicht; keine Mißstimmung, keine Klage wurde laut, und über das Vornehme seiner Natur wurde die Zurückhaltung darin vergessen.

Und so vergingen trübe Wochen.

Ein deutscher Arzt endlich, den man zu Rate zog, erklärte, daß vor allem das Stillsitzen vermieden, dagegen umgekehrt für beständig neue Eindrücke gesorgt werden müsse. Mit anderen Worten, das, was er vorschlug, war ein beständiger Orts- und Luftwechsel. Ein solch tagtägliches Hin und Her sei freilich selber ein Übel, aber ein kleineres, und jedenfalls das einzige Mittel, der inneren Ruhelosigkeit abzuhelfen.

Und so wurden denn neue Reisepläne geschmiedet und von der Kranken apathisch angenommen.

In kurzen Etappen, unter geflissentlicher Vermeidung von Eisenbahn und großen Straßen, ging es, durch Umbrien, immer höher hinauf an der Ostküste hin, bis sich plötzlich herausstellte, daß man nur noch zehn Meilen von Venedig entfernt sei. Und siehe, da kam ihr ein tiefes und sehnsüchtiges Verlangen, ihrer Stunde dort warten zu wollen. Und sie war plötzlich wie verändert und lachte wieder und sagte: »Della Salute! Weißt du noch?... Es heimelt mich an, es erquickt mich: das Wohl, das Heil! Oh, komm. Dahin wollen wir.«

Und sie gingen, und dort war es, wo die bange Stunde kam. Und einen Tag lang wußte der Zeiger nicht, wohin er sich zu stellen habe, ob auf Leben oder Tod. Als aber am Abend, von über dem Wasser her, ein wunderbares Läuten begann und die todmatte Frau auf ihre Frage »von wo« die Antwort empfing »von Della Salute«, da richtete sie sich auf und sagte: »Nun weiß ich, daß ich leben werde.«

18

WIEDER DAHEIM

Und ihre Hoffnung hatte sie nicht betrogen. Sie genas, und erst als die Herbsttage kamen, und das Gedeihen des Kindes und vor allem auch ihr eigenes Wohlbefinden einen Aufbruch gestattete, verließen sie die Stadt, an die sie sich durch ernste und heitere Stunden aufs innigste gekettet fühlten, und gingen in die Schweiz, um in dem lieblichsten der Täler, in dem Tale »zwischen den Seen«, eine neue vorläufige Rast zu suchen.

Und sie lebten hier glücklich-stille Wochen, und erst als ein scharfer Nordwest vom Thuner See nach dem Brienzer hinüberfuhr und den Tag darauf der Schnee so dicht fiel, daß nicht nur die »Jungfrau«, sondern auch jede kleinste Kuppe verschneit und vereist ins Tal herniedersah, sagte Melanie: »Nun ist es Zeit. Es kleidet nicht jeden Menschen das Alter und nicht jede Landschaft der Schnee. Der Winter ist in diesem Tale nicht zu Haus oder paßt wenigstens nicht recht hierher. Und ich möchte nun wieder *da* hin, wo man sich mit ihm eingelebt hat und ihn versteht.«

»Ich glaube gar«, lachte Rubehn, »du sehnst dich nach der Rousseau-Insel!«

»Ja«, sagte sie. »Und nach viel anderem noch. Sieh, in drei Stunden könnt' ich von hier aus in Genf sein und das Haus wiedersehen, darin ich geboren wurde. Aber ich habe keine Sehnsucht danach. Es zieht mich nach dem *Norden* hin, und ich empfind' ihn mehr und mehr als meine Herzensheimat. Und was auch dazwischen liegt, er muß es bleiben.«

Und an einem milden Dezembertage waren Rubehn und Melanie wieder in der Hauptstadt eingetroffen und mit ihnen die Vreni oder »das Vrenel«, eine derbe schweizerische Magd, die sie, während ihres Aufenthalts in Interlaken, zur Abwartung des Kindes angenommen hatten. Eine vorzügliche Wahl. Am Bahnhof aber waren sie von Rubehns jüngerem Bruder empfangen und in ihre Wohnung eingeführt worden: eine reizende Mansarde, dicht am Westende des Tiergartens, ebenso reich wie geschmackvoll eingerichtet, und beinah Wand an Wand mit Duquede. »Sollen wir gute Nachbarschaft mit ihm halten?« hatten sie sich im Augenblick ihres Eintretens unter gegenseitiger Heiterkeit gefragt.

Melanie war sehr glücklich über Wohnung und Einrichtung, überhaupt über alles, und gleich am anderen Vormittage setzte sie sich, als sie allein war, in eine der tiefen Fensternischen und sah auf die bereiften Bäume des Parks und auf ein paar Eichkätzchen, die sich haschten und von Ast zu Ast sprangen. Wie oft hatte sie dem zugesehen, wenn sie mit Liddi und Heth durch den Tiergarten gefahren war! Es stand plötzlich alles wieder vor ihr, und sie fühlte, daß ein Schatten auf die heiteren Bilder ihrer Seele fiel.

Endlich aber zog es auch *sie* hinaus, und sie wollte die Stadt wieder sehen, die Stadt und bekannte Menschen. Aber wen? Sie konnte nur bei der Freundin, bei dem Musikfräulein, vorsprechen. Und sie tat es auch, ohne daß sie schließlich eine Freude davon gehabt hätte. Anastasia kam ihr vertraulich und beinah überheblich entgegen, und in begreiflicher Verstimmung darüber kehrte Melanie nach Hause zurück. Auch hier war nicht alles, wie es sein sollte, das Vrenel in schlechter Laune, die Zimmer überheizt, und ihre Heiterkeit kam ihr erst wieder, als sie Rubehns Stimme draußen auf dem Vorflur hörte.

Und nun trat er ein.

Es war um die Teestunde, das Wasser brodelte schon und sie nahm des geliebten Mannes Arm und schritt plaudernd mit ihm über den dicken, türkischen Teppich hin. Aber er litt von der Hitze, die sie mit ihrem Taschentuche vergeblich fortzufächeln bemüht war. »Und nun sind wir im Norden!« lachte er. »Und nun sage, haben wir im Süden je so was von Glut und Samum auszuhalten gehabt?«

»O doch, Ruben. Entsinnst du dich noch, als wir das erstemal nach dem Lido hinausfuhren? Ich wenigstens vergeß' es nicht. All mein Lebtag hab' ich mich nicht so geängstigt wie damals auf dem Schiff: erst die Schwüle und dann der Sturm. Und dazwischen das Blitzen. Und wenn es noch ein Blitzen gewesen wäre! Aber wie feurige Laken fiel es vom Himmel. Und du warst so ruhig.«

»Das bin ich immer, Herz, oder such' es wenigstens zu sein. Mit unserer Unruhe wird nichts geändert und noch weniger gebessert.«

»Ich weiß doch nicht, ob du recht hast. In unserer Angst und Sorge beten wir, auch wir, die wir's in unseren guten Tagen an uns kommen lassen. Und das versöhnt die Götter. Denn sie wollen, daß wir uns in unserer Kleinheit und Hilfsbedürftigkeit fühlen lernen. Und haben sie nicht recht?«

»Ich weiß nur, daß *du* recht hast. Immer. Und dir zuliebe sollen auch die Götter recht haben. Bist du zufrieden damit?«

»Ja und nein. Was Liebe darin ist, ist gut, oder ich hör' es wenigstens gern. Aber...«

»Lassen wir das ›Aber‹ und nehmen wir lieber unseren Tee, der uns ohnehin schon erwartet. Und er hilft auch immer und gegen alles und wird uns auch aus dieser afrikanischen Hitze helfen. Um aber sicher zu gehen, will ich doch lieber noch das Fenster öffnen.« Und er tat's, und unter dem halb aufgezogenen Rouleau hin zog eine milde Nachtluft ein.

»Wie mild und weich«, sagte Melanie.

»Zu weich«, entgegnete Rubehn. »Und wir werden uns auf kältere Luftströme gefaßt machen müssen.«

19

INKOGNITO

Melanie war froh, wieder daheim zu sein.

Was sich ihr notwendig entgegenstellen mußte, das übersah sie nicht, und die Furcht, der Rubehn Ausdruck gegeben hatte, war auch ihre Furcht. Aber sie war doch andrerseits sanguinischen Gemüts genug, um der Hoffnung zu leben, sie werd' es überwinden. Und warum sollte sie's nicht? Was geschehen, erschien ihr, der Gesellschaft gegenüber, so gut wie ausgeglichen; allem Schicklichen war genügt, alle Formen waren erfüllt, und so gewärtigte sie nicht, einer Strenge zu begegnen, zu der die Welt in der Regel nur greift, wenn sie's zu *müssen* glaubt, vielleicht einfach in dem Bewußtsein davon, daß, wer in einem Glashause wohnt, nicht mit Steinen werfen soll.

Melanie gewärtigte keines Rigorismus. Nichtsdestoweniger stimmte sie dem Vorschlage bei, wenigstens während der nächsten Wochen noch ein Inkognito bewahren und erst von Neujahr an die nötigsten Besuche machen zu wollen.

So war es denn natürlich, daß man den Weihnachtsabend im engsten Zirkel verbrachte. Nur Anastasia, Rubehns Bruder und der alte Frankfurter Prokurist, ein versteifter und schweigsamer Junggeselle, dem sich erst beim dritten Schoppen die Zunge zu lösen pflegte, waren erschienen, um die Lichter am Christbaum brennen zu sehen. Und als sie brannten, wurd' auch das Anninettchen herbeigeholt, und Melanie nahm das Kind auf den Arm und spielte mit ihm und hielt es hoch. Und das Kind schien glücklich und lachte und griff nach den Lichtern.

Und glücklich waren alle, besonders auch Rubehn, und wer ihn an diesem Abende gesehen hätte, der hätte nichts von Behagen und Gemütlichkeit an ihm vermißt. Alles Amerikanische war abgestreift.

In dem Nebenzimmer war inzwischen ein kleines Mahl serviert worden, und als einleitend erst durch Anastasia und danach auch durch den jüngeren Rubehn ein paar scherzhafte Gesundheiten ausgebracht worden waren, erhob sich zuletzt auch der alte Prokurist, um »aus vollem Glas und vollem Herzen« einen Schlußtoast zu proponieren. Das Beste des Lebens, das wiss' er aus eigner Erfahrung, sei das Inkognito. Alles, was sich auf den Markt oder auf die Straße stelle, das tauge nichts oder habe doch nur Alltagswert; das, was wirklich Wert habe, das ziehe sich zurück, das berge sich in Stille, das verstecke sich. Die lieblichste Blume, darüber könne kein Zweifel sein, sei das Veilchen, und die poetischste Frucht, darüber könne wiederum kein Zweifel sein, sei die Walderdbeere. Beide versteckten sich aber, beide ließen sich suchen, beide lebten sozusagen inkognito. Und somit lasse er das Inkognito leben, oder die Inkognitos, denn Singular oder Plural sei ihm durchaus gleichgiltig;

»*Das* oder *die*,
Ein volles Glas für Melanie;
Die oder *das*,
Für Ebenezer ein volles Glas.«

Und danach fing er an zu singen.

Erst zu später Stunde trennte man sich, und Anastasia versprach, am andern Tage zu Tisch wiederzukommen; abermals einen Tag später aber (Rubehn war eben in die Stadt gegangen) erschien das Vrenel, um in ihrem Schweizer Deutsch und zugleich in sichtlicher Erregung den Polizeirat Reiff zu melden. Und sie beruhigte sich erst wieder, als ihre junge Herrin antwortete: »Ah, sehr willkommen. Ich lasse bitten einzutreten.«

Melanie ging dem Angemeldeten entgegen. Er war ganz unverändert: derselbe Glanz im Gesicht, derselbe schwarze Frack, dieselbe weiße Weste.

»Welche Freude, Sie wiederzusehen, lieber Reiff«, sagte Melanie und wies mit der Rechten auf einen neben ihr stehenden Fauteuil. »Sie waren immer mein guter Freund, und ich denke, Sie bleiben es.«

Reiff versicherte etwas von unveränderter Devotion und tat Fragen über Fragen. Endlich aber ließ er durch Zufall oder Absicht auch den Namen van der Straatens fallen.

Melanie blieb unbefangen und sagte nur: »*Den* Namen dürfen Sie nicht nennen, lieber Reiff, wenigstens jetzt nicht. Nicht, als ob er mir unfreundliche Bilder weckte. Nein, o nein. Wäre das, so dürften Sie's. Aber gerade weil mir der Name nichts Unfreundliches zurückruft, weil ich nur weiß, ihm, der ihn trägt, wehegetan zu haben, so quält und peinigt er mich. Er mahnt mich an ein Unrecht, das dadurch nicht kleiner wird, daß ich es in meinem Herzen nicht recht als Unrecht empfinde. Also nichts von ihm. Und auch nichts...« Und sie schwieg und fuhr erst nach einer Weile fort: »Ich habe nun mein Glück, ein wirkliches Glück; mais il faut payer pour tout et deux fois pour notre bonheur.«

Der Polizeirat stotterte eine verlegene Zustimmung, weil er nicht recht verstanden hatte.

»Wir aber, lieber Reiff«, nahm Melanie wieder das Wort, »wir müssen einen neutralen Boden finden. Und das werden wir. Das zählt ja zu den Vorzügen der großen Stadt. Es gibt immer hundert Dinge, worüber sich plaudern läßt. Und nicht bloß um Worte zu machen, nein, auch mit dem Herzen. Nicht wahr? Und ich rechne darauf, Sie wiederzusehen.«

Und bald danach empfahl sich Reiff, um die Droschke, darin er gekommen war, nicht allzulange warten zu lassen. Melanie aber sah ihm nach und freute sich, als er wenige Häuser entfernt dem aus der Stadt zurückkommenden Rubehn begegnete. Beide grüßten einander.

»Reiff war hier«, sagte Rubehn, als er einen Augenblick später eintrat. »Wie fandest du ihn?«

»Unverändert. Aber verlegener, als ein Polizeirat sein sollte.«

»Schlechtes Gewissen. Er hat dich aushorchen wollen.«

»Glaubst du?«

»Zweifellos. Einer ist wie der andre. Nur ihre Manieren sind verschieden. Und Reiff hat die Harmlosigkeitsallüren. Aber vor dieser Spezies muß man doppelt auf der Hut sein. Und so lächerlich es ist, ich kann den Gedanken nicht unterdrücken, daß wir morgen ins schwarze Buch kommen.«

»Du tust ihm unrecht. Er hat ein Attachement für mich. Oder ist es meinerseits bloß Eitelkeit und Einbildung?«

»Vielleicht. Vielleicht auch nicht. Aber diese guten Herren..., ihr bester Freund, ihr leiblicher Bruder ist nie sicher vor ihnen. Und wenn man sich darüber erstaunt oder beklagt, so heißt es ironisch und achselzuckend: ›c'est mon métier‹.«

Eine Woche später hatte das neue Jahr begonnen, und der Zeitpunkt war da, wo das junge Paar aus seinem Inkognito heraustreten wollte. Wenigstens Melanie. Sie war noch immer nicht bei Jacobine gewesen, und wiewohl sie sich, in Erinnerung an den unbeantwortet gebliebenen Brief, nicht viel Gutes von diesem Besuche versprechen konnte, so mußt' er doch auf jede Gefahr hin gemacht werden. Sie mußte Gewißheit haben, wie sich die Gryczinskis stellen wollten.

Und so fuhr sie denn nach der Alsenstraße.

Schwereren Herzens als sonst stieg sie die mit Teppich belegte Treppe hinauf und klingelte. Und bald konnte sie hinter der Korridorglaswand ein Hin- und Herhuschen erkennen. Endlich aber wurde geöffnet.

»Ah, Emmy. Ist meine Schwester zu Haus?«

»Nein, Frau Kommerzien... Ach, wie die gnädige Frau bedauern wird! Aber Frau von Heysing waren hier und haben die gnädige Frau zu dem großen Bilde abgeholt. Ich glaube ›Die Fackeln des Nero‹.«

»Und der Herr Major?«

»Ich weiß es nicht«, sagte das Mädchen verlegen. »Er wollte fort. Aber ich will doch lieber erst...«

»O nein, Emmy, lassen Sie's. Es ist gut so. Sagen Sie meiner Schwester, oder der gnädigen Frau, daß ich da war. Oder besser, nehmen Sie meine Karte...«

Danach grüßte Melanie kurz und ging.

Auf der Treppe sagte sie leise vor sich hin: »Das ist *er*. Sie ist ein gutes Kind und liebt mich.« Und dann legte sie die Hand aufs Herz und lächelte: »Schweig stille, mein Herze.«

Rubehn, als er von dem Ausfall des Besuches hörte, war wenig überrascht, und noch weniger, als am andern Morgen ein Brief eintraf, dessen zierlich verschlungenes J. v. G. über die Absenderin keinen Zweifel lassen konnte. Wirklich, es waren

Zeilen von Jacobine. Sie schrieb: »Meine liebe Melanie. Wie hab' ich es bedauert, daß wir uns verfehlen mußten. Und nach so langer Zeit! Und nachdem ich Deinen lieben, langen Brief unbeantwortet gelassen habe! Er war so reizend, und selbst Gryczinski, der doch so kritisch ist und alles immer auf Disposition hin ansieht, war eigentlich entzückt. Und nur an der einen Stelle nahm er Anstoß, daß alles Heil und aller Trost nach wie vor aus Rom kommen solle. Das verdroß ihn, und er meinte, daß man dergleichen auch nicht im Scherze sagen dürfe. Und meine Verteidigung ließ er nicht gelten. Die meisten Gryczinskis sind nämlich noch katholisch, und ich denke mir, daß er so streng und empfindlich ist, weil er es persönlich los sein und von sich abwälzen möchte. Denn sie sind immer noch sehr diffizil oben, und Gryczinski, wie Du weißt, ist zu klug, als daß er etwas wollen sollte, was man oben *nicht* will. Aber es ändert sich vielleicht wieder. Und ich bekenne Dir offen, *mir* wär' es recht, und ich für mein Teil hätte nichts dagegen, sie sprächen erst wieder von etwas andrem. Ist es denn am Ende wirklich so wichtig und eine so brennende Frage? Und wär' es nicht wegen der vielen Toten und Verwundeten, so wünscht' ich mir einen neuen Krieg. (Es heißt übrigens, sie rechneten schon wieder an einem.) Und *hätten* wir den Krieg, so wären wir die ganze Frage los, und Gryczinski wäre Oberstlieutenant. Denn er ist der dritte. Und ein paar von den alten Generälen, oder wenigstens von den ganz alten, werden doch wohl endlich abgehen müssen.

Aber ich schwatze von Krieg und Frieden und von Gryczinski und von mir und vergesse ganz nach Dir und nach Deinem Befinden zu fragen. Ich bin überzeugt, daß es Dir gut geht und daß Du mit dem Wechsel in allen wesentlichen Stücken zufrieden bist. Er ist reich und jung, und bei Deinen Lebensanschauungen, mein' ich, kann es Dich nicht unglücklich machen, daß er unbetitelt ist. Und am Ende, wer jung ist, hofft auch noch. Und Frankfurt ist ja jetzt preußisch. Und da findet es sich wohl noch.

Ach, meine liebe Melanie, wie gerne wär' ich selbst gekommen und hätte nach allem Großen und Kleinen gesehen, ja, auch nach allem Kleinen, und wem es eigentlich ähnlich ist.

Aber er hat es mir verboten und hat auch dem Diener gesagt, ›daß wir nie zu Hause sind‹. Und Du weißt, daß ich nicht den Mut habe, ihm zu widersprechen. Ich meine, wirklich zu widersprechen. Denn etwas widersprochen hab' ich ihm. Aber da fuhr er mich an und sagte: ›Das unterbleibt. Ich habe nicht Lust, um solcher Allotria willen beiseitegeschoben zu werden. Und sieh dich vor, Jacobine. Du bist ein entzückendes kleines Weib (er sagte wirklich so), aber ihr seid wie die Zwillinge, wie die Druväpfel, und es spukt dir auch so was im Blut. Ich bin aber nicht van der Straaten und führe keine Generositätskomödien auf. Am wenigsten auf meine Kosten.‹ Und dabei warf er mir de haut en bas eine Kußhand zu und ging aus dem Zimmer.

Und was tat ich? Ach, meine liebe Melanie, nichts. Ich habe nicht einmal geweint. Und nur erschrocken war ich. Denn ich fühle, daß er recht hat, und daß eine sonderbare Neugier in mir steckt. Und darin treffen es die Bibelleute, wenn sie so vieles auf unsere Neugier schieben . . . Elimar, der freilich nicht mit zu den Bibelleuten gehört, sagte mal zu mir: ›Das Hübscheste sei doch das Vergleichenkönnen‹. Er meinte, glaub' ich, in der Kunst. Aber die Frage beschäftigt mich seitdem, und ich glaube kaum, daß es sich auf die Kunst beschränkt. Übrigens hat Gryczinski noch in diesem Winter oder doch im Frühjahr eine kleine Generalstabsreise vor. Und dann seh ich Dich. Und wenn er wiederkommt, so beicht' ich ihm alles. Ich kann es dann. Er ist dann immer so zärtlich. Und ein Blaubart ist er überhaupt nicht. Und bis dahin Deine

Jacobine.«

Melanie ließ das Blatt fallen, und Rubehn nahm es auf. Er las nun auch und sagte: »Ja, Herz, das sind die Tage, von denen es heißt, sie gefallen uns nicht. Ach, und sie *beginnen* erst. Aber laß, laß. Es rennt sich alles tot und am ehesten *das*.«

Und er ging an den Flügel und spielte laut und mit einem Anfluge heiterer Übertreibung: »Mit meinem Mantel vor dem Sturm beschützt' ich dich, beschützt' ich dich.«

Und dann erhob er sich wieder und küßte sie und sagte: »Cheer up, dear!«

20

LIDDI

»Cheer up, dear«, hatte Rubehn Melanie zugerufen, und sie wollte dem Zurufe folgen. Aber es glückte nicht, konnte nicht glücken, denn jeder neue Tag brachte neue Kränkungen. Niemand war für sie zu Haus, ihr Gruß wurde nicht erwidert, und ehe der Winter um war, wußte sie, daß man sie, nach einem stillschweigenden Übereinkommen, in den Bann getan habe. Sie war tot für die Gesellschaft, und die tiefe Niedergedrücktheit ihres Gemüts hätte sie zur Verzweiflung geführt, wenn ihr nicht Rubehn in dieser Bedrängnis zur Seite gestanden hätte. Nicht nur in herzlicher Liebe, nein, vor allem auch in jener heitren Ruhe, die sich der Umgebung entweder mitzuteilen oder wenigstens nicht ohne stillen Einfluß auf sie zu bleiben pflegt. »Ich kenne das, Melanie. Wenn es in London etwas ganz Apartes gibt, so heißt es, ›it is a nine-days-wonder‹, und mit diesen neun Tagen ist das höchste Maß von Erregungsandauer ausgedrückt. Das ist in London. Hier dauert es etwas länger, weil wir etwas kleiner sind. Aber das Gesetz bleibt dasselbe. Jedes Wetter tobt sich aus. Eines Tages haben wir wieder den Regenbogen und das Fest der Versöhnung.«

»Die Gesellschaft ist unversöhnlich.«

»Im Gegenteil. Zu Gerichte sitzen ist ihr eigentlich unbequem. Sie weiß schon, warum. Und so wartet sie nur auf das Zeichen, um das große Hinrichtungsschwert wieder in die Scheide zu stecken.«

»Aber dazu muß etwas geschehen.«

»Und das wird. Es bleibt selten aus und in den milderen Fällen eigentlich nie. Wir haben einen Eindruck gemacht und müssen ehrlich bemüht sein, einen andern zu machen. Einen entgegengesetzten. Aber auf demselben Gebiete... Du verstehst?«

Sie nickte, nahm seine Hand und sagte: »Und ich schwöre dir's, ich will. Und wo die Schuld lag, soll auch die Sühne liegen. Oder sag' ich lieber, der Ausgleich. Auch *das* ist ein Gesetz, so hoff' ich. Und das schönste von allen. Es braucht nicht alles Tragödie zu sein.«

In diesem Augenblicke wurde durch den Diener eine Karte hereingegeben: »Friederike Sawat v. Sawatzki, genannt Sattler v. d. Hölle, Stiftsanwärterin auf Kloster Himmelpfort in der Uckermark.«

»Oh, laß uns allein, Ruben«, bat Melanie, während sie sich erhob und der alten Dame bis auf den Vorflur entgegenging. »Ach, mein liebes Riekchen! Wie mich das freut, daß du kommst, daß du da bist. Und wie schwer es dir geworden sein muß... Ich meine nicht bloß die drei Treppen... Ein halbes Stiftsfräulein und jeden Sonntag in Sankt Matthäi! Aber die Frommen, wenn sie's wirklich sind, sind immer noch die Besten. Und sind gar nicht so schlimm. Und nun setze dich, mein einziges, liebes Riekchen, meine liebe, alte Freundin!«

Und während sie so sprach, war sie bemüht, ihr beim Ablegen behilflich zu sein und das Seidenmäntelchen an einen Haken zu hängen, an den die Kleine nicht heranreichen konnte.

»Meine liebe, alte Freundin«, wiederholte Melanie. »Ja, das warst du, Riekchen, das bist du gewesen. Eine rechte Freundin, die mir immer zum Guten geraten und nie zum Munde gesprochen hat. Aber es hat nicht geholfen, und ich habe nie begriffen, wie man Grundsätze haben kann oder Prinzipien, was eigentlich dasselbe meint, aber mir immer noch schwerer und unnötiger vorgekommen ist. Ich hab' immer nur getan, was ich wollte, was mir gefiel, wie mir gerade zumute war. Und ich kann es auch so schrecklich nicht finden. Auch jetzt noch nicht. Aber gefährlich ist es, so viel räum' ich ein, und ich will es anders zu machen suchen. Will es lernen. Ganz bestimmt. Und nun erzähle. Mir brennen hundert Fragen auf der Seele.«

Riekchen war verlegen eingetreten und auch verlegen geblieben, jetzt aber sagte sie, während sie die Augen niederschlug und dann wieder freundlich und fest auf Melanie richtete: »Habe doch mal sehen wollen... Und ich bin auch nicht hinter seinem Rücken hier. Er weiß es und hat mir zugeredet.«

Melanie flogen die Lippen. »Ist er erbittert? Sag, ich will es hören. Aus *deinem* Munde kann ich alles hören. In den Weihnachtstagen war Reiff hier. Da mocht' ich es nicht. Es ist doch ein Unterschied, *wer* spricht. Ob die Neugier oder das Herz. Sag, ist er erbittert?«

Die Kleine bewegte den Kopf hin und her und sagte: »Wie denn! Erbittert! Wär' er erbittert, so wär' ich nicht hier. Er war unglücklich und ist es noch. Und es zehrt und nagt an ihm. Aber seine Ruhe hat er wieder. Das heißt, so vor den Menschen. Und dabei bleibt es, denn er war dir sehr gut, Melanie, so gut er nur einem Menschen sein konnte. Und du warst sein Stolz, und er freute sich, wenn er dich sah.«

Melanie nickte.

»Sieh, Herzenskind, du hast nicht anders gekonnt, weil du das andre nicht gelernt hattest, das andre, worauf es ankommt, und weil du nicht wußtest, was der Ernst des Lebens ist. Und Anastasia sang wohl immer: ›Wer nie sein Brot mit Tränen aß‹, und Elimar drehte dann das Blatt um. Aber singen und erleben ist ein Unterschied. Und du hast das Tränenbrot nicht gegessen, und Anastasia hat es nicht gegessen, und Elimar auch nicht. Und so kam es, daß du nur getan hast, was dir gefiel oder wie dir zumute war. Und dann bist du von den Kindern fortgegangen, von den lieben Kindern, die so hübsch und so fein sind, und hast sie nicht einmal sehen wollen. Hast dein eigen Fleisch und Blut verleugnet. Ach, mein armes, liebes Herz, das kannst du vor Gott und Menschen nicht verantworten.«

Es war, als ob die Kleine noch weiter sprechen wollte. Aber Melanie war aufgesprungen und sagte: »Nein, Riekchen, an dieser Stelle hört es auf. Hier tust du mir unrecht. Sieh, du kennst mich so gut und so lange schon, und fast war ich selber noch ein Kind, als ich ins Haus kam. Aber das eine mußt du mir lassen: ich habe nie gelogen und geheuchelt, und hab' umgekehrt einen wahren Haß gehabt, mich besser zu machen, als ich bin. Und diesen Haß hab' ich noch. Und so sag' ich dir denn, das mit den Kindern, mit meiner süßen kleinen Heth, die wie der Vater aussieht und doch gerade so lacht und so fahrig ist wie die Frau Mama, nein, Riekchen, das mit den Kindern, *das* trifft mich nicht.«

»Und bist doch ohne Blick und ohne Abschied gegangen.«

»Ja, das bin ich, und ich weiß es wohl, manch andre hätt' es *nicht* getan. Aber wenn man auf etwas an und für sich Trauriges stolz sein darf, so bin ich stolz darauf. Ich wollte gehn, das stand fest. Und wenn ich die Kinder sah, so konnt' ich nicht gehn. Und so hatt' ich denn meine Wahl zu treffen. Ich mag eine falsche Wahl getroffen haben, in den Augen der Welt hab' ich es gewiß, aber es war wenigstens ein klares Spiel und offen und ehrlich. Wer aus der Ehe fortläuft und aus keinem andern Grund als aus Liebe zu einem andern Manne, der begibt sich des Rechts, nebenher auch noch die zärtliche Mutter zu spielen. Und das ist die Wahrheit. Ich bin ohne Blick und ohne Abschied gegangen, weil es mir widerstand, Unheiliges und Heiliges durcheinander zu werfen. Ich wollte keine sentimentale Verwirrung. Es steht mir nicht zu, mich meiner Tugend zu berühmen. Aber eines hab' ich wenigstens, Riekchen: ich habe feine Nerven für das, was paßt und nicht paßt.«

»Und möchtest du jetzt sie sehen?«

»Heute lieber als morgen. Jeden Augenblick. Bringst du sie?«

»Nein, nein, Melanie, du bist zu rasch. Aber ich habe mir einen Plan ausgedacht. Und wenn er glückt, so laß' ich wieder von mir hören. Und ich komm' entweder, oder ich schreibe oder Jacobine schreibt. Denn Jacobine muß uns dabei helfen. Und nun Gott befohlen, meine liebe, liebe Melanie. Laß nur die Leute. Du bist doch ein liebes Kind. Leicht, leicht, aber das Herz sitzt an der richtigen Stelle. Und nun Gott befohlen, mein Schatz.«

Und sie ging und weigerte sich, das Mäntelchen anzuziehn, weil sie gerne rasch abbrechen wollte. Aber eine Treppe tiefer blieb sie stehn und half sich mit einiger Mühe selbst in die kleinen Ärmel hinein.

Melanie war überaus glücklich über diesen Besuch, zugleich sehnsüchtig erwartungsvoll, und mitunter war es ihr, als träte das Kleine, das nebenan in der Wiege lag, neben dieser Sehnsucht zurück. Gehörte sie doch ganz zu jenen Naturen, in deren Herzen eines immer den Vorrang behauptet.

Und so vergingen Wochen, und Ostern war schon nahe heran, als endlich ein Billett abgegeben wurde, dem sie's ansah, daß es ihr gute Botschaft bringe. Es war von der Schwester, und Jacobine schrieb:

»Meine liebe Melanie! Wir sind allein, und gesegnet seien die Landesvermessungen! Es sind das, wie Du vielleicht weißt, die hohen, dreibeinigen Gestelle, die man, wenn man mit der Eisenbahn fährt, überall deutlich erkennen kann und wo die Mitfahrenden im Kupee jedesmal fragen: ›Mein Gott, was ist das?‹ Und es ist auch nicht zu verwundern, denn es sieht eigentlich aus wie ein Malerstuhl, nur daß der Maler sehr groß sein müßte. Noch größer und langbeiniger als Gabler. Und erst in vierzehn Tagen kommt er zurück, worauf ich mich sehr, sehr freue und eigentlich schon Sehnsucht habe. Denn er hat doch entschieden *das*, was uns Frauen gefällt. Und früher hat er Dir auch gefallen, ja, Herz, das kannst Du nicht leugnen, und ich war mitunter eifersüchtig, weil Du klüger bist als ich, und das haben sie gern. Aber weshalb ich eigentlich schreibe! Riekchen war hier und hat es mir ans Herz gelegt, und so denk' ich, wir säumen keinen Augenblick länger und Du kommst morgen um die Mittagsstunde. Da werden sie hier sein und Riekchen auch. Aber wir haben nichts gesagt, und sie sollen überrascht werden. Und ich bin glücklich, meine Hand zu so was Rührendem bieten zu können. Denn ich denke mir, Mutterliebe bleibt doch das Schönste ... Ach, meine liebe Melanie! ... Aber ich schweige, Gryczinskis drittes Wort ist ja, daß es im Leben darauf ankomme, seine Gefühle zu beherrschen ... Ich weiß doch nicht, ob er recht hat. Und nun lebe wohl. Immer Deine J. v. G.«

Melanie war nach Empfang dieser Zeilen in einer Aufregung, die sie weder verbergen konnte noch wollte. So fand sie Rubehn und geriet in wirkliche Sorge, weil er aus Erfahrung wußte, daß solchen Überreizungen immer ein Rückschlag und solchen hochgespannten Erwartungen immer eine Enttäuschung zu folgen pflegt. Er suchte sie zu zerstreuen und abzuziehen und war endlich froh, als der andere Morgen da war.

Es war ein klarer Tag und eine milde Luft, und nur ein paar weiße Wölkchen schwammen oben im Blau. Melanie verließ das Haus noch vor der verabredeten Stunde, um ihren Weg nach der Alsenstraße hin anzutreten. Ach, wie wohl ihr diese Luft tat! Und sie blieb öfters stehen, um sie begierig einzusaugen und sich an den stillen Bildern erwachenden Lebens und einer hier und da schon knospenden Natur zu freuen. Alle Hecken zeigten einen grünen Saum, und an den geharkten Stellen, wo man das abgefallene Laub an die Seite gekehrt hatte, keimten bereits die grünen Blättchen des Gundermann, und einmal war es ihr, als schöss' eine Schwalbe mit schrillem, aber heiterem Ton an ihr vorüber. Und so passierte sie den Tiergarten in seiner ganzen Breite, bis sie zuletzt den kleinen, der Alsenstraße unmittelbar vorgelegenen Platz erreicht hatte, den sie den »Kleinen Königsplatz« nennen. Hier setzte sie sich auf eine Bank und fächelte sich mit ihrem Tuch und hörte deutlich, wie ihr das Herz schlug.

»In welche Wirrnis geraten wir, sowie wir die Straße des Hergebrachten verlassen und abweichen von Regel und Gesetz. Es nutzt uns nichts, daß wir uns selber freisprechen. Die Welt ist doch stärker als wir und besiegt uns schließlich in unserem eigenen Herzen. Ich glaubte recht zu tun, als ich ohne Blick und Abschied von meinen Kindern ging, ich wollte kein Rührspiel; entweder – oder, dacht' ich. Und ich glaub' auch noch, daß ich recht gedacht habe. Aber was hilft es mir? Was ist das Ende? Eine Mutter, die sich vor ihren Kindern fürchtet.«

Dies Wort richtete sie wieder auf. Ein trotziger Stolz, der neben aller Weichheit in ihrer Natur lag, regte sich wieder, und sie ging rasch auf das Gryczinskische Haus zu.

Die Portiersleute, Mann und Frau, und zwei halberwachsene Töchter mußten schon auf dem Hintertreppenwege von dem bevorstehenden Ereignisse gehört haben, denn sie hatten sich in die halbgeöffnete Souterraintür postiert und guckten einander über die Köpfe fort. Melanie sah es und sagte vor sich hin: »A nine-days-wonder! Ich bin eine Sehenswürdigkeit geworden. Es war mir immer das Schrecklichste.«

Und nun stieg sie hinauf und klingelte. Riekchen war schon da, die Schwestern küßten sich und sagten sich Freundlichkeiten über ihr gegenseitiges Aussehen. Und alles verriet Aufregung und Freude.

Das Wohn- und Empfangszimmer, in das man jetzt eintrat, war ein großer und luftiger, aber im Verhältnis zu seiner Tiefe nur schmaler Raum, dessen zwei große Fenster (ohne

Pfeiler dazwischen) einen nischenartigen Ausbau bildeten. Etwas Feierliches herrschte vor, und die roten, von beiden Seiten her halb zugezogenen Gardinen gaben ein gedämpftes, wundervolles Licht, das auf den weißen Tapeten reflektierte. Nach hinten zu, der Fensternische gegenüber, bemerkte man eine hohe Tür, die nach dem dahintergelegenen Eßzimmer führte.

Melanie nahm auf einem kleinen Sofa neben dem Fenster Platz, die beiden anderen Damen mit ihr, und Jacobine versuchte nach ihrer Art eine Plauderei. Denn sie war ohne jede tiefere Bewegung und betrachtete das Ganze vom Standpunkt einer dramatischen Matinee. Riekchen aber, die wohl wahrnahm, daß die Blicke Melanies immer nur nach der *einen* Stelle hin gerichtet waren, unterbrach endlich das Gespräch und sagte: »Laß, Binchen. Ich werde sie nun holen.«

Eine peinliche Stille trat ein, Jacobine wußte nichts mehr zu sagen und war herzlich froh, als eben jetzt vom Platze her die Musik eines vorüberziehenden Garderegiments hörbar wurde. Sie stand auf, stellte sich zwischen die Gardinen und sah nach rechts hinaus... »es sind die Ulanen«, sagte sie. »Willst du nicht auch...« Aber ehe sie noch ihren Satz beenden konnte, ging die große Flügeltür auf, und Riekchen, mit den beiden Kindern an der Hand, trat ein.

Die Musik draußen verklang.

Melanie hatte sich rasch erhoben und war den verwundert und beinah erschrocken dastehenden Kindern entgegengegangen. Als sie aber sah, daß Lydia einen Schritt zurücktrat, blieb auch *sie* stehen, und ein Gefühl ungeheurer Angst überkam sie. Nur mit Mühe brachte sie die Worte heraus: »Heth, mein süßer, kleiner Liebling... Komm... Kennst du deine Mutter nicht mehr?«

Und ihre ganze Kraft zusammennehmend, hatte sie sich bis dicht an die Türe vorbewegt und bückte sich, um Heth mit beiden Händen in die Höhe zu heben. Aber Lydia warf ihr einen Blick bitteren Hasses zu, riß das Kind am Achselbande zurück und sagte: »Wir haben keine Mutter mehr.«

Und dabei zog und zwang sie die halb widerstrebende Kleine mit sich fort und zu der halb offengebliebenen Tür hinaus.

Melanie war ohnmächtig zusammengesunken.

Eine halbe Stunde später hatte sie sich soweit wieder erholt, daß sie zurückfahren konnte. Jede Begleitung war von ihr abgelehnt worden. Riekchens Weisheiten und Jacobinens Albernheiten mußten ihr in ihrer Stimmung gleich unerträglich erscheinen.

Als sie fort war, sagte Jacobine zu Riekchen: »Es hat doch einen rechten Eindruck auf mich gemacht. Und Gryczinski darf gar nichts davon erfahren. Er ist ohnehin gegen Kinder. Und er würde mir doch nur sagen: ›Da siehst du, was dabei herauskommt. Undank und Unnatur.‹ «

21

IN DER NIKOLAIKIRCHE

Es schlug zwei von dem kleinen Hoftürmchen des Nachbarhauses, als Melanie wieder in ihre Wohnung eintrat. Das Herz war ihr zum Zerspringen, und sie sehnte sich nach Aussprache. Dann, das wußte sie, kamen ihr die Tränen und in den Tränen Trost.

Aber Rubehn blieb heute länger aus als gewöhnlich, und zu den anderen Ängsten ihres Herzens gesellte sich auch noch das Bangen und Sorgen um den geliebten Mann. Endlich kam er; es war schon Spätnachmittag, und die drüben hinter dem kahlen Gezweig niedersteigende Sonne warf eine Fülle greller Lichter durch die kleinen Mansardenfenster. Aber es war kalt und unheimlich, und Melanie sagte, während sie dem Eintretenden entgegenging: »Du bringst soviel Kälte mit, Ruben. Ach, und ich sehne mich nach Licht und Wärme.«

»Wie du nur bist«, entgegnete Rubehn in sichtlicher Zerstreutheit, während er doch seine gewöhnliche Heiterkeit zu zeigen trachtete. »Wie du nur bist! Ich sehe nichts als Licht, ein wahrer embarras de richesse, auf jedem Sofakissen und jeder Stuhllehne, und das Ofenblech flimmert und schimmert, als ob es Goldblech wäre. Und du sehnst dich nach Licht! Ich bitte dich, mich blendet's, und ich wollt', es wäre weniger oder wäre fort.«

»Du wirst nicht lange darauf zu warten haben.«

Er war im Zimmer auf und ab gegangen. Jetzt blieb er stehen und sagte teilnehmend: »Ich vergesse, nach der Hauptsache zu fragen. Verzeihe. Du warst bei Jacobine. Wie lief es ab? Ich fürchte, nicht gut. Ich lese so was aus deinen Augen. Und ich hatt' auch eine Ahnung davon, gleich heute früh, als ich in die Stadt fuhr. Es war kein glücklicher Tag.«

»Auch für dich nicht?«

»Nicht der Rede wert. A shadow of a shadow.«

Er hatte sich in den zunächststehenden Fauteuil niedergelassen und griff mechanisch nach einem Album, das auf dem Sofatische lag. Seiner oft ausgesprochenen Ansicht nach war dies die niedrigste Form aller geistigen Beschäftigung, und so durft' es nicht überraschen, daß er während des Blätterns über das Buch fortsah und wiederholentlich fragte: »Wie war es? Ich bin begierig zu hören.«

Aber sie konnte nur zu gut erkennen, daß er *nicht* begierig war zu hören, und sosehr es sie nach Aussprache verlangt hatte, so schwer wurd' es ihr jetzt, ein Wort zu sagen, und sie verwirrte sich mehr als einmal, als sie, um ihm zu willfahren, von der tiefen Demütigung erzählte, die sie von ihrem eigenen Kinde hatte hinnehmen müssen.

Rubehn war aufgestanden und versuchte sie durch ein paar hingeworfene Worte zu beruhigen, aber es war nicht anders, wie wenn einer einen Spruch herbetet.

»Und das ist alles, was du mir zu sagen hast?« fragte sie. »Ruben, mein Einziger, soll ich auch *dich* verlieren?!« Und sie stellte sich vor ihn hin und sah ihn starr an.

»Oh, sprich nicht so. Verlieren! Wir können uns nicht verlieren. Nicht wahr, Melanie, wir können uns nicht verlieren?« Und hierbei wurde seine Stimme momentan inniger und weicher. »Und was die Kinder angeht«, fuhr er nach einer Weile fort, »nun, die Kinder sind eben Kinder. Und eh sie groß sind, ist viel Wasser den Rhein hinuntergelaufen. Und dann darfst du nicht vergessen, es waren nicht gerade die glänzendsten metteurs en scène, die es in die Hand nahmen. Unser Riekchen ist lieb und gut, und du hast sie gern, *zu* gern vielleicht; aber auch *du* wirst nicht behaupten wollen, daß die Stiftsanwärterin auf Kloster Himmelpfort an die Pforten ewiger Weisheit geklopft habe. Jedenfalls ist ihr nicht aufgemacht worden. Und Jacobine! Pardon, sie hat etwas von einer Prinzessin, aber von einer, die die Lämmer hütet.«

»Ach, Ruben«, sagte Melanie, »du sagst so vieles durcheinander. Aber das rechte Wort sagst du nicht. Du sagst nichts, was mich aufrichten, mich vor mir selbst wieder herstellen könnte. Mein eigen Kind hat mir den Rücken gekehrt. Und daß es noch ein Kind ist, das gerade ist das Vernichtende. Das richtet mich.«

Er schüttelte den Kopf und sagte: »Du nimmst es zu schwer. Und glaubst du denn, daß Mütter und Väter außerhalb aller Kritik stehen?«

»Wenigstens außerhalb *der* ihrer Kinder.«

»Auch *der* nicht. Im Gegenteil, die Kinder sitzen überall zu Gericht, still und unerbittlich. Und Lydia war immer ein kleiner Großinquisitor, wenigstens genferischen Schlages, und an ihr läßt sich die Rückschlagstheorie studieren. Ihr Urahne muß mitgestimmt haben, als man Servet verbrannte. Mich hätte sie gern mit auf dem Holzstoß gesehen, soviel steht fest. Und nun, laß uns schweigen davon. Ich muß noch in die Stadt.«

»Ich bitte dich, was ist? Was gibt's?«

»Eine Konferenz. Und es wird sich nicht vermeiden lassen, daß wir nach ihrem Abschluß zusammenbleiben. Ängstige dich nicht, und vor allem, erwarte mich nicht. Ich hasse junge Frauen, die beständig am Fenster passen, ›ob er noch nicht kommt‹, und mit dem Wächter unten auf du und du stehen, nur, um immer eine Heilablieferungsgarantie zu haben. Ich perhorresziere das. Und das beste wird sein, du gehst früh zu Bett und schläfst es aus. Und wenn wir uns morgen früh wiedersehen, wirst du mir vielleicht zustimmen, daß Lydia Bescheidenheit lernen muß, und daß zehnjährige dumme Dinger, Fräulein Liddi miteingeschlossen, nicht dazu da sind, sich zu Sittenrichterinnen ihrer eigenen Frau Mama aufzuwerfen.«

»Ach, Ruben, das sagst du nur so. Du fühlst es anders und bist zu klug und zu gerecht, als daß du nicht wissen solltest, das Kind hat recht.«

»Es mag recht haben. Aber ich auch. Und jedenfalls gibt es Ernsteres als das. Und nun Gott befohlen.«

Und er nahm seinen Hut und ging.

Melanie wachte noch, als Rubehn wieder nach Hause kam. Aber erst am andern Morgen fragte sie nach der Konferenz und bemühte sich, darüber zu scherzen. Er seinerseits antwortete in gleichem Ton und war wie gestern ersichtlich bemüht, mit Hilfe lebhaften Sprechens einen Schirm aufzurichten, hinter dem er, was eigentlich in ihm vorging, verbergen konnte.

So vergingen Tage. Seine Lebhaftigkeit wuchs, aber mit ihr auch seine Zerstreutheit, und es kam vor, daß er mehrere Male dasselbe fragte. Melanie schüttelte den Kopf und sagte: »Ich bitte dich, Ruben, wo bist du? sprich.« Aber er versicherte nur, »es sei nichts, und sie forsche, wo nichts zu forschen sei. Zerstreutheit wäre ein Erbstück in der Familie, kein gutes, aber es sei einmal da, und sie müsse sich damit einleben und daran gewöhnen.« Und dann ging er, und sie fühlte sich freier, wenn er ging. Denn das rechte Wort wurde nicht gesprochen, und *er*, der die Last ihrer Einsamkeit verringern sollte, verdoppelte sie nur durch seine Gegenwart.

Und nun war Ostern. Anastasia sprach am Ostersonntag auf eine halbe Stunde vor, aber Melanie war froh, als das Gespräch ein Ende nahm und die mehr und mehr unbequem werdende Freundin wieder ging. Und so kam auch der zweite Festtag, unfestlich und unfreundlich wie der erste, und als Rubehn über Mittag erklärte, »daß er abermals eine Verabredung habe«, konnte sie's in ihrer Herzensangst nicht länger ertragen, und sie beschloß, in die Kirche zu gehen und eine Predigt zu hören. Aber wohin? Sie kannte Prediger nur von Taufen und Hochzeiten her, wo sie, neben frommen und nichtfrommen, manch liebes Mal bei Tisch gesessen und beim Nachhausekommen immer versichert hatte: »Geht mir doch mit eurem Pfaffenhaß. Ich habe mich mein Lebtag nicht so gut unterhalten wie heute mit Pastor Käpsel. Ist das ein reizender alter Herr! Und so humoristisch und beinahe witzig. Und schenkt einem immer ein und stößt an und trinkt selber mit und sagt einem verbindliche Sachen. Ich begreif' euch nicht. Er ist doch interessanter als Reiff oder gar Duquede.«

Aber nun eine Predigt! Es war seit ihrem Einsegnungstage, daß sie keine mehr gehört hatte.

Endlich entsann sie sich, daß ihr Christel von Abendgottesdiensten erzählt hatte. Wo doch? In der Nikolaikirche. Richtig. Es war weit, aber desto besser. Sie hatte so viel Zeit übrig, und die Bewegung in der frischen Luft war seit Wochen ihr einziges Labsal. So machte sie sich auf den Weg, und als sie die große Petristraße passierte, sah sie zu den erleuchteten Fenstern des ersten Stockes auf. Aber *ihre* Fenster waren dunkel und auch keine Blumen davor. Und sie ging rascher und sah sich um, als verfolge sie wer, und bog endlich in den Nikolaikirchhof ein.

Und nun in die Kirche selbst.

Ein paar Lichter brannten im Mittelschiff, aber Melanie ging an der Schattenseite der Pfeiler hin, bis sie der alten, reichgeschmückten Kanzel gerad gegenüber war. Hier waren Bänke gestellt, nur drei oder vier, und auf den Bänken saßen Waisenhauskinder, lauter Mädchen, in blauen Kleidern und weißen Brusttüchern, und dazwischen alte Frauen, das graue Haar unter einer schwarzen Kopfbinde versteckt, und die meisten einen Stock in Händen oder eine Krücke neben sich.

Melanie setzte sich auf die letzte Bank und sah, wie die kleinen Mädchen kicherten und sich anstießen und immer nach ihr hinsahen und nicht begreifen konnten, daß eine so feine Dame zu solchem Gottesdienste käme. Denn es war ein Armengottesdienst, und deshalb brannten auch die Lichter so spärlich. Und nun schwieg Lied und Orgel, und ein kleiner Mann erschien auf der Kanzel, dessen sie sich, von ein paar großen und überschwenglichen Bourgeoisbegräbnissen her, sehr wohl entsann, und von dem sie mehr als einmal in ihrer übermütigen Laune versichert hatte, »er spräche schon vorweg im Grabsteinstil. Nur nicht so kurz«. Aber heute sprach er kurz und pries auch keinen, am wenigsten überschwenglich, und war nur müd und angegriffen, denn es war der zweite Feiertagabend. Und so kam es, daß sie nichts Rechtes für ihr Herz finden konnte, bis es zuletzt hieß: »Und nun, andächtige Gemeinde, wollen wir den vorletzten Vers unsres Osterliedes singen.« Und in demselben Augenblicke summte wieder die Orgel und zitterte, wie wenn sie sich erst ein Herz fassen oder einen Anlauf nehmen müsse, und als es endlich voll und mächtig an dem hohen Gewölbe hinklang und die Spittelfrauen mit ihren zittrigen Stimmen einfielen, rückten zwei von den kleinen Mädchen halb schüchtern an Melanie heran und gaben ihr ihr Gesangbuch und zeigten auf die Stelle. Und sie sang mit:

»Du lebst, Du bist in Nacht mein Licht,
Mein Trost in Not und Plagen,
Du weißt, was alles mir gebricht,
Du wirst mir's nicht versagen.«

Und bei der letzten Zeile reichte sie den Kindern das Buch zurück und dankte freundlich und wandte sich ab, um ihre Bewegung zu verbergen. Dann aber murmelte sie Worte, die ein Gebet vorstellen sollten und es vor dem Ohre dessen, der die Regungen unseres Herzens hört, auch wohl waren, und verließ die Kirche so still und seitab, wie sie gekommen war.

In ihre Wohnung zurückgekehrt, fand sie Rubehn an seinem Arbeitstische vor. Er las einen Brief, den er, als sie eintrat, beiseiteschob. Und er ging ihr entgegen und nahm ihre Hand und führte sie nach ihrem Sofaplatz.

»Du warst fort?« sagte er, während er sich wieder setzte.

»Ja, Freund. In der Stadt ... In der Kirche.«

»In der Kirche! Was hast du da gesucht?«

»Trost.«

Er schwieg und seufzte schwer. Und sie sah nun, daß der Augenblick da war, wo sich's entscheiden müsse. Und sie sprang auf und lief auf ihn zu und warf sich vor ihm nieder und legte beide Arme auf seine Knie: »Sage mir, was es ist? Habe Mitleid mit mir, mit meinem armen Herzen. Sieh, die Menschen haben mich aufgegeben, und meine Kinder haben sich von mir abgewandt. Ach, so schwer es war, ich hätt' es tragen können. Aber daß *du* dich abwendest von mir, das trag' ich nicht.«

»Ich wende mich nicht ab von dir.«

»Nicht mit deinem Auge, wiewohl es mich nicht mehr sieht, aber mit deinem Herzen. Sprich, mein Einziger, was ist es? Es ist nicht Eifersucht, was mich quält. Ich könnte keine Stunde leben mehr, wär' es *das*. Aber ein anderes ist es, was mich ängstigt, ein anderes, nicht viel Besseres: ich habe deine Liebe nicht mehr. Das ist mir klar, und unklar ist mir nur das eine, wodurch ich sie verscherzt. Ist es der Bann, unter dem ich lebe, und den du mit zu tragen hast? Oder ist es, daß ich so wenig Licht und Sonnenschein in dein Leben gebracht und unsere Einsamkeit auch noch in Betrübsamkeit verwandelt habe? Oder ist es, daß du mir mißtraust? Ist es der Gedanke an das alte ›Heute dir und morgen mir‹. O sprich. Ich will dich nicht leiden sehen. Ich werde weniger unglücklich sein, wenn ich dich glücklich weiß. Auch getrennt von dir. Ich will gehen, jede Stunde. Verlang es, und ich tu es. Aber reiße mich aus dieser Ungewißheit. Sage mir, was es ist, was dich drückt, was dir das Leben vergällt und verbittert. Sage mir's. Sprich.«

Er fuhr sich über Stirn und Auge, dann nahm er den beiseitegeschobenen Brief und sagte: »Lies.«

Melanie faltete das Blatt auseinander. Es waren Zeilen vom alten Rubehn, dessen Handschrift sie sehr wohl kannte. Und nun las sie: »Frankfurt, Ostersonntag. Ausgleich gescheitert. Arrangiere, was sich arrangieren läßt. In spätestens acht Tagen muß ich unsere Zahlungseinstellung aussprechen. M. R. ...«

In Rubehns Mienen ließ sich, als sie las, erkennen, daß er einer neuen Erschütterung gewärtig war. Aber wie sehr hatte er sie verkannt, sie, die viel, viel mehr war als ein bloß verwöhnter Liebling der Gesellschaft, und eh ihm noch Zeit blieb, über seinen Irrtum nachzudenken, hatte sie sich schon in einem wahren Freudenjubel erhoben und ihn umarmt und geküßt und wieder umarmt.

»Oh, nur das! ... Oh, nun wird alles wieder gut ... Und was eurem Hause Unglück bedeutet, mir bedeutet es Glück, und nun weiß ich es, es kommt alles wieder in Schick und Richtung, weit über all mein Hoffen und Erwarten hinaus ... Als ich damals ging und das letzte Gespräch mit ihm hatte, sieh, da sprach ich von den Menschlichen unter den Menschen. Und es ist mir, als wär' es gestern gewesen. Und auf diese Menschlichen baut' ich meine Zukunft und rechnete darauf, daß sie's versöhnen würde: ich liebte dich! Aber es war ein

Fehler, und auch die Menschlichen haben mich im Stich gelassen. Und jetzt muß ich sagen, sie hatten recht. Denn die Liebe tut es nicht, und die Treue tut es auch nicht. Ich meine die Werkeltagstreue, die nichts Besseres kann, als sich vor Untreue bewahren. Es ist eben nicht viel, treu zu sein, wo man liebt und wo die Sonne scheint und das Leben bequem geht und kein Opfer fordert. Nein, nein, die bloße Treue tut es nicht. Aber die bewährte Treue, *die* tut es. Und nun kann ich mich bewähren und will es und werd' es, und nun kommt *meine* Zeit. Ich will nun zeigen, was ich kann, und will zeigen, daß alles Geschehene nur geschah, weil es geschehen mußte, weil ich dich liebte, nicht aber, weil ich leicht und übermütig in den Tag hineinlebte und nur darauf aus war, ein bequemes Leben in einem noch bequemeren fortzusetzen.«

Er sah sie glücklich an, und der Ausdruck des Selbstsuchtslosen in Wort und Miene riß ihn aus der tiefen Niedergedrücktheit seiner Seele heraus. Er hoffte nun selber wieder, aber Bangen und Zweifel liefen nebenher, und er sagte bewegt: »Ach, meine liebe Melanie, du warst immer ein Kind, und du bist es auch in diesem Augenblicke noch. Ein verwöhntes und ein gutes, aber doch ein Kind. Sieh, von deinem ersten Atemzuge an hast du keine Not gekannt, ach, was sprech' ich von Not, nie, solange du lebst, ist dir ein Wunsch unerfüllt geblieben. Und du hast gelebt wie im Märchen von ›Tischlein, decke dich‹, und das Tischlein *hat* sich dir gedeckt, mit allem, was du wolltest, mit allem, was das Leben hat, auch mit Schmeicheleien und Liebkosungen. Und du bist geliebkost worden wie ein King-Charles-Hündchen mit einem blauen Band und einem Glöckchen daran. Und alles, was du getan hast, das hast du spielend getan. Ja, Melanie, spielend. Und nun willst du auch spielend entbehren lernen und denkst: es findet sich. Oder denkst auch wohl, es sei hübsch und apart, und schwärmst für die Poetenhütte, die Raum hat für ein glücklich liebend Paar, oder wenigstens haben *soll*. Ach, es liest sich erbaulich von dem blankgescheuerten Eßtisch und dem Maienbusch in jeder Ecke, und von dem Zeisig, der sich das Futternäpfchen selber heranzieht. Und es ist schon richtig: die gemalte Dürftigkeit sieht geradesogut aus wie der gemalte

Reichtum. Aber wenn es aufhört, Bild und Vorstellung zu sein, und wenn es Wirklichkeit und Regel wird, dann ist Armut ein bitteres Brot, und Muß eine harte Nuß.«

Es war umsonst. Sie schüttelte nur den Kopf, immer wieder, und sagte dann in jener einschmeichelnden Weise, der so schwer zu widerstehen war: »Nein, nein, du hast unrecht. Und es liegt alles anders, ganz anders. Ich hab' einmal in einem Buche gelesen, und nicht in einem schlechten Buche, die Kinder, die Narren und die Poeten, die hätten immer recht. Vielleicht überhaupt, aber von ihrem Standpunkt aus ganz gewiß. Und ich bin eigentlich alles drei's, und daraus magst du schließen, wie *sehr* ich recht habe. Dreifach recht. ›Ich will spielend entbehren lernen‹, sagst du. Ja, Lieber, das will ich, das ist es, um was es sich handelt. Und du glaubst einfach, ich könn' es nicht. Ich kann es aber, ich kann es ganz gewiß, so gewiß ich diesen Finger aufhebe, und ich will dir auch sagen, warum ich es kann. Den einen Grund hast du schon erraten: weil ich es mir so romantisch denke, so hübsch und apart. Gut, gut. Aber du hättest auch sagen können, weil ich andere Vorstellungen von Glück habe. Mir ist das Glück etwas anderes als ein Titel oder eine Kleiderpuppe. *Hier* ist es, oder nirgends. Und so dacht' ich und fühlt' ich immer, und so war ich immer und so bin ich noch. Aber wenn es auch anders mit mir stünde, wenn ich auch an dem Flitter des Daseins hinge, so würd' ich doch die Kraft haben, ihm zu entsagen. *Ein* Gefühl ist immer das herrschende, und seiner Liebe zuliebe kann man alles, alles. Wir Frauen wenigstens. Und *ich* gewiß. Ich habe so vieles freudig hingeopfert, und ich sollte nicht einen Teppich opfern können! Oder einen Vertiko! Ach, einen Vertiko!« und sie lachte herzlich. »Entsinnst du dich noch, als du sagtest: ›Alles sei jetzt Enquête.‹ Das war damals. Aber die Welt ist inzwischen fortgeschritten, und jetzt ist alles Vertiko!«

Er war nicht überzeugt, seine praktisch-patrizische Natur glaubte nicht an die Dauer solcher Erregungen, aber er sagte doch: »Es sei. Versuchen wir's. Also ein neues Leben, Melanie!«

»Ein neues Leben! Und das erste ist, wir geben diese Wohnung auf und suchen uns eine bescheidenere Stelle. Mansarde klingt freilich anspruchslos genug, aber dieser Trumeau und diese Bronzen sind um so anspruchsvoller. Ich habe nichts gelernt, und das ist gut, denn wie die meisten, die nichts gelernt haben, weiß ich allerlei. Und mit Toussaint L'Ouverture fangen wir an, nein, nein, mit Toussaint-Langenscheidt, und in acht Tagen oder doch spätestens in vier Wochen geb' ich meine erste Stunde. Wozu bin ich eine Genferin! Und nun sage: Willst du? Glaubst du?«

»Ja.«

»Topp.«

Und sie schlug in seine Hand und zog ihn unter Lachen und Scherzen in das Nebenzimmer, wo das Vrenel in Abwesenheit des Dieners eben den Teetisch arrangiert hatte.

Und sie hatten an diesem Unglückstage wieder einen ersten glücklichen Tag.

22

VERSÖHNT

Und Melanie nahm es ernst mit jedem Worte, das sie gesagt hatte. Sie hatte dabei ganz ihre Frische wieder, und eh ein Monat um war, war die modern und elegant eingerichtete Wohnung gegen eine schlichtere vertauscht, und das Stundengeben hatte begonnen. Ihre Kenntnis des Französischen und beinahe mehr noch ihr glänzendes musikalisches, auch nach der technischen Seite hin vollkommen ausgebildetes Talent hatten es ihr leicht gemacht, eine Stellung zu gewinnen, und zwar in ein paar großen schlesischen Häusern, die gerade vornehm genug waren, den Tagesklatsch ignorieren zu können.

Und bald sollte es sich herausstellen, wie nötig diese raschen und resoluten Schritte gewesen waren, denn der Zusammensturz erfolgte jäher als erwartet, und jede Form der Einschränkung erwies sich als geboten, wenn nicht mit der finanziellen Reputation des großen Hauses auch die bürgerliche verloren gehen sollte. Jede neue Nachricht, von Frankfurt her, bestätigte dies, und Rubehn, der anfangs nur allzu geneigt gewesen war, den Eifer Melanies für eine bloße Opfercaprice zu nehmen, sah sich alsbald gezwungen, ihrem Beispiele zu folgen. Er trat als amerikanischer Korrespondent in ein Bankhaus ein, zunächst mit nur geringem Gehalt, und war überrascht und glücklich zugleich, die berühmte Poetenweisheit von der »kleinsten Hütte« schließlich an sich selber in Erfüllung gehn zu sehn.

Und nun folgten idyllische Wochen, und jeden neuen Morgen, wenn sie von der Wilmersdorfer Feldmark her am Rande des Tiergartens hin ihren Weg nahmen und an ihrer alten Wohnung vorüberkamen, sahen sie zu der eleganten Mansarde hinauf und atmeten freier, wenn sie der zurückliegenden schweren und sorgenreichen Tage gedachten. Und dann bogen sie plaudernd in die schmalen, schattigen Gänge des Parkes ein, bis sie zuletzt unter der schrägliegenden Hängeweide fort, die zwischen dem Königsdenkmal und der Louiseninsel steht und hier beinahe den Weg sperrt, in die breite Tiergartenstraße wieder einmündeten. Den schrägliegenden Baum aber nannten sie scherzhaft ihren Zoll- und Schlagbaum, weil sich dicht hinter demselben ein Leiermann postiert hatte, dem sie Tag um Tag ihren Wegezoll entrichten mußten. Er kannte sie schon, und während er die große Mehrheit, als wären es Steuerdefraudanten, mit einem zornig-verächtlichen Blicke verfolgte, zog er vor unserem jungen Paare regelmäßig seine Militärmütze. Ganz aber konnt' er sich auch ihnen gegenüber nicht zwingen und verleugnen, und als sie den schon Pflicht gewordenen Zoll eines Tages vergessen oder vielleicht auch absichtlich nicht entrichtet hatten, hörten sie, daß er die Kurbel in Wut und Heftigkeit noch dreimal drehte und dann so jäh und plötzlich abbrach, daß ihnen ein paar unfertige Töne wie Knurr- und Scheltworte nachklangen. Melanie sagte: »Wir dürfen es mit niemand verderben, Ruben; Freundschaft ist heuer rar.« Und sie wandte sich wieder um und ging auf den Alten zu und gab ihm. Aber er dankte nicht, weil er noch immer in halber Empörung war.

Und so verging der Sommer und der Herbst kam, und als das Laub sich zu färben und an den Ahorn- und Platanenbäumen auch schon abzufallen begann, da hatte sich bei denen, die Tag um Tag unter diesen Bäumen hinschritten, manches geändert, und zwar zum Guten geändert. Wohl hieß es auch jetzt noch, wenn sie den alten Invaliden unter ihrerseits devotem Gruße passierten, »daß sie der neuen Freundschaften noch nicht sicher genug seien, um die bewährten alten aufgeben zu können«, aber diese neuen Freundschaften waren doch wenigstens in ihren Anfängen da. Man kümmerte sich wieder um sie, ließ sie gesellschaftlich wieder aufleben, und selbst solche, die bei dem Zusammenbrechen der Rubehnschen Finanzherrlichkeit nur Schadenfreude gehabt und je nach ihrer klassischen oder christlichen Bildung und Beanlagung von »Nemesis« oder »Finger Gottes« gesprochen hatten, bequemten sich jetzt, sich mit dem hübschen Paare zu versöhnen, »das so glücklich und so gescheit sei, und nie klage und sich so liebe«. Ja, sich so liebe. *Das* war es, was doch schließlich den Ausschlag gab, und wenn vorher ihre Neigung nur Neid und Zweifel geweckt hatte, so schlug jetzt die Stimmung in ihr Gegenteil um. Und nicht zu verwundern! War es doch ein und dasselbe Gefühl, was bei Verurteilung und Begnadigung zu Gerichte saß, und wenn es anfangs eine sensationelle Befriedigung gewährt hatte, sich in Indignation zu stürzen, so war es jetzt eine kaum geringere Freude, von den »Inséparables« sprechen und über ihre »treue Liebe« sentimentalisieren zu können. Eine kleine Zahl Esoterischer aber führte den ganzen Fall auf die Wahlverwandtschaften zurück und stellte wissenschaftlich fest, daß einfach seitens des stärkeren und deshalb berechtigteren Elements das schwächere verdrängt worden sei. Das Naturgesetzliche habe wieder mal gesiegt. Und hiermit sah sich denn auch der einen Winter lang auf den Schild gehobene van der Straaten abgefunden und teilte das Schicksal aller Saisonlieblinge, noch schneller vergessen als erhoben zu werden. Ja, der Spott und die Bosheit begannen jetzt ihre Pfeile gegen ihn zu richten, und wenn des Falles ausnahmsweise noch gedacht wurde, so hieß es: »Er hat es nicht anders gewollt. Wie kam er nur dazu? Sie war siebzehn! Allerdings, er soll einmal ein lion gewesen sein. Nun gut. Aber wenn dem ›Löwen‹ zu wohl wird ...« Und dann lachten sie und freuten sich, daß es so gekommen, wie es gekommen.

Ob van der Straaten von diesen und ähnlichen Äußerungen

hörte? Vielleicht. Aber es bedeutete ihm nichts. Er hatte sich selbst zu skeptisch und unerbittlich durchforscht, als daß er über die Wandlungen in dem Geschmacke der Gesellschaft, über ihr Götzenschaffen und Götzenstürzen auch nur einen Augenblick erstaunt gewesen wäre. Und so durfte denn von ihm gesagt werden, »er hörte, was man sprach, auch wenn er es *nicht* hörte«. Weg über das Urteil der Menschen, galt ihm nur eines ebensowenig oder noch weniger: ihr Mitleid. Er war immer eine selbständige Natur gewesen, frei und fest, und so war er geblieben. Und auch derselbe geblieben in seiner Nachsicht und Milde.

Und der Tag kam, wo sich's zeigen und auch Melanie davon erfahren sollte.

Es war schon ausgangs Oktober, und nur wenig gelbes und rotes Laub hing noch an den halb kahl gewordenen Bäumen. Das meiste lag abgeweht in den Gängen und wurde, wo's trocken war, zusammengeharkt, denn seit gestern hatte sich das Wetter wieder geändert, und nach langen Sturm- und Regentagen schien eine wundervolle Herbstessonne. Vielleicht die letzte dieses Jahres.

Und auch Aninettchen wurde hinausgeschickt und blieb heute länger fort als erwartet, bis endlich um die vierte Stunde die Magd in großer Aufregung heimkam und in ihrem schweren Schweizerdeutsch über ein eben gehabtes Erlebnis berichtete: »Sie hab' auf der Bank g'sesse, wo die vier Löwe das Brückle halte, und hätt' ebe g'sagt: ›Sieh, Aninettle, des isch der Altweibersommer, der will di einspinne, aber der hat di no lang nit‹, und das Aninettl hab' grad g'juchzt un g'lacht und n'am Ohrring g'langt, do wäre zwei Herre über die Brück' komme, so gute funfzig, aber schon auf der Wipp, und einer hätt' g'sagt, e langer Spindelbein: ›Schau des Silberkettle; des isch e Schweizerin; un i wett', des isch e Kind vom Schweizer G'sandte.‹ Aber do hat der andre g'sagt: ›Nei, des kann nit sein; den Schweizer G'sandte, den kenn' i, un der hat kein Kind un kein Kegel ...‹ Un do hat er z'mir g'sagt: ›Ah nu, wem g'hört das Kind?‹ Un da hab' i g'sagt: ›Dem Herr Rubehn, un's isch e Mädle, un heißt Aninettl.‹ Un do hab' i g'sehn, daß er sich verfärbt hat und hat wegg'schaut. Aber nit lang, da hat er sich wieder umg'wandt und hat g'sagt: ›'s isch d' Mutter, und lacht auch so, un hat dieselbe schwarze Haar. Es isch e schön's Kindle. Findscht nit au?‹ Aber er hat's nit finde wolle und hat nur g'sagt: ›Übertax' es nit. Es gibt mehr so. Un's ischt e Kind aus'm Dutzend.‹ Jo, so hat er g'sagt, der garstige Spindelbein: ›'s gibt mehr so, un's ischt e Kind aus 'm Dutzend.‹ Aber der gute Herre, der hat's Pätschle g'nomme un hat's g'streichelt. Un hat mi g'lobt, deß i so brav un g'scheidt sei. Jo, so hat er g'sagt. Und dann sind sie gange.«

All das hatte seines Eindrucks nicht verfehlt, und Melanie war während der Tage, die folgten, immer wieder auf diese Begegnung zurückgekommen. Immer wieder und wieder hatte die Vreni jedes Kleinste nennen und beschreiben müssen, und so war es durch Wochen hin geblieben, bis endlich in den großen und kleinen Vorbereitungen zum Feste der ganze Vorfall vergessen worden war.

Und nun war das Fest selber da, der Heilige Abend, zu dem auch diesmal Rubehns jüngerer Bruder und der alte Prokurist, die sich zur Rückkehr nach Frankfurt nicht hatten entschließen können, geladen waren. Auch Anastasia.

Melanie, die noch vor Eintreffen ihres Besuchs allerlei Wirtschaftliches anzuordnen hatte, war ganz Aufregung und erschrak ordentlich, als sie gleich nach Dunkelwerden und lange vor der festgesetzten Stunde die Klingel gehen hörte. Wenn das schon die Gäste wären! Oder auch nur einer von ihnen. Aber ihre Besorgnis währte nicht lange, denn sie hörte draußen ein Fragen und Parlamentieren, und gleich darauf erschien das Vrenel und trug eine mittelgroße Kiste herein, auf der, ohne weitere Adresse, bloß das eine Wort »Julklapp« zu lesen war.

»Ist es denn für uns, Vreni?« fragte Melanie.

»I denk' schon. I hab' ihm g'sagt: ›'s isch der Herr Rubehn, der hier wohnt. Un die Frau Rubehn‹. Un do hat er g'sagt: ›'s isch schon recht; des isch der Nam'‹. Un do hab' i's g'nomme.«

Melanie schüttelte den Kopf und ging in Rubehns Stube, wo man sich nun gemeinschaftlich an das Öffnen der Kiste machte. Nichts fehlte von den gewöhnlichen Julklappszutaten, und erst als man unten am Boden eines großen Gravensteiner Apfels gewahr wurde, sagte Melanie: »Gib acht. Hierin steckt es.« Aber es ließ sich nichts erkennen, und schon wollten sie den Gravensteiner, wie alles andere, beiseitelegen, als sich durch eine zufällige Bewegung ihrer Hand die geschickt zusammengepaßten Hälften des Apfels auseinanderschoben. »Ah, voilà.« Und wirklich, an Stelle des Kernhauses, das herausgeschnitten war, lag ein in Seidenpapier gewickeltes Päckchen. Sie nahm es, entfernte langsam und erwartungsvoll eine Hülle nach der andern und hielt zuletzt ein kleines Medaillon in Händen, einfach, ohne Prunk und Zierat. Und nun drückte sie's an der Feder auf und sah ein Bildchen und erkannt' es, und es entfiel ihrer Hand. Es war, en miniature, der Tintoretto, den sie damals so lachend und übermütig betrachtet und für dessen Hauptfigur sie nur die Worte gehabt hatte: »Sieh, Ezel, sie hat geweint. Aber ist es nicht, als begriffe sie kaum ihre Schuld?«

Ach, sie fühlte jetzt, daß das alles auch für sie selbst gesprochen war, und sie nahm das ihrer Hand entfallene Bildchen wieder auf und gab es an Rubehn und errötete.

Dieser spielte damit hin und her und sagte dann, während er die Feder wieder zuknipste: »King Ezel in all his glories! Immer derselbe. Wohlwollend und ungeschickt. Ich werd' es tragen. Als Uhrgehäng', als Berloque.«

»Nein, *ich*. Ach, du weißt nicht, wieviel es mir bedeutet. Und es soll mich erinnern und mahnen ... jede Stunde ...«

»Meinetwegen. Aber nimm es nicht tragischer als nötig und grüble nicht zuviel über das alte leidige Thema von Schuld und Sühne.«

»Du bist hochmütig, Ruben.«

»Nein.«

»Nun gut. Dann bist du stolz.«

»Ja, das bin ich, meine süße Melanie. Das bin ich. Aber auf was? Auf *wen?*«

Und sie umarmten sich und küßten sich, und eine Stunde später brannten ihnen die Weihnachtslichter in einem ungetrübten Glanz.

ANHANG

Zur Neuausgabe im Taschenbuch

Text und Anhang dieses Bandes basieren auf der im Carl Hanser Verlag, München, erschienenen Ausgabe: Theodor Fontane: Werke, Schriften und Briefe, herausgegeben von Walter Keitel und Helmuth Nürnberger, Abteilung 1, Band 1, 3. durchgesehene und im Anhang erweiterte Auflage 1990.

Für die Neuausgabe im Taschenbuch bei dtv wurde der Anhang von Helmuth Nürnberger revidiert und ergänzt. Ein Nachwort kam neu hinzu.

Alle Verweise, die sich auf die bereits erschienenen bzw. auf die in absehbarer Zeit erscheinenden Einzelausgaben bei dtv beziehen, wurden mit Siglen und Seitenangaben neu eingerichtet. Bloße Seitenangaben beziehen sich auf den vorliegenden Band. Alle weiteren Verweise auf die Hanser-Fontane-Ausgabe verbleiben mit der Abkürzung HF.

Ausführliche bibliographische Angaben zur im Anhang verwendeten abgekürzt zitierten Literatur und zur Hanser-Ausgabe finden sich auf S. 193 f. Dort sind auch die Siglen der dtv-Bände aufgeführt.

Deutscher Taschenbuch Verlag

Zur Entstehung

Entstehungszeit: Dezember 1879 – April 1880. – *Vorabdruck* in »Nord und Süd«, Bd. 13, Heft 39, S. 299–349 und Bd. 14, Heft 40, S. 47–95. – *Erstausgabe:* März 1882 (S. Schottländer, Breslau). »Neue Ausgabe« (Plattennachdruck der ersten Auflage) 1890 bei F. Fontane & Co., Berlin, die zweite (1891) und die folgenden Auflagen ebenfalls in diesem Verlag. 3000 Exemplare wurden für die Ausgabe »Gesammelte Romane und Erzählungen« (Berlin: Dominik, bzw. Fontane 1890–92), 6000 Exemplare in der Ausgabe »Gesammelte Werke. 1. Serie« (Berlin: Fontane 1905, 1908 und 1911) gedruckt.

Textgrundlage: Erstausgabe. Gegenüber dem Vorabdruck nahm Fontane eine größere Zahl stilistischer Änderungen für die erste Buchausgabe vor. Die relevantesten finden sich im Variantenverzeichnis auf S. 1041 ff.

Nur an einer Stelle haben wir uns für die Lesart des Vorabdrucks (vor der Klammer), die auch mit der Handschrift identisch ist, entschieden: S. 66, 28 Glasbalkon] Glassalon

Eine Ergänzung nach der Handschrift (vgl. A 3, S.. 558) wurde auf S. 82,37 vorgenommen: Frage nur Rubehn.] Frage nur.

Konjekturen finden sich auf S. 98,30: nichts.] nicht. und auf S. 104,4: Schläfen] Schläfe

Zur Entstehung: In den frühesten Niederschriften zu »L'Adultera«, F.s erstem abgeschlossenem Berliner Gesellschaftsroman, hat noch stärker, als das vollendete Werk es erkennen läßt, die Figur des alternden Ehemannes im Vordergrund gestanden; »der Titelheld des Entwurfes ist der Kommerzienrat«, hebt eine Untersuchung der Handschrift des Romans als bezeichnende Abweichung hervor (A 5, S. 547). Der Befund steht in einem gewissen Widerspruch zu einer Äußerung des Dichters (an Lindau am 28. Nov. 1886, vgl. S. 157), aber er bestätigt das Urteil der älteren Kritik, die van der Straaten als die bei weitem interessanteste Gestalt des Romans betrachtet hat. »Im künstlerischen Kern ... dominiert van der Straaten als Charakter und vitale Energie«, urteilt noch Demetz, der »L'Adultera« im übrigen »noch nicht gänzlich von den technischen Konventionen des historischen Romans« befreit sieht und die »Unzulänglichkeiten und Inkonsequenzen, die die unsichere Hand des alternden Anfängers verraten«, mit gespanntem Interesse verfolgt (Peter Demetz, »Formen des Realismus: Theodor Fontane. Kritische Untersuchungen«, München 1964, S. 153 ff.).

Geht die Figur des Kommerzienrats aus der Vorstellungskraft und der typisierenden Einsicht des Autors hervor, so ist die Romanhandlung nur in ihren Grundzügen, nämlich in dem Dreieckskonflikt zwischen einem älteren Mann, seiner noch jungen Frau und dem Liebhaber, von einer vergleichbaren Typik. In der Durchführung ist sie, weil von einem besonderen Vorfall geprägt, durchaus singulär. Sie ist einem Gesellschaftsskandal nachgebildet, der 1874 in den Kreisen der Berliner Großbourgeoisie wie eine Sensation gewirkt hatte. Auch später wurde dieser Vorfall nicht vergessen, so daß »L'Adultera« in den Augen der Leser wie kein anderer Roman F.s den Charakter eines Schlüsselromans behielt. Für die große Provinzstadt Königsberg, wo die hauptsächlich Beteiligten später lebten und eine – zunächst boykottierte – hervorragende gesellschaftliche Stellung einnahmen, gilt diese Beobachtung noch stärker als für das weltstädtische Berlin. Ebenso wie in dem Fall Ardenne, den neben F. in »Effi Briest« auch Friedrich Spielhagen in seinem Roman »Zum Zeitvertreib« benutzt hat, blieben auch hier die literarischen Reflexe nicht auf F. beschränkt. Noch in Hermann Sudermanns »Der tolle Professor. Ein Roman aus der Bismarckzeit« (1926) finden sich einschlägige Motive.

Wann und durch wen F. zuerst von dem Vorfall Kenntnis erhalten hat, wissen wir nicht. Er ist Louis Ravené jun., dem Urbild seines Kommerzienrates van der Straaten, viele Jahre früher in einer Londoner Gesellschaft einmal zufällig begegnet, wie aus dem Brief an J. V. Widmann vom 27. April 1894 hervorgeht (vgl. S. 158). Kurz nach dem Tode Ravenés erschien am 1. Juni 1879 in der »Vossischen Zeitung« ein Artikel von Emil Dominik »Die Geschichte des Hauses Ravené«, den F. aufbewahrte. In der Folge sammelte er auch eine Zeitungsnotiz über die Versteigerung der »Bestände der Treibhäuser des verstorbenen Geheimrath Herrn Louis Ravené«, einen »Katalog der Topf-Gewächse aus den Ravenéschen Treibhäusern, welche am 15., 16. und 17. Oktober 1879 in der Villa Ravené zu Moabit, Werftstraße, versteigert werden«, Artikel über Gartenbau und über die Pflege einer Orangerie. Diese Materialien haben sich im Manuskript von »L'Adultera« (vgl. A 5, S. 539 und 545) erhalten; man ersieht aus ihnen, daß der obengenannte Brief an J. V. Widmann einen in Einzelheiten wohl doch ergänzungsbedürftigen Eindruck der Rollen vermittelt, die Phantasie und Wirklichkeit in F.s Darstellung gespielt haben.

Die Ravenés waren eine Hugenottenfamilie aus Metz. Der Kommerzienrat Louis Friedrich Jacob Ravené sen. kam aus der Stettiner französischen Kolonie. Am 16. August 1823 wurde ihm der Sohn geboren, der die Vornamen seines Vaters erhielt. 1862 wurde der Sohn alleiniger Besitzer der väterlichen Eisenwarengroßhandlung in der Wallstraße zu Berlin und anderer Geschäftsunternehmen. Nicht nur durch seine glänzende geschäftliche Stellung, sondern auch als Kunstsammler war er profiliert und der Erbe seines Vaters, der in der Wallstraße 92 eine bedeutende Galerie begründet hatte. Er heiratete Therese von Kusserow, deren Vater später preußischer Gesandter in Hamburg wurde. Therese war am 12. Januar 1845 in Münster geboren worden und also fast 22 Jahre jünger als ihr Mann. 1866 wurde den beiden ein Sohn geboren, der den Namen Louis Ferdinand Auguste erhielt; die zwei Jahre später geborene Tochter hieß Amélie Henriette Jeanne.

F. hat aus Therese von Kusserow, die deutscher Abkunft war, eine Hugenottin von französisch-schweizerischem Adel gemacht, aus dem Hugenotten Ravené den Emporkömmling Ezechiel van der Straaten. An den Ravenés haftete nichts Parvenuhaftes, allerdings sorgten sowohl der Vater wie der Sohn schon lange vor dem Skandal von 1874 für gesellschaftlichen Klatsch. »Ravené ist ein Sonderling. Er führt trotz seinem großen Reichtum ein verlassenes Dasein, ein unbefriedigendes Familienleben. Mysteriöse Dinge umgeben ihn. In der letzten Zeit fiel er ganz in die Hände eines Schwindlers, den er sein Medium nannte. Er erzählt uns Wunderdinge von ihm und von seiner Somnambule und von ihren Wahrsagungen. Wir halten das alles für Betrug und versuchen, den armen, reichen alten Mann zu warnen. ... Ravenés Sohn ist eine ganz andere Sorte Mensch. Er ist sehr beliebt, einmal, weil es viele lukullische Diners bei ihm gibt, und dann wegen seiner schönen, freilich äußerst koketten Frau. Sie hat wunderbares makartrotes Haar, das alle entzückt. ›Die schöne Therese Ravené‹ heißt sie bei einem großen Teil der Männerwelt, die total vernarrt ist in sie. Ihr Mann hat wohl viel Grund zur Eifersucht, geht aber auch seine eigenen Wege. – Wir waren nicht allzu erstaunt, als wir eines Tages hörten, die schöne Therese wäre ausgerückt – auf Nimmerwiederkehr. Sie hat sich von Herrn Simon, einem Buchhändler in Königsberg, entführen lassen. – Mann und Kinder ließ sie im Stich, um im Laufe der Jahre ihrem ›Simon‹ eine blühende Schar von acht Sprößlingen zu bescheren.« (Catharina von Pommer Esche, »Aus dem Tagebuch meines Bruders«. Berlin 1911, S. 24 f. – Vgl. auch Walter Keitel, »Therese – makartrot. Noch ein Fontane-Kapitel«. In: Neue Zürcher Zeitung, Nr. 424, 12. Sept. 1970.) Diese Angaben Catharina von Pommer Esches sind übrigens nicht durchgehend zuverlässig. So war Gustav Simon nicht Buchhändler, sondern Bankier. Er entstammte der vermögendsten Kaufmannsfamilie der Stadt – als deren »schwarzes Schaf« er jederzeit galt –, der u. a. auch die »Königsberger Allgemeine Zeitung« und Anteile der »Königsberger Hartungschen Zeitung« gehörten.

F. hat nach seiner Erinnerung Therese Ravené »nur einmal in einer Theaterloge ... den Liebhaber (einen Assessor Simon) überhaupt nie gesehn« (vgl. S. 159). Einen Eindruck von Gustav Simon vermittelt Ludwig Pietsch in den Erinnerungen an seinen Aufenthalt in Paris 1863: »Der Salon des Liebreichschen Hauses war ein durchaus internationaler, von Franzosen, Engländern, in Paris ansässigen und durchreisenden Deutschen besucht. Nicht selten wurde Musik und zwar sehr gute in diesen Abendgesellschaften gemacht. In einer solchen hörte ich auch einmal einen jungen Deutschen, der in einem der großen Pariser Bankhäuser angestellt war, einen blonden Königsberger Landsmann, von sehr gescheidtem Aussehen und ungemein gewinnendem Wesen mit großer

Innigkeit des Ausdrucks und virtuoser Technik die Geige spielen. Er nannte sich *Simon*. Ich ahnte damals nicht, welches schöne weibliche Herz in Berlin dieser kluge und energische Spielmann sich zehn Jahre später mit dieser Kunst und seinen anderen natürlichen Gaben erobern, welchen prächtigen, rotgoldlockigen, jugendlichen Frauenkopf er damit in süße Verwirrung bringen und welchem anscheinend fest gegründetem Eheglück ein Ende bereiten würde …« (Ludwig Pietsch, »Wie ich Schriftsteller geworden bin. Erinnerungen aus den sechziger Jahren«. Bd. 2. Berlin 1894, S. 249).

Im November 1874 floh Therese Ravené mit Gustav Simon nach Italien. Ravené willigte in die Scheidung und suchte sie seiner Frau nach Möglichkeit zu erleichtern. Sein Verhalten wurde von der Gesellschaft sehr unterschiedlich beurteilt. Bewunderung und Empörung mischten sich erneut zu allerlei Klatsch. Der zwölfjährige Louis Ferdinand Ravené wurde Paul Harder, dem Prokuristen des Vaters, zu seiner weiteren Erziehung anvertraut. Zufällig war Harders Frau mit Emilie Fontane bekannt. Es ist anzunehmen, daß F. auch aus dieser Quelle Informationen zuflossen, und er ist vielleicht dadurch in der Absicht bestärkt worden, den aktuellen Stoff zu behandeln. Gewiß konnte F. in seinem Berliner Bekanntenkreis noch weitere Erkundigungen über Ravené einziehen, wenn er dessen bedurfte; man denke etwa an Ludwig Pietsch oder an Ludwig Burger, den Illustration der F.schen Kriegsbücher und »Vaterländischen Reiterbilder«, der 1869 den Speisesaal im Hause Ravené mit Dekorationen ausgemalt hatte.

Am 28. Mai 1879 starb Ravené, drei Jahre nachdem seine frühere Frau Gustav Simon in Königsberg geheiratet hatte. Er wurde auf dem Friedhof der Französischen Kirche zu Berlin begraben.

F. begann die Arbeit an »L'Adultera« im Dezember 1879 und beendete sie, laut Tagebuch, im Brouillon einen Monat später (vgl. A 3, S. 539). Obwohl in den folgenden Monaten einige gesundheitliche Störungen den Fortgang der Ausarbeitung behinderten, konnte er das Manuskript bereits Anfang April 1880 endgültig abschließen, mithin in einem für seine Schaffensweise sehr kurzen Zeitraum, hauptsächlich weil das Brouillon nicht, wie später meist üblich, längere Zeit gelagert wurde. Zwar erschien ihm gelegentlich »alles so affig und laffig«, daß er »die Bogen wieder zurückschob« und stattdessen »die geliebten ›Wanderungen‹ vor[nahm], die immer helfen und heilen müssen« (vgl. S. 148 f.); F. setzte sich jedoch über diese Zweifel schließlich hinweg, die in Jahrzehnten erworbene Arbeitsdisziplin war stärker.

Die Handschrift des Romans ist erhalten; sie befindet sich im Märkischen Museum zu Berlin. Vorarbeiten sind im größeren Umfang veröffentlicht worden (vgl. A 3, S. 540 ff.).

Die Rolle, die Ravené als Kunstsammler gespielt hatte, regte F. dazu an, in einem Werk der bildenden Kunst, Tintorettos »Die Ehebrecherin vor Christus«, eine Vorausdeutung zum Romangeschehen zu geben und diese Vorausdeutung auch in den Romantitel aufzunehmen. Die beiden

Reisen F.s nach Italien, die, dem Geschmack der Zeit entsprechend, vor allem Kunstreisen gewesen waren, lagen erst wenige Jahre zurück. Sie haben, wie der Vergleich des Romans mit den Reisetagebüchern zeigt, deutliche Spuren in seiner Darstellung hinterlassen.

F.s Wunsch, »L'Adultera« bereits im Mai-Heft von »Nord und Süd« erscheinen zu sehen, war unerfüllt geblieben, weil der dafür benötigte Seitenraum nicht zur Verfügung stand. In den Monaten Juni und Juli jedoch erfolgte der Vorabdruck. Der Dichter mußte sich nun um einen Verleger für die Buchausgabe bemühen. Seit zwei Jahrzehnten arbeitete er eng mit Wilhelm Hertz zusammen, der mit den »Wanderungen« einen beträchtlichen Erfolg verbuchen konnte. Wenn F. eine Bemühung von Seiten Hertz' erwartet hat, so wurde er enttäuscht. Dieser drängte sich nicht danach, den Roman zu verlegen, vielleicht weil »Grete Minde« nur mäßig erfolgreich gewesen war oder weil dem Berliner Verleger der Stoff bedenklich schien. Das findet sich nirgends ausgesprochen, aber die Übereinkunft, »die ›Adultera‹ mit einer andern Novelle zusammen« – gemeint ist wahrscheinlich »Ellernklipp«, das im Oktober 1881 bei Hertz erschienen ist – »unter einem erst zu bestimmenden, bescheidneren Titel erscheinen zu lassen«, von der F.s Brief an W. Friedrich vom 17. Febr. 1881 berichtet (vgl. S. 150), wurde nicht verwirklicht. F., der Friedrichs Angebot, »L'Adultera« in Verlag zu nehmen, abgelehnt hatte, bot den Roman nun dem Verleger Salo Schottländer in Breslau an, wobei er ein offenbar nicht ganz zutreffendes Bild der bisherigen Verhandlungen gab (vgl. S. 150). Schottländer, der auch die Zeitschrift »Nord und Süd« verlegte, war einer früheren Äußerung F.s zufolge »ein trauriges Subjekt« (an Emilie Fontane am 8. Aug. 1880, HF IV, 3, S. 95). Er nahm F.s Angebot an, allerdings mit erheblichen Abstrichen an der von F. gewünschten Auflagenhöhe (1200 statt 1700 Exemplare) und am Honorar (1000 statt 1500 Mark). Auch über den Wunsch F.s, den Titel des Werkes zu ändern, setzte er sich schließlich hinweg.

In der zweiten Hälfte des Dezembers 1881 begann F. die Durchsicht der Korrekturbogen, die er auch zu stilistischer Durchfeilung nutzte. Am 8. Januar 1882 schloß er diese Arbeit ab, nicht ohne Schottländer seine Enttäuschung über die mangelhafte Leistung der Druckerei und über die Ausstattung des Buches vor Augen geführt zu haben. Damals informierte er auch Hertz über die neuen Vereinbarungen, der ihm unter dem Datum des 3. Januar antwortete, daß er der Novelle »L'Adultera« bei Schottländer viel Erfolg wünsche. »Im Uebrigen dürfen Sie versichert sein und bleiben, daß es uns stets eine Ehre und eine Freude sein wird, durch unseren Verlag ihre Arbeiten darbieten zu dürfen.« (Briefe an Wilhelm und Hans Hertz, S. 517). In einem Brief an F. vom 17. Januar hat Hertz dann in anderem Zusammenhang bemerkt, daß der Verlag z. Zt. fast zuviel Novellen angenommen habe (ebenda).

Anfang März ist »L'Adultera« dann in Breslau erschienen. Ein Exemplar sandte F. an Clementine von Weigel, mit Versen, die einige Befangenheit verraten oder vorspiegeln: »Auf der Reise / Wird alles besser, glücklicherweise. / Vielleicht auch dieses Buches Moral …« (HF I, 6, S. 531). In seiner »Gratulation an ›Nord und Süd‹«, zum Erscheinen des hundertsten Heftes im Juli 1885, hat er geschrieben: »… Du brachtest sogar ›*L'Adultera*‹, / Was ich mit Rührung empfinde.« (HF I, 6, S. 534).

Briefzeugnisse zur Stoff-, Entstehungs- und Wirkungsgeschichte

An Wilhelm Hertz Berlin, 1. Dezember 1879

Paßt es Ihnen, so lassen wir den Druck [von »Havelland«, 2. Aufl.] am 1. Febr: beginnen; bis dahin hoff' ich … mit einem neuen Novellen-Entwurf … fertig zu sein … (HF IV, 3, S. 49)

An Paul Lindau Berlin, 14. Januar 1880

Ich schreibe heute wegen einer Novelle, mit der ich im Brouillon eben fertig bin … Es wird niemand gefeiert, noch weniger gelästert, und wenn ich bemüht gewesen bin, das *Leben* zu geben, wie es liegt, so bin ich nicht minder bemüht gewesen, das *Urteil* zu geben, wie es liegt. Das heißt im Letzten und nach lange schwankender Meinung, freundlich und versöhnlich.

So viel über den Stoff. Ausdehnung etwa dieselbe wie Grete Minde, vielleicht ein Blatt weniger, wahrscheinlich ein paar mehr …

Es ist mir leid, beinah auch um meinetwillen, daß ich Sie just in diesen Tagen inkommodieren muß. … Ich kann es aber nicht gut hinausschieben … (HF IV, 3, S. 57)

An Mathilde von Rohr Berlin, 15. Januar 1880

Seit gestern bin ich mit meiner Novelle fertig, leider auch nur wieder im Brouillon, und eile nun aufgesammelte Briefschulden abzutragen. (Briefe III, S. 192)

An Gustav Karpeles Berlin, 14. März 1880

Ich habe im 2. Halbjahr 79 hintereinander weg drei Novellen geschrieben, mit deren Durcharbeitung – was leider immer länger dauert als das Niederschreiben – ich jetzt beschäftigt bin. Eine, ganz moderner Stoff, ist fix und fertig, und Lindau will sie bringen … (HF IV, 3, S. 65 f.)

An Emilie Fontane Berlin, 20. März 1880

Ich konnte nicht wieder einschlafen … schimpfte einen Morgensegen aus mir heraus und goß ein Glas Kaffee in mich hinein. Und nun wollt ich arbeiten. Aber es ging nicht. Es erschien mir alles so affig und laffig, daß ich die Bogen wieder zurückschob. Ich nahm nun statt dessen die geliebten ›Wanderungen‹ vor, die immer helfen und heilen müssen … Sie sind das Einzige, was mir Freude gemacht hat … (Briefe I, S. 108)

An Gustav Karpeles Berlin, 21. März 1880

Ich bin, dies darf man ja sagen, ein sehr fleißiger Mann, sehne mich beständig nach neuen Arbeiten und werde deshalb an etwas im Wesentlichen Fertigen nicht länger herumbasteln, als nöthig ist, dennoch, weiß ich aus Erfahrung, daß das Corrigiren viel viel länger dauert als das Schreiben. Hab es erst eben wieder bei der für »Nord und Süd« bestimmten Arbeit gesehn. (HF IV, 3, S. 67)

An Emilie Fontane Berlin, 21. März 1880

Morgen hoff' ich endlich wieder an meiner Novelle weitercorrigiren zu können; gestern und heute war es mir unmöglich und ich mußte gröbere Arbeit vornehmen. (HF IV, 3, S. 68)

An Emilie Fontane Berlin, 23. März 1880

… die Novelle muß doch endlich fertig werden. Ich muß sagen, ich sehne mich nach etwas Ruhe. (Briefe I, S. 112)

An Julius Grosser Berlin, 26. März 1880

Ich bin krank, eigentlich schon seit Wochen, was mir den Abschluß meiner Arbeit sehr erschwert.

Ich möchte mir daraufhin folgenden Vorschlag erlauben.

Ich schicke Ihnen … die ganze Geschichte in zierlicher und leicht lesbarer Reinschrift am Dinstag früh, Sie thuen einen Blick hinein und schicken, wenn das Ganze im Wesentlichen Ihre Billigung gefunden hat, die erste Hälfte, die schon wieder übercorrigirt und fix und fertig ist, nach Breslau [zum Verlag], die zweite Hälfte aber an mich zurück, deren Correktur ich dann mit vollkommener Muße vornehmen kann.

All dies hat natürlich nur einen Sinn, wenn ich eine Chance habe, noch in die *Mai*nummer zu kommen. Kann dies nicht sein, muß ich, weil schon andere Zusicherungen vorliegen, bis Juni oder Juli warten, so pressirt auch die Einsendung meines Manuskripts nicht, und ich kann meine Leber-Affektion in aller Seelenruhe durchmachen.

(HF IV, 3, S. 71 f.)

An Julius Grosser Berlin, 29. März 1880

Inzwischen habe ich das Aprilheft von Nord und Süd erhalten. Meine Anfrage erledigt sich dadurch und ich schicke nun in 8 Tagen das Ganze. (HF IV, 3, S. 72)

An Julius Grosser Berlin, 4. April 1880

Besten Dank für Ihre Zeilen vom 2. d. und alles Freundliche, was Sie darin aussprechen, alles Gute, was Sie darin hoffen. Mög' es sich erfüllen. Der Gegenstand, an dem es offenbar werden soll, erfolgt anbei.

Daß es ein Bogen mehr geworden ist, als ich anfangs berechnete, das wird verziehen werden, wenn das Ganze nur verzeihlich ist. Der Titel »L'Adultera« bezieht sich nicht auf meine Heldin, sondern auf einen berühmten Tintoretto dieses Namens, mit dem die Geschichte (im 2. Kapitel) beginnt und auf der letzten Seite schließt. Die Beziehungen ergeben sich von selbst. Ich bedurfte dieses Apparats, um die Geschichte nicht bloß aufhören, sondern auch kunstgemäß (Pardon) abschließen zu lassen.

Ich habe den einzelnen Kapiteln, auf Rath meiner Familie, nur Zahlen gegeben; »Ueberschriften seien altmodisch«. Für den Fall aber daß Sie anders drüber denken, leg' ich meine Ueberschriften bei. Mir ist das eine so recht, wie das andre. (HF IV, 3, S. 72 f.)

An Emilie Fontane Berlin, 5. April 1880

... überarbeitet hab ich mich, um endlich, gestern Abend noch, die berühmte Novelle einsiegeln zu können ... (HF IV, 3, S. 73)

An Emilie Fontane Wernigerode, 11. August 1880

Heute früh goß es noch mit Mollen, aber jetzt hat sichs aufgeklärt ..., und ich denke die schönen Augusttage müssen nun kommen. Es sind jetzt ja die Sternschnuppennächte, an die mein Freund Van der Straaten so anzügliche Bemerkungen knüpfte. (Briefe I, S. 146)

An Wilhelm Friedrich Berlin, 17. Februar 1881

Wegen der »Adultera« hatte ich den Tag vor Eintreffen ihrer freundl. Zeilen mit W. Hertz hierselbst gesprochen. Er empfindet, wie ich selbst, daß der Titel als *Buch*titel zu schreiig ist, und so sind wir übereingekommen, die »Adultera« mit einer andern Novelle zusammen unter einem erst zu bestimmenden, bescheidneren Titel erscheinen zu lassen.

(HF IV, 3, S. 118)

An Eduard Engel Berlin, 9. Juni 1881

Anbei »Ellernklipp« dessen steil-finstrer Abhang lachen kann, wenn er nur halb von der Sonne beschienen wird, die auf L'Adultera fiel. Im Voraus besten Dank für den guten Willen es lesen zu wollen.

(Jahrbuch d. Deutschen Schillergesellschaft 28, 1984, S. 20)

An Salo Schottländer 31. August 1881

»L'Adultera« ist noch frei, Herrn W. Hertz hab ich die Novelle noch nicht angeboten und einen Antrag W. Friedrichs in Leipzig (Verleger des »Magazins«) abgelehnt. – Ich würde mich sehr freuen, wenn Sie folgende Bedingungen akzeptabel fänden. – Auflage 1700; Honorar 1500 Mark; an mich zurückfallendes Verfügungsrecht nach Ablauf von fünf Jahren. – Die Honorarforderung hab ich, unter Zuschlag von 300 Mark, nach dem berechnet, was mir, bei 2/3 Umfang und 1100 Exemplaren, durch Herrn W. Hertz für »Grete Minde« und »Ellernklipp« ... bewilligt worden ist. (A 3, S. 554)

An Salo Schottländer Berlin, 3. September 1881
Ich bin mit allem einverstanden, meine Mehrforderung hatte eine stärkere Auflage zur Voraussetzung, daß Sie bei 1200 über 1000 Mark nicht hinausgehen können, ist mir vollkommen einleuchtend. – Es ist mir eine Freude die Sache reguliert und eine Anknüpfung vielleicht auch für die Zukunft gewonnen zu sehn. Ihre Güte sorgt nun wohl für einen Contrakt oder einen Brief, der die Stelle desselben vertritt. Ebenso seh ich über Ausstattung, Zeit des Erscheinens etc. Ihren Bestimmungen entgegen. (Dichter über ihre Dichtungen, Bd. 2, S. 265)

An [Paul Lindau oder Julius Grosser] Berlin, 5. September 1881
Schottländer wird L'Adultera als Buch bringen. ich freue mich dieser Anknüpfung. (Dichter über ihre Dichtungen, Bd. 2, S. 265)

An Salo Schottländer Berlin, 9. September 1881
Nach Inhalt unseres voraufgegangenen Briefwechsels müßte der Contrakt etwa folgendermaßen lauten:
1. S. Schottländer druckt zwölfhundert Exemplare.
2. Für diese zwölfhundert erhält Fontane nach Beendigung des Drucks tausend Mark.
3. Nach fünf Jahren fällt das Verfügungsrecht an F. zurück.
(Dichter über ihre Dichtungen, Bd. 2, S. 265)

An Salo Schottländer Berlin, 11. September 1881
Anbei der unterzeichnete Kontrakt.

Was den Titel angeht, so proponier' ich Wiederherstellung der alten und ursprünglichen Überschrift:

Melanie Van der Straaten.

Zu »L'Adultera« ließ ich mich bestimmen, weil das Spiel mit dem L'Adultera-*Bild* und der L'Adultera-*Figur* eine kleine Geistreichigkeit, ja, was mehr ist: eine rundere Rundung in sich schließt. In dieser Gegenüberstellung und Parallele lag etwas Verlockendes, das mich anderweite Bedenken zurückdrängen ließ. Aber freilich, diese Bedenken sind mir immer wiedergekommen und haben ihren Grund darin, daß es mir aufs äußerste widerstand und noch widersteht, einer noch lebenden und trotz all ihrer Fehler sehr liebenswürdigen und ausgezeichneten Dame das grobe Wort »L'Adultera« ins Gesicht zu werfen. Es ist zwar alles verschleiert, aber doch nicht so, daß nicht jeder die Gestalt erraten könnte. Vielleicht lassen wir auch dem Buche den neuen Titel. Ich geb aber hierin gerne nach; denn man kann nicht immer seinen Sentiments gehorchen, auch seinen besten nicht.
(HF IV, 3, S. 161 f.)

An Salo Schottländer Berlin, 30. Oktober 1881
Wie steht es mit L'Adultera? Nicht als ob ich ungeduldig würde, ganz im Gegenteil, es ist mir sehr recht, wenn Sie erst nach Monaten damit

vorgehen. Tret' ich diese Weihnachten doch ohnehin schon mit zwei Sachen [»Spreeland« und »Ellernklipp«] heraus, was für meine Verhältnisse sehr viel ist. (Dichter über ihre Dichtungen, Bd. 2, S. 266)

An Salo Schottländer Berlin, 29. Dezember 1881

Seit den Weihnachtstagen bin ich krank, dies mag es entschuldigen, daß die Bogen noch nicht zurück erfolgten. Ich denke aber spätestens bis zum Januar die gute Hälfte und zwei Tage später den Rest schicken zu können. (Dichter über ihre Dichtungen, Bd. 2, S. 266)

An Wilhelm Hertz Berlin, 2. Januar 1882

Zugleich mit diesen Zeilen schick ich einige Correkturbogen von »L'Adultera« (die in »Melanie van der Straaten« umgetauft wurde) an Schottländer in Breslau, der in 4 oder 6 Wochen diese Novelle als Buch bringen will. Die Abmachungen darüber datiren schon aus dem Spätsommer. Ich stand damals auf dem Punkt, Ihnen die ganze Geschichte mitzutheilen, aber ich ließ es, weil ich fürchtete, daß diese Mittheilungen von Ihnen verkannt werden könnten. Und vielleicht werden Sie mir darin Recht geben. Schottländer, gleich in seinem ersten Briefe hervorhebend, daß er, in solchem Weiterbenutzungs-Falle, die Hälfte des Nord und Süd-Honorares als Honorar für die Buch-Ausgabe zu zahlen pflege, bot mir, auf diese Rechnung gestützt, 1000 [Mark]. Ich hätt' also meine Mittheilungen hiermit beginnen müssen, was einer Pression so ähnlich gesehn hätte wie ein Ei dem andern. Und hiervor erschrak ich. So sagt' ich denn zu, neben dem verdoppelten Honorar auch noch durch die Betrachtung bestimmt, daß Ihnen an erneuten *der*artigen Versuchen mit mir schwerlich viel gelegen sein könne. Denn ich habe nun mal kein Glück, und die »Wanderungen« sind nichts als die Ausnahme von der Regel. In der Hoffnung Ihrer Zustimmung zu begegnen ...

(HF IV, 3, S. 173)

An Salo Schottländer Berlin, 2. Januar 1882

Darf ich ... bemerken, daß ich erwartet hatte, »Melanie« würde mehr van-der-Straaten – als rubehnhaft gekleidet erscheinen – ihr Gewand ist *sehr* einfach. Indes, ich lege kein Gewicht darauf und bitte nur auf eines, was sich vielleicht noch abändern läßt, hinweisen zu dürfen. Es ist dies *das*, daß, ganz wie bei Zeitungsdruck, in manchen Zeilen die Wörter in »drangvoll fürchterlicher Enge« stehn und dann wieder wenige, aber wie sperrbeinig und mit eingestemmten Ellenbogen. (A 3, S. 555)

An Wilhelm Hertz Berlin, 3. Januar 1882

... besten Dank für Ihre freundlichen Zeilen. Solche Dinge bilden immer ein difficiles Thema, dessen Behandlung, bei dem kleinsten ungeschickten Ausdruck, leicht zu Verstimmungen oder doch zu Achselzucken führt. All dies vermieden zu sehn, freut mich aufrichtig.

(Briefe an Wilhelm und Hans Hertz, S. 259)

An Salo Schottländer Berlin, 8. Januar 1882
Gleichzeitig mit diesen Zeilen geb' ich sämmtliche Correkturbogen zur Post und habe nur noch den Wunsch, das die Correktur recht genau gemacht werden möge, damit ich bei der Revision rasch drüberhin komme. Ihre Freundlichkeit wird schon Sorge dafür tragen.
(Dichter über ihre Dichtungen, Bd. 2, S. 266)

An Wilhelm Hertz Berlin, 16. Januar 1882
... Dank für ... gef. Uebersendung der Magdeb. Ztng. ... Der Kritiker meint es sehr gut mit mir und was er an L'Adultera tadelt, mag meinetwegen als Tadel fortbestehn. Ich gebe zu, daß man diesen öden Sittlichkeitsstandpunkt haben darf, unter Umständen (wenn man mehr Zelot als Mensch ist) ihn haben *muß*. ... Aber man muß schon zufrieden sein, einer wohlwollenden Gesinnung zu begegnen.
(Briefe an Wilhelm und Hans Hertz, S. 260)

An Otto Marquardt Berlin, 23. März 1882
Eben bringt mir mein Sohn, noch dazu ein werdender Buchhändler, der sich vielleicht einmal an seines Vaters Werken ruiniert, eine Besprechung meiner L'Adultera ins Haus, die das [Berliner] Fremdenblatt heute früh, glaube ich, gebracht hat. Es sind sehr freundliche Worte, die mir um so angenehmer sind, als sich sittlicher und kirchlicher Rigorismus auch anders zu der Frage stellen können (vielleicht müssen) und in der einen oder anderen Kritik mutmaßlich auch stellen werden ...
(Freundesbriefe. Letzte Auslese, Bd. 2, S. 353)

An Salo Schottländer Berlin, 27. März 1882
Dr. E. Engel, Herausgeber des »Magazins f. d. Lit.: d. In- und Auslandes« ließ mich vorgestern wissen, daß er noch kein L'Adultera-Exemplar erhalten habe. Mir ist der Gedanke gekommen, daß vielleicht mein letzter Brief mit Dank und Quittung gar nicht in Ihre Hände gelangt ist. Vielleicht läßt Ihre Freundlichkeit mich ein Wort darüber wissen, vielleicht überhaupt ein Wort darüber, wie's mit Rezensions-Exemplaren und Zusendungen an diese oder jene Person gehalten werden soll. Was Dr. E. angeht, so kann ich ihm leicht ein Exemplar aus meinem Vorrat schicken.

[...]

Die mir gütigst zugesagten 2 Extra-Exemplare hab' ich noch nicht erhalten. (Dichter über ihre Dichtungen, Bd. 2, S. 269)

An Eduard Engel Berlin, 1. April 1882
Besten Dank für die überaus freundliche Notiz im heut empfangenen ›Magazin‹; ich stimme ganz mit Ihnen überein (Schottländer schickte mir Ihre Karte an ihn) daß es kurz abgemacht werden mußte. Doppelt stärkt mitunter, aber noch öfter schwächt' es ab.
(Jahrbuch d. Deutschen Schillergesellschaft 28, 1984, S. 23 f.)

An Eduard Engel Berlin, 18. April 1882

Besten Dank für Ihre Karte.

Mit diesem Dank schick ich zugleich F. M.'s Kritik und einen langen Brief, den ich gestern für meinen freundlichen Verehrer Dr. Th. Zolling bestimmt hatte, schließlich aber doch nicht abschickte, weil ich ihm doch nicht nah genug stehe, auch nicht weiß wie er sich seiner Natur und seinen Anschauungen nach, zur L'Adultera-Frage stellen wird.

In dem Momente, wo Ihre Karte kam, schoß mir's durch den Kopf, daß ich dem Brief blos eine andre Adresse zu geben brauchte, und so klaubte ich ihn aus dem bei Seite gelegten Buchpacket wieder heraus. Ihre Güte wird darin nichts allzu Sonderbares finden und vielleicht dem einen oder andern in dem, was ich zur Richtigstellung der Sache gesagt habe, zustimmen. [...]

Hochgeehrter Herr Doktor. Berlin, 17. April 1882

Ein Exemplar von L'Adultera ist Ihnen muthmaßlich seitens der Verlagshandlung längst zugegangen; ich schicke aber, unter Beifügung einer Fritz Mauthnerschen Kritik, noch ein *zweites* Exemplar, um daran eine ergebenste Bitte zu knüpfen.

Sie werden dem Tone der Kritik leicht abfühlen, daß es nicht von Wohlwollen gegen mich diktirt wurde. Nun Wohlwollen ist nicht geradezu zu fordern, aber Gerechtigkeit, und ich finde, daß er diese mehr als zulässig verletzt. Alles was er schreibt, giebt ein falsches Bild; er schildert einen Biedermeier, der heimlich aus einer Stimulantienflasche genascht hat und nun Zeug zusammenschreibt, das erstens überhaupt nicht paßt, am wenigstens aber zu der *Person* paßt, die plötzlich ihren Johannistrieb und in ihm heimlich die Lust nach einer kleinen Cancannade gekriegt hat. Es ist zum lachen, wenn man mich kennt und nur einigermaßen weiß, wie ernst ich es mit den Dingen nehme, auch mit den leichten und spaßhaften.

Und nun meine Bitte. Schenken Sie der Lektüre des Buches ein paar Stunden, das ist das Erste. Finden Sie danach, daß F. M. Recht hat oder auch nur halb oder auch nur ein Viertel, so bitt ich Sie beide L'Adultera-Exemplare zum Feuertode oder zu Gott weiß was zu verurtheilen, finden Sie aber daß er mir in einer empfindlichen Weise Unrecht thut, so gönnen Sie mir Ihren Beistand. Nicht in einer lobenden Kritik, das wäre nach all dem Freundlichen was Sie jüngst über »Ellernklipp« gesagt haben, nicht gut, aber in einer Art von aesthetischem kleinen Essay, darin Sie sich gar nicht mit meiner Person, kaum mit der Novelle, sondern lediglich mit der Streitfrage beschäftigen. Diese Streitfrage scheint mir *die* zu sein: ist eine solche Darstellung eines solchen Vorgangs (erdichtet oder Wirklichkeit ist gleichgültig) zulässig oder ist sie's nicht?

Lassen Sie mich noch in ein paar Worten sagen, wie ich selber zu der Frage stehe. Das sechste Gebot ist ein gebot so gut wie jedes andre und ist nicht dazu da gebrochen sondern gehalten zu werden. Das ist Paragraph eins. Indessen die Ehe wird hundert und tausendfältig unter

Verhältnissen gebrochen, die dem schuldigen Theil zwar nicht Zustimmung aber doch nach längrer oder kürzrer Frist eine Verzeihung sichern. Diese in vielen Fällen eintretende *Verzeihung*, ist gerade so bestimmt eine sich täglich vor Augen stellende Thatsache, wie der Fehltritt selbst und der Roman- oder Novellenschreiber, dem, nach meiner Meinung vom Metier, nichts andres obliegt als künstlerische Darstellung der Wirklichkeiten, hat mit der Thatsache des seitens der Gesellschaft ertheilten *Pardons* gerade so gut zu rechnen wie mit der Thatsache der voraufgegangenen Schuld. Er hat auch diesen Pardon zu verzeichnen und wird seine Aufgabe, namentlich einem so heiklen Punkt gegenüber, um so vollkommener lösen, je *objektiver* er verfährt. Dieser Objektivität hab ich nachgestrebt und habe, indem ich stets *andre* das Für und Wider durchdebattiren lasse, persönlich nirgends Partei ergriffen. Nur in der letzten Zeile geschieht es, ich weiß kaum selber gewollt oder nicht gewollt. Aber daß es geschieht, daß diese Zeile dasteht, ist mir lieb. Denn es ist dadurch *das* zum Ausdruck gekommen, was mein Herz in dieser delikaten Frage fühlt, und nach einem im Herzen der Gesellschaft immer lebendiger und mächtiger werdenden stillen Uebereinkommen auch fühlen *darf*. Dieser Satz lautet: »Ehebruch ist Sünde, gewiß, aber unter Umständen (wobei jeder Einzelfall zu prüfen) eine *läßliche* Sünde.« Diesen Satz unterschreibe ich de tout mon cœur. Er ist stillschweigend Sitte geworden, und wenigstens *ihm* gegenüber (denn ich beuge mich nicht jeder Sitte) fühl ich keinen Beruf besser zu sein als meine Zeit. Im Gegentheil, es ist ein Glück aus dem todten Katechismus-Satz heraus zu sein. Respekt vor dem Gesetz, aber nicht vorm Rigorismus.

(Jahrbuch d. Deutschen Schillergesellschaft 28, 1984, S. 26 ff.)

[An Wilhelm Röseler?] Thale, 15. Juni 1882

Verhältnismäßig spät, erst wenige Tage vor meiner Abreise von Berlin, erfuhr ich durch Fr. Stephany, daß ich *Ihnen* für die überaus freundliche Kritik über »L'Adultera« zu Dank verpflichtet bin. Ich wollte gleich schreiben, kam aber nicht dazu, zum Theil weil ich ganz herunter war. Das erste Stadium der Wiedergenesung benutz' ich zur Abtragung mannigfacher Briefschulden, darunter in erster Reihe an Sie. Kindische, auch wohl böswillige Angriffe, die sich in der »Post« damals gegen meine Novelle richteten, machten mir Ihre, meinen Intentionen gerecht werdende Besprechung doppelt werth. (Kehler, S. 65)

An Otto Brahm Thale, 23. Juni 1882

Das nenn ich kritisiren [Paul Schlenthers Besprechung in der in Königsberg erscheinenden »Tribüne« am 18. Juni 1882]! Es wird mir nichts geschenkt, oder wenigstens nicht viel, und die schwachen, angreifbaren und namentlich auch die sehr in *Frage* zu stellenden Seiten meiner Arbeit werden herausgekehrt. Aber nebenher läuft doch zweierlei: das Anerkenntniß, daß man es mit einem ordentlichen und anständigen Menschen, und zweitens das Anerkenntniß, daß man es mit einem sein Metier ernsthaft übenden, anständigen Künstler zu thun hat. Den Künstler nehm ich noch mehr für mich in Anspruch als den Dichter. Also nochmals besten und aufrichtigsten Dank. Ich bin nun seit beinah vierzig Jahren Schriftsteller, aber unter den mehr als tausend Kritiken, die sich mit mir beschäftigt haben, sind keine zehn, vielleicht keine sechs, die dieser gleichkommen, und ist nicht eine, die dieser den Rang abläuft. Was über Ruben oder Rubehn gesagt ist, was ferner über meine Manier, alles sprungweis zu behandeln und die Stationen, wo Seidel getrunken wurden, sozusagen durch Schnellfahren wieder einzubringen – alles ist richtig, alles unterschreib ich. Ganz vorzüglich ist auch der Schluß, wenn auch vielleicht nicht in der Motivirung. Der Grund der Anfechtung liegt genau da, wo für andre (z. B. mal im Magazin) der Grund einer besondern Anerkennung gelegen hat. Wenige haben den Muth und die Kraft, sich behufs Zeugnißablegung, die Dinge des Lebens so anzusehn, wie sie liegen; die Mehrheit kann aus dem Conventionalismus nicht heraus und hält an elenden, längst Lüge gewordenen Phrasen fest. Die Minorität anderseits gefällt sich darin, zu *sehr* damit zu brechen, zu gründlich damit aufzuräumen und dadurch ich will nicht sagen das Recht ihrer Tendenz und der Äußerung derselben, aber doch die Fähigkeit, das einfach Thatsächliche zu sehen und zu schildern, einzubüßen.

(HF IV, 3, S. 193)

An Martha Fontane Berlin, 24. August 1882

In Grete Minde und Ellernklipp herrscht eine absolute Simplicitätssprache, aus der ich, meines Wissens, auch nicht einmal herausgefallen bin, in L'Adultera und Schach v. Wuthenow liegt es umgekehrt. Deshalb kann ich moderne Salon-Novellen meistens nicht lesen, weil alles was gesagt wird, so langweilig, so grenzenlos unbedeutend ist ...

(HF IV, 3, S. 206)

An Martha Fontane Berlin, 5. Mai 1883

Frau Gude ... sagte mir viel Verbindliches über L'Adultera, was mir aufs Neue bestätigte, daß die Geschichte für natürliche und anständige Menschen keine Spur von Bedenklichem enthält; sie nehmen es einfach als *das*, als was ich es gegeben habe: ein Stück Leben, ohne jede Neben-Absicht oder Tendenz. Wär' ich nur 10 Jahre jünger, so wäre ich auch sicher, daß ich damit durchdringen und in *so* weit sogar besser als Turgenjew und Zola (wenn auch selbstverständlich mit geringrem äußrem Erfolge) reussiren würde, als meine Schreibweise von zwei Dingen völlig frei ist: von Uebertreibungen überhaupt und vor allem von Uebertreibungen nach der Seite des Häßlichen ist. Ich bin kein Pessimist, gehe dem Traurigen nicht nach, befleißige mich vielmehr alles in jenen Verhältnissen und Prozentsätzen zu belassen, die das Leben selbst seinen Erscheinungen giebt. (HF IV, 3, S. 242 f.)

An Friedrich Fontane Berlin, 16. November 1885

Das Fest am 3. verlief sehr hübsch und was über junge Colonie-Schönheiten in den Zeitungen gestanden hat war keine Uebertreibung. Bei Tische – an der Béringuier-Tafel – hatten wir relativ gute Plätze: Mama saß neben einem Herrn Ravené (wahrscheinlich Bruder oder Vetter meines Van der Straaten in L'Adultera) während meine Nachbarin eine reiche Frau Dinglinger geb. Fonrobert war, Wir plauderten ganz angenehm ... (HF IV, 3, S. 434)

An Paul Lindau Berlin, [28. November 1886]

Als ich vor beinah 8 Jahren mein »L'Adultera« wohl oder übel schrieb, lag mir vorwiegend daran, ein Berliner Lebens- und Gesellschaftsbild zu geben, das Zuständliche, die Scenerie war mir Hauptsache. Damals, glaub' ich, hatte das auch eine Berechtigung; aber 8 Jahre haben viel geändert, uns weitergeführt, und heute sind die Gestalten, die Charaktere die Hauptsache. (HF IV, 3, S. 503)

An Eduard Engel Berlin, 18. April 1887

Hinter L'Adultera werde ich wohl immer zurückbleiben, wenn ich es nicht mit *den* zwei Geschichten zwinge, die in der Vossin erscheinen sollen, die eine [»Irrungen, Wirrungen«] in diesem, die andre [»Stine«] im nächsten Sommer. Beide wieder berlinisch Vollblut.

(Jahrbuch der Deutschen Schillergesellschaft 28, 1984, S. 55)

An Emilie Fontane Seebad Rüdersdorf, 10. Juli 1887

Aber weshalb ich eigentlich heute noch schreibe? Ich habe gestern die 4 Bogen (64 Seiten) gelesen, die den Anfang von Lindau's ›Arme Mädchen‹ enthalten. Eine ganze Weile war ich nicht sonderlich befriedigt, von dem Augenblick an aber wo der Charakter der Regine v. Sellnitz in den Vordergrund tritt und nun der Gang in die Oper und die Logenscene zwischen ihr und dem jungen Roué (auch eine famose Figur) geschildert wird, interessirte mich die Geschichte nicht blos, sondern imponirte mir auch. Ich hätte nicht gedacht, daß Lindau etwas so Hervorragendes schreiben könne; die Scene selbst ist tiefwahr, der Dialog wundervoll, die Wirkung bedeutend. Leute wie unser guter Ottowald werden vielleicht sagen ›daß sie so was Ordinäres und nach Bums Schmeckendes nicht lesen können‹, aber der Kleine könnte lachen, wenn er *so* etwas schreiben könnte. Dazu gehört eine andre Puste, als er besitzt. Die Aehnlichkeit mit ›Irrungen, Wirrungen‹, auch mit L'Adultera, Cécile und Stine ist mitunter außerordentlich groß, aber der Geist, aus dem heraus wir schreiben, ist ganz verschieden. Er beherrscht die Welt ganz anders wie ich und ich stehe was wissen, Eingeweihtsein, Anschauungen etc. angeht wie ein Waisenknabe neben ihm, aber in diesem blos halben Wissen und in dem Gezwungensein dichterisch nachzuhelfen, stecken auch wieder meine Vorzüge. Hierbei fällt mir die kleine Kritik über Hopfens neuste Novelle ein, die Du heute Deiner Sendung beischlossest. Es ist ganz gut geschrieben und in Kurzem alles Nöthige zutreffend und charakteristisch gesagt. Und *doch* kann ich diese Sorte von Kritikerei nicht gutheißen. Hopfens Arbeit ist hervorragend, eigenartig, keine Dutzendarbeit. *Das* muß in erster Reihe gesagt werden. Wer aber diese Kritik liest, wird ihr nicht entnehmen können, daß es sich verlohnt, ein Buch wie dies Hopfensche zu lesen. (HF IV, 3, S. 547 f.)

An Georg Friedlaender Berlin, 28. März 1889
So gut wie mit der Frau Ravené, die als Frau Simon ein neues, besseres Leben anfing, – so gut schließt es nicht immer ab. Ja der Frau Ravené-Fall ist ein Ausnahmefall. (Briefe an Friedlaender, S. 105)

An Fritz Mauthner Berlin, 14. Januar 1890
Zu gleicher Zeit [nämlich während der Korrektur von »Stine«, die in Mauthners Monatsschrift »Deutschland« vorabgedruckt wurde] will E. Dominik mit einer Gesamtausgabe in Heften beginnen und L'Adultera soll den Reigen eröffnen. Einige werden ssagen: der alte Kerl ist verrückt geworden. (Fontane-Blätter, 39, 1990, S. 7)

An Paul Pollack Berlin, 10. Februar 1891
Seien Sie schönstens bedankt für Ihre liebenswürdigen Zeilen, besonders auch für die Bedenken, die Sie gegen L'Adultera [in 2. Auflage erschienen] äußern. Aus solchen Bedenken spricht oft mehr als aus Anerkennungen die echte und rechte Teilnahme und diese Teilnahme ist das Beste, was der Arbeit und einem selber werden kann.

Dem von Ihnen geäußerten Bedenken bin ich Anfang der 80er Jahre, wo die Novelle erschien, vielfach begegnet und ich habe mich nie dagegen gestellt. Dennoch bin ich unbekehrt geblieben und würde es jetzt gerade so schreiben, wie vor 10 Jahren. Ich glaube, beide Parteien haben Recht und der Streit ist nichts als das Resultat zweier gegenüberstehender Kunstanschauungen. Soll die Kunst den Moralzustand erhalten oder bessern, so haben *Sie* Recht, soll die Kunst einfach das Leben widerspiegeln, so habe *ich* Recht. Ich wollte nur das Letztre. Die Geschichte verlief so und die Dame, um die sich's handelt, sitzt unter einer Menge von Bälgen, geliebt und geachtet, bis diesen Tag oben in Ostpreußen.
(HF IV, 4, S. 95 f.)

An Joseph Viktor Widmann Berlin, 16 Februar 1894
L'Adultera und Kriegsgefangen Ihnen senden zu dürfen, ist mir eine große Freude und binnen weniger Wochen werden beide Bücher bei Ihnen eintreffen ... (HF IV, 4, S. 332)

An Joseph Viktor Widmann Berlin, 27. April 1894
Meine L'Adultera-Geschichte hat mir damals, als sie, ich glaube 1880, zuerst in Lindaus »Nord und Süd« erschien, viel Anerkennung aber auch viel Ärger und Angriffe eingetragen. Seitens der Lobredner hieß

es: »da haben wir wieder einen Berliner Roman«, aber die Philister und Tugendwächter, deren Tugend darin besteht, daß sie die Tugend *nicht* bewachen, sondern sie nur immer weiter behaupten, auch wenn sie längst weg ist, – diese guten Leute beschuldigten mich neben andrem der Indiskretion. Sie gingen davon aus – und dies erklärt manches – ich sei so was wie ein eingeweihter Hausfreund in dem hier geschilderten Ravenéschen Hause gewesen. Dies war nun aber ganz falsch. Ich habe das Ravenésche Haus nie betreten, habe die schöne junge Frau nur einmal in einer Theaterloge, den Mann nur einmal in einer Londoner Gesellschaft und den Liebhaber (einen Assessor Simon) überhaupt nie gesehen. Ich denke, in solchem Falle hat ein Schriftsteller das Recht, ein Lied zu singen, das die Spatzen auf dem Dache zwitschern. Verwunderlich war nur, daß auch in Bezug auf die Nebenpersonen alles, in geradezu lächerlicher Weise, *genau* zutraf. Aber das erklärt sich wohl so, daß vieles in unsrem gesellschaftlichen Leben so typisch ist, daß man, bei Kenntniß des Allgemeinzustandes, auch das Einzelne mit Nothwendigkeit treffen muß. (HF IV, 4, S. 347)

Anmerkungen

7 *L'Adultera:* Die Ehebrecherin. Dem Titel folgt in der Erstausgabe der Untertitel »Novelle«. Dieser Untertitel ist in der »Neuen Ausgabe« von 1890, einem Plattennachdruck der 1. Auflage, in »Roman« geändert worden. – *van der Straaten:* Der Name erscheint als Manasse Vanderstraaten in Karl Gutzkows »Uriel Acosta«. Vgl. F.s Urteil über dieses Drama gegenüber Maximilian Ludwig am 29. April 1873 (HF IV, 2, S. 430) und seine Rezension vom 1. Feb. 1879 (HF III, 2, S. 388 ff.); vgl. den Namen Vandembosch in »Tuch und Locke« (HF I, 7, S. 185). – *Große Petristraße*: existierte unter diesem Namen nicht, wohl aber gab es eine nahe der Petrikirche gelegene (kurze) Petristraße; vgl. »Meine Kinderjahre«, 1. Kap.: »Die Witwe [F.s Großmutter Labry] bezog ein in der Nähe des Petriplatzes gelegenes Haus ... In eben dieser Wohnung erlebte meine Mutter den Brand der Petrikirche ...« (HF III, 4, S. 16). – *alteriert:* hier: nachteilig verändert. – *»geflügelte Worte«:* Herkunft des Begriffs aus Homers »Ilias« und »Odyssee«, woher Georg Büchmann den Titel für seine berühmte Zitatensammlung nahm. – *Observanz:* Herkommen, Regel. – *»aus seinem Herzen keine Mördergrube ...«:* Vgl. Matth. 21,13. – *Konventikler:* Sektierer, die sog. Stillen im Lande, die sich von der Landeskirche abgesondert haben; ein für F. besonders interessanter Menschentyp; vgl. etwa »Ellernklipp«, 8. Kap. (El, S. 50 und Anm.). – *Predigtamtskandidat:* von F. wiederholt ironisch beleuchteter Berufsstand, vgl. bereits »Meine Kinderjahre«, 13. Kap. (HF III, 4, S. 130 ff.).

8 *um den Teufel auszutreiben ... Beelzebub zitiert:* Vgl. Matth. 12,24 und 27. – *»O rühret, rühret nicht daran«:* aus »Wo still ein Herz von Liebe glüht« von Emanuel Geibel (»Gedichte«, 1840). – *Repartis:* Entgegnungen. – *Gutzkowschen Vanderstraaten:* Vgl. Anm. zu S. 7. – *Ezechiel:* biblischer Name (Hesekiel), »Gottes Stärke«; einer der sog. großen Propheten. – Wilhelm Johann Gottfried *Roß:* 1772–1854, Propst an der Berliner Nikolaikirche, Vorstand des Schindlerschen Waisenhauses, 1836 Bischof; vgl. die Erstveröffentlichung des Entwurfs »Bischof Roß« in unserer Ausgabe (W 3, S. 798 ff.). – *Honneurs seines Hauses ... durch eine Judith ... seine Tochter:* Anspielung auf die Figur der Judith Vanderstraaten, einer Tochter des reichen jüdischen Handelsherren in Gutzkows »Uriel Acosta«. – *Melanie:* Name aus Gutzkows vielgelesenem Roman »Die Ritter vom Geiste« (1850 f.). – *Scherz und Ernst:* Vgl. F.s Gedicht »Ernst und Scherz«: »... Haben beid' in eines Herz / Raum auch sonder Zweifel ...« (HF I, 6, S. 297 f. und Anm.).

9 *Caparoux:* wörtlich: Rotmützchen, noch in der Gegenwart als Adelsname vertreten: Vgl. jedoch die »Geschichte von Rotmützeken«, auf die F. in »Quitt«, 28. Kap., anspielt (Qu, S. 200 und Anm.); sie findet sich bei Wilhelm Schwartz, »Sagen und alte Geschichten der Mark Brandenburg«, 3., verm. Auflage, Berlin 1871, S. 147. – *Debets:* Schulden. – *Ezel:* nach der Nibelungensage, Name des Hunnenkönigs (Etzel). – *Subskriptionsball:* Die Teilnehmer dieser Gesellschaftsbälle im Opernhaus zeichneten vorher einen größeren Geldbetrag auf einer Liste.

10 *hochpaneelierten:* hochgetäfelten. – *Petrikirchturme:* Vgl. Anm. zu S. 7 *(Große Petristraße).* – *»Er schreibt zu gut«:* F. denkt offensichtlich an Ludwig Pietsch, der in der »Vossischen Zeitung« auch über Bälle und andere Gesellschaftsereignisse berichtete. F. genoß diese Berichte, wie es sein Brief an Pietsch vom 6. Okt. 1880 zeigt, den er als »Ihr alter Talentverehrer Th. Fontane« unterschreibt, bemerkte aber wohl auch über Pietschs Darstellungsweise: »Manchmal übertröpfeln Sie sich und überwürzen den Wein ...« (Fontane-Blätter, Bd. 2, Heft 1, S. 34 und 44). – *in vestalisch-priesterlicher Unnahbarkeit:* nach Vesta, der römischen Göttin des Herdfeuers, die daneben noch einen besonderen Staatskult hatte; ihn besorgten die sechs Vestalinnen, Vertreterinnen der Hausfrau am römischen Staatsherd, die während ihrer dreißigjährigen Amtszeit zur Keuschheit verpflichtet waren. – *Ambassaden:* Gesandtschaften. – *in Genf:* als dem Ausgangspunkt der Wirksamkeit des Calvinismus (vgl. auch Anm. zu S. 13). – *Sieht doch die Katz' den Kaiser an:* wohl aus dem Englischen kommendes Sprichwort, vgl. W. A. Smith, »The Oxford Dictionary, of English proverbs«, Oxford 1935, p. 4: »A cat may look at a king.« In Osterreich geläufige Form: »Schaut doch die Katz den Bischof an / Und das ist ein geweihter Mann.«

11 *Das Beste ... die Witwenschaft ... ›le Veuvage‹ ... Pariser Wirtin:* Vgl. F.s Brief an Lise Mengel vom 25. Feb. 1895: »Denn wenn ich auch meinem alten Freund Lepel in der Versicherung ›daß veuvage das Höchste sei‹ (eine Französin hatte ihm das mal versichert) nicht beistimmen kann, so steht doch Strohwittwerschaft, männlich wie weiblich, sehr hoch.« (HF IV, 4, S. 427 f.); s. auch die Witwengestalten in F.s Romanen, etwa die Witwe Pittelkow (St, S. 7 und S. 26) und die Witwe Hansen (Un, S. 78). – *Kanevas:* hier: gitterartiges Gewebe als Grundlage für Stickereien. – *am meisten fesselte ... Gegensätze:* Ehewahlmotiv F.s und seines Vaters, auch ästhetischer Faktor des für F. so bedeutsamen Begriffs »apart«. – *ein paar Flokken federten und tanzten:* Bild der beweglichen, empfindsamen Natur, das bei F. immer wiederkehrt; vgl. etwa den Brief an Georg Friedlaender vom 27. Nov. 1887: »Heut ist es aber sicher-still und dabei so lautlos, als ob Schneeflocken fielen und doch liegt nur das mondscheinene elektrische Licht draußen auf den Straßen.« (HF IV, 3, S. 570); s. auch Un, S. 145 und S. 219, ferner »Effi Briest«,

18. Kap. (EB, S. 151). – *Etwas wie Sehnsucht:* Vgl. »Grete Minde«, 9. Kap. (GM, S. 43 und Anm.). – *persiflieren:* geistvoll, in feiner Weise verspotten; hier die Verbergung der eng mit dem Flockenspiel verbundenen Sehnsucht durch Selbstpersiflage. – *Brüderstraße:* Parallelstraße zur Breiten Straße, zwischen Schloßplatz und Petrikirche.

12 *Kolli:* Frachtstücke, gemeint ist hier also: ein Kollo. – *Eckfenster:* von F. wiederholt in einer Beziehung zur Erzählhandlung gesetzt, vgl. »Schach von Wuthenow«, 3. Kap. (SW, S. 26 und Anm.); s. auch S. 37, St, S. 12 und 52. – *Simson:* Samson, der starke hebräische Held, der, von Gott begnadet, Kraft hat, solange er seinen Gelübden treu bleibt; vgl. auch das Gedicht des jungen F. »Simsons Tod« (HF I, 6, S. 655 f.). – *Wieland:* Held der germanischen Sage, der entgegen einem ausdrücklichen Verbot um die Tochter des Königs Nidung, Bathilde, wirbt, worauf ihn der König gefangennehmen und ihm die Sehnen durchschneiden läßt. Später tötet Wieland aus Rache die Söhne des Königs und gewinnt Bathilde. – *der »Meister«:* Richard Wagner, der bereits 1850 ein Opernbuch »Wieland der Schmied« skizziert hatte, das er jedoch nicht unterbringen konnte. In seiner im selben Jahr erschienenen theoretischen Schrift »Das Kunstwerk der Zukunft« hatte er die Sage als ein Beispiel für die dem Volke innewohnende poetische Kraft erzählt; der Entwurf seines »Wieland der Schmied« ist dann 1872 im 3. Band der »Gesammelten Schriften und Dichtungen« (1871–83) erschienen. – Antonio *Salviati:* 1816–90, Industrieller, der mit großem Erfolg in seiner auf Murano bei Venedig 1860 gegründeten Fabrik die Wiederbelebung der alten Glasfabrikation Venedigs und der Mosaikkunst in der alten Technik in Angriff nahm. Er restaurierte die Mosaiken von San Marco und arbeitete dann für verschiedene europäische Städte, so für die Siegessäule in Berlin. Eine der Arbeiten S.s in Deutschland war ein riesiges Mosaikbild des hl. Christophorus an der Stadtseite des Turmes der Cochemer Burg, die seit 1868 Ravenéscher Familienbesitz war.

13 *perorierte:* sich verbreitete. – *Tintoretto:* »das Färberlein«, eigentlich Jacopo Robusti (1518–94), führender Meister der venetianischen Malerei. F., der sich während seiner Italienreise wiederholt mit Tintoretto beschäftigt und ihn in Briefen und Notizen ganz ablehnend beurteilt hat, kannte sowohl dessen frühes Gemälde »Die Ehebrecherin vor Christus«, das sich in der Gemäldegalerie in Dresden befindet, als auch das Werk des Malers über dasselbe Thema in der Academia di belle Arti in Venedig (vgl. N XXIII/2, S. 21). In einem Entwurf F.s zum 2. Kapitel seines Romans wird ausdrücklich noch bemerkt: »Es war ein Tintoretto, und zwar eine in Dresden angefertigte Kopie nach der ›Ehebrecherin‹.« (A 3, S. 546). Zu F.s Urteil über T. vgl. besonders den Brief an Karl und Emilie Zöllner vom 10. Okt. 1874 (HF IV, 2, S. 478); s. auch »Graf Petöfy«,

14. Kap. (GP, S. 94 und Anm.) und das Fragment »Die Goldene Hochzeitsreise«, das die Jubilare auch vor Tizians »Bild von der ›Ehebrecherin‹« in Venedig führt (HF I, 7, S. 251). – *»›Wer unter Euch ohne Sünde ist,«:* Vgl. Joh. 8,7; das Evangelium erzählt die Szene im Tempel, da die Schriftgelehrten und Pharisäer eine des Ehebruchs Überführte zu Christus bringen und ihn fragen, was mit ihr geschehen solle. – *so viel Unschuld in ihrer Schuld:* Vgl. auch »Graf Petöfy«, 33. Kap.: »Schuld! ... das häßlich anmaßliche Wort ...« (GP, S. 178). – *alles wie vorherbestimmt:* Anspielung auf die Prädestinationslehre Calvins, von der auch F. stark beeinflußt war, vgl. etwa »Grete Minde«, 3. Kap. (GM, S. 21 und Anm.).

14 *die Galerie:* Gemeint ist van der Straatens Privatgalerie, wie sie in der Wirklichkeit Ravené besessen hatte – eine der bedeutendsten privaten Kunstsammlungen Berlins. – *medisieren:* spötteln, lästern. – *Suboff ... zwei Brüder ... ermordeten ... Kaiser Paul:* Fürst Plato S., letzter Günstling der Zarin Katharina, und sein Bruder Nikolaus S. gehörten zu den führenden Persönlichkeiten der Verschwörung gegen den geisteskranken Paul I. (1754–1801), 1796 Zar von Rußland. Der Anschlag erfolgte am 23. März 1801 gegen Mitternacht, der Zar wurde ermordet, nachdem er sich geweigert hatte, die Abdankungsurkunde zu unterzeichnen.

15 *Memento mori:* Denke an den Tod. Wahlspruch verschiedener Mönchsorden, z. B. der Kamaldulenser, die das Kloster San Michele di Murano bei Venedig um 1300 gegründet hatten, und die F. hier wohl mit den *Kapuzinern*, einem Zweig der Franziskaner, verwechselt. – *auch in ihrer Furcht unterscheiden sich die Menschen:* bezeichnend für das psychologische Interesse F.s an dem Unterscheidenden, an den Nuancen, am Aparten. – *einmauern ... ›Melanie, die Nonne‹:* eine der wiederholten Anspielungen F.s auf die Historie von der eingemauerten Nonne, vgl. »Grete Minde«, 9. Kap. (GM, S. 45 und Anm.).

16 *Es kommt, was kommen soll:* Vgl. Anm. zu S. 13 *(alles wie vorherbestimmt).* – *c'est tout:* das ist alles. – *Dänenprinz ... Träumer:* der Titelheld in William Shakespeares Trauerspiel »Hamlet. Prinz von Dänemark«, das F. immer wieder beschäftigt, das er auch übersetzt hat. »Sein oder Nichtsein« ist Zitat aus dem berühmten Monolog Hamlets (III, 1).

17 *die ›gestrengen Herren‹:* die Eisheiligen, der 11.–13. Mai (Mamertus, Pankratius und Servatius). – *Courtoisien:* Ritterlich-, Artigkeiten. – *Revers:* Kehrseite.

18 *eine ganz besondere Beichte:* Vgl. zum Aufbau des folgenden Gesprächs die Unterhaltung zwischen Eduard und Charlotte in Goethes »Wahlverwandtschaften«, Erster Teil, 1. Kap., an die es deutliche Anklänge zeigt. – *Generalpardon:* eigentlich die vom Staate ausgesprochene allgemeine Begnadigung (Amnestie) im Unterschied zur Einzelbegnadigung. – *nicht den Vorzug, ein Kind ... eurer Stadt zu*

sein: Anspielung F.s auf die Herkunft Therese Ravenés (vgl. »Zur Entstehung«, S. 145).

19 *Eh bien, Etzel, Faisons le jeu:* Nun gut, Etzel, machen wir das Spiel. – *Ebenezer:* wörtliche Bedeutung: »Stein der Hilfe«, Ort bei Mizpa, wo Samuel ein Denkmal zur Erinnerung an den Sieg über die Philister errichtete (1. Sam. 4,5; 7,12). – *Rubehn:* Vgl. »Wanderungen«, ›Oderland‹, ›Das Oderbruch‹: »... ein geborener Oderbrücher, der Lehrer *Rubehn* ...« (W 1, S. 578 und Anm.); R. war Sagensammler und übermittelte F. u. a. die »Geschichte vom ›Rotmützeken‹« (Caparoux!), die dieser nacherzählt. – *Accent grave:* Zeichen für schwere Lautbetonung. – *alle zwölf Söhne Jakobs ... er selber als Flügelmann:* Ruben war der älteste Sohn Jakobs; vgl. auch »Ellernklipp«, 4. Kap. (El, S. 29 und Anm.). Melanie spielt auf die jüdische Abkunft Rubehns an. – Peter Paul *Rubens:* 1577–1644, der große, von F. in seinen Arbeiten über Themen der bildenden Kunst oft erwähnte, niederländische Maler.

20 *Krugs Garten:* Gartenlokal an der Westseite des Lützowplatzes, 1883 eingegangen. – *Gesandtschaftsattaché:* Vgl. »Meine Kinderjahre«, 13. Kap., über die Auffassung der Mutter F.s: »Reich sein, Besitz ... alles womöglich unterstützt von den Allüren eines Gesandtschafts-Attachés, – *das* war etwas, das schloß Welt und Herzen auf ...« (HF III, 4, S. 123). – *Bändchen ... Ehrenlegion:* Die Offiziere und Ritter der Ehrenlegion tragen das Ordensband im Knopfloch. – *bei den fünften Dragonern:* das Dragoner-Regiment Freiherr von Manteuffel (Rheinisches) Nr 5, das in Hofgeismar garnisonierte. – *Chartres und Poupry:* Schauplätze heftiger Kämpfe im Dezember 1870, vgl. »Der Krieg gegen Frankreich 1870–1871«, Bd. 2, S. 487–91; die 5. Dragoner waren nicht beteiligt.

21 *›Die Mohrenwäsche‹:* das seinerzeit populäre Gemälde von Karl Joseph Begas (1794–1854), 1842 entstanden (dargestellt ist ein kleines Mädchen, das mit einem Schwamm eine Negerin abzuwaschen versucht). Das Bild befand sich in der Sammlung Ravené; eine Kopie in der Berliner Nationalgalerie ist im Zweiten Weltkrieg vernichtet worden. – *Simplicitas:* Einfalt. – *Haas:* anscheinend erfundener Name.

22 *Der engere Zirkel:* als »circle intime« F. schon aus der Kindheit geläufig; vgl. auch den Kapiteltitel »Kleiner Zirkel« in »Vor dem Sturm« (VS, S. 446). – *Alsenstraße:* ursprünglich zwischen Kronprinzenufer und Königsplatz (dem späteren, erweiterten »Platz der Republik«), vgl. auch St, S. 85 und Anm. *(Square);* s. auch den Entwurf »Berlin 19. Februar (Ein Blick von der Alsen-Brücke)« (HF I, 7, 470 ff.); die Alsen-Brücke bildete die Verlängerung der Alsenstraße nach Norden über die Spree. – *Gryczinski:* von Rosenberg-Gruszczinski erscheint als Name eines Generalstabsoffiziers; vgl. auch »Unwiederbringlich«, (Un, S. 99). – *Generalstabs-Rot:* – Die Offiziere des Großen Generalstabs trugen, soweit sie dem

Hauptetat angehörten und also nicht à la suite eines Truppenteils standen, eine eigene Uniform: karminrote Kragen und rote Streifen an den Hosen.

23 *nicht ... als ... Übergang über die Beresina:* Zwischen dem 26. bis 28. Nov. 1812 überschritt Napoleons in Auflösung befindliche Armee auf dem Rückzug aus Rußland die Beresina; vgl. auch »Vor dem Sturm«, ›Am Kamin‹ (VS, S. 49); die Schreckensszenen, zu denen es dabei kam, haben zu vielen dramatischen Schilderungen Anlaß gegeben, etwa in Ludwig Rellstabs grell aufgemachtem Roman »1812«. – *sein großer Chef ... ein Schweiger:* Moltke (vgl. Anm. zu IW, S. 47), dessen Schweigsamkeit und Zurückhaltung berühmt waren. – *über Gerechte und Ungerechte ... scheinen ließ:* nach Matth. 5,45. – *einen Koloniefranzosen:* Angehörigen der französischen Kolonie in Berlin. – Abraham Marquis *Duquesne:* 1610–88, französischer Admiral, zeitweilig auch in schwedischen Diensten, zeichnete sich besonders in den Kriegen Ludwigs XIV. aus und wurde auf dessen Verfügung bei Aufhebung des Edikts von Nantes von dem Verbot des Protestantismus ausgenommen; vgl. auch »Aus den Tagen der Okkupation«, Bd. 1, ›Dieppe‹ (HF III, 4, S. 837). Der Name erscheint unter F.s Vorfahren.

24 *»Titul«:* ebenso in »Ellernklipp«, 9. Kap. (El, S. 63). – *alleinseligmachenden Musik:* in Analogie zur »alleinseligmachenden Kirche« Anspielung auf den pseudo-religiösen Charakter der Wagner-Schwärmerei.

25 *»Hochzeit zu Cana«:* Gemälde von Paolo Veronese (1528–88), vgl. auch »Graf Petöfy«, 14. Kap. (GP, S. 95) und »Aus Manchester«, Siebenter Brief (HF III, 3/I, S. 471). – *taschentuchlos ... Cöllnischen Fischmarkt:* Bis in die Mitte der achtziger Jahre wurden auf zahlreichen Plätzen der Innenstadt große Wochenmärkte unter höchst unhygienischen Bedingungen abgehalten. Cölln lag gegenüber von Alt-Berlin an der Spree. Die Märkte bildeten ein beliebtes Malermotiv; Dittmann schuf 1861 seine bekannte Darstellung des Fischmarkts (»Auf dem Gendarmenmarkt«). Vgl. auch IW, S. 81.

26 *Das ist Tells Geschoß:* Zitat aus Schillers »Wilhelm Tell« (IV, 3). – *Montefiascone:* Muskatwein aus der gleichnamigen italienischen Stadt bei Viterbo, vgl. »Der Stechlin«, 8. Kap. (DS, S. 93) und Cé, S. 121. – *binnen heut' und drei Monaten ... Krieg:* Anspielung auf die Krise in den deutsch-französischen Beziehungen im Frühjahr 1875 (»Krieg-in-Sicht-Krise«).

27 *Irgendwas Benedettihaftes:* Vincent (1869: Graf) Benedetti (1817–1900), französischer Diplomat, war von 1864–70 Botschafter in Berlin. Im Juli 1870 legte er in Bad Ems König Wilhelm die französischen Forderungen zur spanischen Thronkandidatur vor, die den Anlaß zur Emser Depesche gaben; vgl. auch Anm. zu IW, S. 42. – *wo Rußland und England zusammenstoßen ... werden:* Anspielung auf die Interessengegensätze der beiden Mächte im Nahen Osten

und in Mittelasien während der siebziger Jahre, die eine kriegerische Auseinandersetzung nicht ausgeschlossen erscheinen ließen. – *von ganzem Herzen ... von ganzem Gemüte:* Vgl. das auf 5. Mose 6,5 zurückgehende »Hauptgebot« des Evangeliums: »Du sollst lieben Gott ... von ganzem Herzen ... von ganzem Gemüte ...« (Matth. 22,37; ebenso Mark. 12,30). – *den Fürsten:* Bismarck. – *Kruppsche Monstregeschütz:* 46 cm-Geschütz, das damals größte Geschütz der Welt. – *Hazardieren:* alles aufs Spiel setzen. – *Doppelschatz ... gewann 64 ... doublierte 66 ... triplierte 70:* Anspielung auf die Dotationen, die Bismarck nach den siegreichen Kriegen erhielt (vgl. auch Anm. zu Cé, S. 118). – *six-le-va:* sechsfache Geltung beim Pharaospiel; vgl. auch »Vor dem Sturm« ›Kleiner Zirkel‹; dort wird Heinrich VIII. von England als der »geniale Hasardeur mit dem six-le-va« bezeichnet (VS, S. 450). – *›Fischer un sine Fru‹:* Märchen, in dem jeder erfüllte Wunsch einen neuen Wunsch weckt, bis alles verloren ist. – *pikante Schlußwendung:* Als des Fischers Frau ihre Wünsche so hochtreibt, dafl sie am Ende der Herrgott sein will, erfährt der Fischer, der ihre Forderungen beim Butt vertreten muß: »Ga man hen, se sitt all wedder in'n pißputt.«

28 *Plagiatorisches:* von der Art eines geistigen Diebstahls. – *Fortuna:* die Glücks- und Schicksalsgöttin. – *Exmittierung Österreichs:* Ausschließung, d. h. die Verdrängung Osterreichs aus Deutschland nach 1866. – *Ekrasierung:* Zermalmung. – *Dethronisierung des Papstes:* Anspielung auf den Kulturkampf (vgl. Anm. zu Cé, S. 134), zugleich auf das Ende der weltlichen Herrschaft des Papstes im Kirchenstaat (1870).

29 *feindlichen Partei ... der er ihren Schlachtruf genommen hat:* der Nationalliberalen Partei, insofern der Ausdruck ›Kulturkampf‹ die Auffassung der Liberalen, aber nicht die Ansichten Bismarcks wiedergab, der den Kampf gegen die Zentrumspartei und die katholische Kirche nicht unter kulturellen Gesichtspunkten führte; ebenso schienen die Ziele der liberalen Einheitsbewegung durch Bismarck 1871, wenn auch auf eine andere als die ursprünglich geplante Weise, verwirklicht worden zu sein. – *etwas Dschingiskhanartiges:* Dschingis-Chan, Beiname des Temudschin (1155–1227), Begründer des großen mongolischen Reiches; Typus des gewalttätigen Eroberers. – *Glücks-Tempelherrn:* typisch fontanesches Wortspiel. Tempeln ist ein Glücksspiel; Tempelherrn (Templer) hießen die Mitglieder eines mittelalterlichen Ritterordens (vgl. auch »Schach von Wuthenow«, 4. Kap., SW, S. 39 und Anm.). – *die Jesuiten aus dem Lande:* durch das sogenannte »Jesuitengesetz« von 1872, das die Gesellschaft Jesu in Deutschland verboten hatte. – *Die Bösen sind wir los:* Vgl. Goethe, »Faust«, Erster Teil, ›Hexenküche‹: »Den Bösen sind sie los, die Bösen sind geblieben.«

30 Bartolomé Estéban Murillo: 1617–82, einer der bedeutendsten Barockmaler Spaniens, gestaltete hauptsächlich religiöse Themen

(Madonnen) und Genreszenen; F. hat sich zuerst 1852 in London über Murillo geäußert, vgl. »Ein Sommer in London«, ›Alte Helden, neue Siege‹ und das Tagebuch von 1852 (HF III, 3/I, S. 141); s. seinen Brief an Friedlaender vom 24. Okt. 1888: »Das freut sich nun ... auf eine Reise nach Italien und schwärmt von ›Assunta‹ und ›Concepcion‹ ... in ihrer tizianischen oder murilloschen Verklärung ...« (Briefe an Friedlaender, S. 99). – *A la bonne heure:* wohlan, vortrefflich. – *elfer Rheinwein:* 1811, ein berühmter Jahrgang. F. hatte ihn 1859 bei einem der Symposien des Königs von Bayern vorgesetzt bekommen. – *Immaculatas und Concepciones:* Conceptio immaculata = Unbefleckte Empfängnis; in der Malerei ein von Murillo geschaffener Typus der Madonnendarstellung.

31 *Diversion:* Ablenkung. – *Die tizianischen:* die Madonnen von Tiziano Vecelli (1477–1576), vgl. F.s Brief an Karl und Emilie Zöllner vom 10. Okt. 1874: »Das bedeutendste, was ich bisher sah, sind die beiden Bilder Tizians, die ›*Himmelfahrt Mariä*‹ darstellend, von denen sich das eine im Dom zu *Verona*, das andere in der Academia delle belle arti zu *Venedig* befindet. ... Das Bild in Verona, so weit die Maria in Betracht kommt, wirkt wie ein Vorläufer der Murillo-Manier; die ›Assunta‹ in Venedig erinnert an die Sixtinische Madonna, ja mein Herz ist fast geneigt, ihr noch den Vorrang vor dieser anzuweisen.« (Briefe IV, S. 48); s. auch N XXIII/2, S. 13 ff. – *Schwurbibel:* Der Eid wurde in Deutschland bis 1918 auf die Bibel abgelegt. – *Pomuchelskopf:* niederdt. Kartoffelkopf, vgl. Herrn von Pomuchelskopp in Fritz Reuters Roman »Ut mine Stromtid« (1862 bis 64). – *Allons enfants:* Vorwärts Kinder (des Vaterlands); Anfangsworte der Marseillaise, von Joseph Rouget de Lisle (1792). – *Mouet:* Champagnermarke. – *Bei den Gebeinen des unsterblichen Roller:* Vgl. Schiller, »Die Räuber«, III, 2: »Bei den Gebeinen meines Rollers! Ich will euch niemals verlassen.« – *Amor ... des tizianischen roten Ruhebetts:* die »Venus mit dem Perlhuhn« (1545) in den Uffizien in Florenz.

32 *Spitzentaschentuch:* Ein Taschentuch hält Venus in der Hand auf dem Gemälde mit dem Orgelspieler (Metropolitan Museum, New York) und auf dem Gemälde mit Adonis und dem Satyr (Louvre, Paris). – *Suum cuique:* Jedem das Seine; die Devise des Schwarzen Adlerordens, von König Friedrich I. in Preußen 1701 gestiftet; vgl. auch F.s Gedicht »An Carl Zöllner« (HF I, 6, S. 503).

33 *Rotblond:* Vgl. Anm. zu S. 9 *(Caparoux)*. – *Orakulosen und Mirakulosen:* Zeichen- und Wunderhaften. – *Götterdämmrung:* Anspielung auf Wagners »Götterdämmerung« (1874). – *Casta diva:* keusche Göttin (die Mondgöttin Luna), Anfangsworte einer Koloraturarie der Norma in Bellinis gleichnamiger Oper (1831). – *Der Ritter von Bayreuth ... Tannhäuser ... Venusberg-Mann:* Seit 1871 lebte Wagner in Bayreuth, seit 1876 fanden dort die Festspiele statt. Tannhäuser, der Held der gleichnamigen Oper Wagners, hat im Hörselberg die Liebe der Göttin Venus genossen. Vgl. auch Anm.

zu S. 24. – Vilma von *Voggenhuber:* 1844–88, dramatische Sängerin, berühmt für ihre Wagner-Rollen, seit 1870 an der Berliner Hofoper. – *Permission:* Erlaubnis. – *alles Jacke …:* »Det is Jacke wie Hose«, das ist eins wie's andere; Berolinismus.

34 *Was sind Worte? Schall und Rauch:* Anspielung auf die Worte Fausts in Goethe, »Faust«, Erster Teil, ›Marthens Garten‹: »Gefühl ist alles; / Name ist Schall und Rauch …«. – *kupiere Kupons:* schneide Zins-, bzw. Dividendenanteilscheine ab. – *reprimandieren:* zurechtweisen. – *Friede sei …:* Zitat aus Schillers Gedicht »Das Lied von der Glocke«.

35 *Lacrimae Christi:* Christustränen, ursprünglich Name eines seltenen, sehr feurigen Süßweins vom Vesuv, benannt nach dem Kloster auf dem Vorsprung des Vulkans, danach von verschiedenen Likörweinen in Anspruch genommen; vgl. auch »Der Stechlin«, 8. Kap. (HF I, 5, S. 93). – *der Selige hatte recht: Gold ist nur Chimäre:* aus der Oper »Robert der Teufel« (1831) von Giacomo Meyerbeer (1791–1864, der daher hier als der »Selige« bezeichnet wird). – *Denn ich liebe Nonnen, die tanzen:* Im dritten Akt der einst gefeierten, nunmehr aber »überwundenen« Oper erheben sich die Nonnen aus ihren Gräbern und tanzen. Vgl. dazu die Eintragung in F.s Tagebuch vom 17. Nov. 1881 über das Gemälde »Der Sommer« von Hans Makart: »Alles wirkt unheimlich, wie die tanzenden Nonnen in ›Robert dem Teufel‹« (zit. nach A 4, S. 570). Vgl. zu dieser Passage insgesamt die Analyse bei Meyer, Zitat, S. 162 f.

36 *Filettuch:* Netzgewebe (filet = Netz). – *Turnerschwunge:* F. persifliert »das Turnerische« gern, so in seiner Schilderung des Vaters, dessen Kleidung »ans Turnerische« gemahnt habe, in »Meine Kinderjahre«, 16. Kap. (HF III, 4, S. 153). – *Gespräche mit dem Kutscher:* Vgl. »Vor dem Sturm«, ›Heiligabend‹ (VS, S. 9 und Anm.); s. auch IW, S. 135. – *»Ehm«:* Vgl. »Meine Kinderjahre«, 3. Kap. (HF III, 4, S. 34) und »Onkel Ehm« (HF I, 7, S. 244 ff.). – *in Fritz Reuterschen Gegenden:* Der Mundart-Dichter Fritz Reuter (1810–74) stammte aus dem mecklenburg-schwerinschen Stavenhagen. – *Präliminarien:* Vorspiele, -verhandlungen.

37 *Palais:* Palais Wilhelm I., auf der Südseite der Straße Unter den Linden, 1834–37 von Langhans d. J. erbaut, im Zweiten Weltkrieg ausgebrannt, danach wiederhergestellt. Wilhelm I. hat es als Prinz von Preußen, als preußischer König und als Deutscher Kaiser bis zu seinem Tode bewohnt. – *Friedrichsmonument:* Denkmal Friedrichs des Großen von Christian Daniel Rauch, das bedeutendste Werk des Künstlers (1840 bis 51). Es hatte seinen Platz am Ende der Mittelpromenade Unter den Linden in Höhe der Universitätsstraße und zeigte den König zu Pferd im Hermelinmantel mit Dreispitz; 1950 im Park von Sanssouci aufgestellt, 1981 wieder Unter den Linden – *Vorhange des Eckfensters:* das sog. »historische Eckfenster« des Arbeitszimmers von Wilhelm I., an dem er um 12 Uhr das

Aufziehen der Wache zu beobachten pflegte; von F. oft erwähnt, vgl. seinen Brief an die Tochter vom 13. März 1888: »Der alte Wilhelm, als vor Jahr und Tag das Volksansammeln vor seinem Fenster Mode wurde, sagte: ›Dieselben Menschen, wenn ein politischer Umschlag eintritt, zerreißen mich!‹ Nur zu wahr.« (Briefe II, S. 94). Vgl. auch Anm. zu S. 12. – *Siegesdenkmal:* die 1873 eingeweihte Siegessäule zur Erinnerung an die drei Kriege von 1864, 1866 und 1870/71, die ursprünglich auf dem Königsplatz aufgestellt war. – *War das ein Tag, Otto ... bewundert:* wohl nicht zufällige Einfügung des Vornamens Otto, sondern humoristische Anspielung auf Otto von Bismarck; vgl. auch Anm. zu Cé, S. 80.

38 *jeder hat die Kunst zu lernen, sich zu bescheiden:* Vgl. F. an seine Frau am 4. Aug. 1883: »Aber ich beneide nichts mehr. Bleichroeder hat 30 Millionen, aber ist blind.« (Briefe I, S. 236). – *Potsdamer Tor:* auf dem Leipziger Platz, um 1875 aber bereits abgebrochen. – *Bellevuestraße:* zwischen Kemperplatz und Potsdamer Platz.

39 *gehen Sie mir mit Bildung und Erziehung:* Vgl. F. an seine Tochter am 9. Aug. 1895: »Ich bin fast bis zu dem Satze gediehn: ›Bildung ist ein Weltunglück.‹ Der Mensch muß klug sein, aber nicht gebildet. Da sich nun aber Bildung, wie Katarrh bei Ostwind, kaum vermeiden läßt, so muß man beständig auf der Hut sein, daß aus der kleinen Affektion nicht die galoppirende Schwindsucht wird.« (Briefe II, S. 238). F.s Abneigung gilt, wie zahlreiche ähnlich lautende Äußerungen zeigen, vor allem dem Examenswissen in der Ausprägung, die er kannte, sie umschließt aber auch eine grundsätzliche Skepsis gegenüber den Möglichkeiten der Charakterbildung durch »Erziehungskunststücke«; vgl. an seine Frau am 27. Aug. 1882: »Am allerwenigsten muß man an den Charakteren herumbasteln wollen; es führt zu gar nichts, außer zu Verglimmung und Aergerniß.« (Briefe I, S. 185). Ähnlich in »Meine Kinderjahre«, 14. Kap.: »›wie wurden wir erzogen‹ ... ›gar nicht und – ausgezeichnet‹« (HF III, 4, S. 134). Vgl. auch Un, S. 41. – *der ›Große Mann‹:* Bismarck.

40 *Erlkönig:* Anspielung auf Goethes bekannte Ballade. – *ein Air:* ein Ansehen. – Eugène George Henri Céleste Baron de *Stoffel:* 1823–1907, von 1866–70 französischer Militärattaché in Berlin, dessen Informationen über den Stand der preußischen Rüstungen in Paris unbeachtet blieben. Auf seinen »Rapport militaire, écrit de Berlin« spielt der Polizeirat an.

41 *konsolidierte Fonds:* vom Staat garantierte Wertpapiere. – *Hofjägerallee:* im Tiergarten, zwischen dem Großen Stern und der Tiergartenstraße.

42 *an alles knüpfte sie Geschichten:* Vgl. F.s Lernen bei seinem Vater, wie es etwa in »Meine Kinderjahre«, 13. Kap. dargestellt wird (HF III, 4, S. 118 ff.); s. auch Anm. zu IW, S. 9 *(Büchsel).* – *glückliche stille Tage:* von F. wiederholt nahezu wie *ein* Begriff verwendet, vgl. etwa »Grete Minde«, 8. Kap. (GM, S. 43 und Anm.).

43 *Sawatzki:* Vgl. den vollen Namen auf S. 44, der z. T. offenbar Berghaus entlehnt ist (Carl Heinrich Berghaus, »Landbuch der Mark Brandenburg und des Markgrafentums Nieder-Lausitz in der Mitte des 19. Jahrhunderts oder geographisch historisch statistische Beschreibung der Provinz Brandenburg«, 3 Bde., Brandenburg 1854–56); dort ist sowohl Sattler wie Sawatzki zu finden, in Band 2, S. 755, wird auch genannt: Pförtner von der Hölle, eine Familie, die im Kreis Krossen auf Gut Griesel saß. Im »Almanach der Guten Gesellschaft Deutschlands. Gesellschaft von Berlin«, 1893/94, der in F.s Besitz war, findet sich ein Horst Pförtner von der Hölle, Premierleutnant im Gardefüsilier-Regiment. F. fügt Namen aus verschiedenen Quellen assoziativ zusammen. – *Cramersche Klavierschule:* Johann Baptist Cramer (1771–1858), Pianist und Klavierpädagoge, Schüler von Clementi, lebte seit 1845 in London, wo er bereits 1828 einen florierenden Musikverlag gegründet hatte. Den zweiten Teil seiner »Großen Pianoforteschule« bilden die »Hundert täglichen Studien« und deren fünften die 84 Etüden, die für jeden Studierenden unumgänglich waren. – *Aloën ... Bosquets ... Glaskugeln:* Vgl. »Der Stechlin«, 1. Kap. (DS, S. 9).

44 *Pfauhahn:* häufig bei F. genannt, vgl. »Grete Minde«, 3. Kap. (GM, S. 16 und Anm.). – *jaloux:* eifersüchtig. – *Kloster Himmelpfort:* altes Kloster in der Uckermark, vgl. »Der Stechlin« 5. Kap. (DS, S. 62) und »Wanderungen«, ›Havelland‹, ›Die Zisterzienser in der Mark‹ (W 2, S. 42).

45 *mitleidig sein ... ist eigentlich das Beste, was die Menschen haben:* Vgl. F.s Brief an seine Tochter Martha vom 24. Aug. 1893: »Schopenhauer hat ganz Recht: ›das Beste was wir haben ist Mitleid.‹ Mitleid ist auch vielfach ganz echt. Aber mit all den andern Gefühlen sieht es windig aus.« (HF IV, 4, S. 284).

46 *5. Dragoner-Regiments:* Vgl. Anm. zu S. 20. – *dieser ewige Lieutenant:* Ausdruck der wiederholt geäußerten Abneigung F.s gegen einen bestimmten Typus des Reserveoffiziers, wie ihn die Bourgeoisie der wilhelminischen Gesellschaft hervorgebracht hatte, vgl. etwa »Quitt«, 16. Kap. (Qu, S. 106). – *»Mais à la guerre ...«:* Aber im Krieg ist es wie im Kriege. Dasselbe Sprichwort in »Schach von Wuthenow«, 6. Kap. (SW, S. 46).

47 *»Wotans Abschied«:* Schlußszene aus Wagners Oper »Die Walküre«.

48 *Nachspiel des Krieges ... Pontarlier:* Von preußischen Truppen unter General Manteuffel umfaßt, sah sich General Bourbaki genötigt, am 1. Febr. 1871 mit etwa 80 000 französischen Soldaten bei Pontarlier auf schweizerisches Gebiet überzutreten; vgl. Th. Fontane, »Der Krieg gegen Frankreich 1870–71«, Bd. 2, S. 994.

49 *Montecchi ... Capuletti:* nach den feindlichen Familien Montague und Capulet in Shakespeares »Romeo und Julia«. – *tout à fait:* gänzlich. – *jener kleinen Gemeinde:* der Anhänger Richard Wagners. – *›Meistersingern‹:* »Die Meistersinger von Nürnberg« (1868).

50 *Auf der Stralauer Wiese:* Stralau war damals ein Pfarrdorf an der Spree, 3 km oberhalb Berlins und ein beliebtes Ausflugsziel (vgl. auch IW, S. 17). Am 24. August wurde dort bis 1892 alljährlich ein altberliner Volksfest, der Stralauer Fischzug, gefeiert. – *von der Schiffsmannschaft des Fliegenden Holländers:* in Wagners Oper »Der fliegende Holländer«. Anspielung auf die Stille an Bord des Gespensterschiffs, die zu der lärmenden Heiterkeit auf Dalands Schiff kontrastiert (III, 1). – *Siegfried und Brunhilde, Tristan und Isolde:* Gestalten aus Opern Wagners.

51 *Treptow:* gegenüber Stralau gelegenes Pfarrdorf, ebenfalls beliebtes Landpartie-Ziel; vgl. etwa Dörbecks humoristische Zeichnung »Wasserpartie nach Treptow«. Seit 1825 zog das »Feuerwerk in Treptow« die Berliner an (als »Treptow in Flammen« bis in die Gegenwart bekannt). – *Dobremont:* Theater-Feuerwerker; am 18. Aug. 1843 brach nach der Abendvorstellung im Opernhaus durch einen glimmenden Gewehrpfropfen ein Brand aus, wobei D. vermutlich eine Rolle spielte. Die Neigung zur Pyrotechnik verbindet sich hier bei F. mit den Erinnerungen an Major Tourte, von dem in »Meine Kinderjahre«, 8. Kap., erzählt wird (HF III, 4, S. 76) und an Mr. Dühring, »Perpetuum mobile-Sucher und Tiftel-Genie«, in »Von Zwanzig bis Dreißig«, ›Berlin 1840‹, 2. Kap. (HF III, 4, S. 218). – *Crayon:* Bleistift.

52 *›Meltau‹:* Pflanzenkrankheit, durch Schmarotzerpilze hervorgebracht. – *insuinieren:* einschmeicheln, sich beliebt machen. – *per Rohrpost avertieren:* Eine Rohrpostanlage für das Publikum wurde 1876 in Berlin in Betrieb genommen. Schon 1877 wurden 1,4 Millionen Sendungen befördert. – *bei Löbbekes:* Vgl. Otto Heilmann, »Stralau und seine Geschichte«. In: Mitteilungen des Vereins für die Geschichte Berlins, 46, 1929, S. 82: »Von den alten Stralower Fischerhäusern ist heute nur noch das vermutlich in der ersten Hälfte des 18. Jahrhunderts erbaute ›Restaurant Tübbecke‹ vorhanden.« Siehe auch »Fontanes Führer durch die Umgegend Berlins …«, T. 1, Berlin o. J. [1892], S. 8. Adolf Heilborn äußert sich in »Die Reise nach Berlin«, Berlin ²1966, S. 79, über das Ausflugslokal von Tübbecke wie folgt: »Und endlich kam dann Stralau und Tübbecke, wo die Dampfer anlegten. – Stralau ohne Tübbecke war so etwas wie Rom ohne Papst, er gehörte einfach dazu. Ach ja, Tübbecke. Die Alten sind längst tot: er, der mit Perücke und Klotzpantinen … ins Café Bauer Unter den Linden fuhr; sie, die eine unglaubliche Virtuosität im Öffnen der Weißbierkruken hatte … – Bei Tübbeckes im Flur, nur so breit, daß gerade zwei ältere, ›ovale‹ Herren aneinander vorbei konnten, stand ein seltsames Büfett. Dahinter thronte in ihrer ganzen thusneldamäßigen Leiblichkeit und Würde – lest das mal in Fontanes ›L'Adultera‹ nach, die Szene in ›Löbbekes‹ Kaffeehaus – Madame Tübbecke und öffnete Weißbierkruken.« Darauf, wie Tübbecke zu Löbbeke wurde, gibt »Der Schleswig-Holsteinsche

Krieg im Jahre 1864«, S. 210, einen Hinweis, wo F. über einen Leutnant Löbbecke schreibt: »Sein Name läßt keinen Zweifel über seine Abstammung und seine Provinz« (v. Löbbecke war auch als Adelsname bekannt). Vgl. auch IW, S. 19.

53 *konfidentiell:* vertraulich. – *Pstscr.:* Postscriptum, Nachschrift. – lieb' Vaterland ...: Anspielung auf das populäre Lied »Die Wacht am Rhein« (1840) von Max Schneckenburger (1819–49). – ›*Wir satteln nur um Mitternacht*‹: aus der Ballade »Lenore« (1773) von Gottfried August Bürger (1747–94); aus dieser Ballade, die er sehr bewunderte, zitierte F. oft. Vgl. auch seine Briefe an Gustav Karpeles vom 24. Juni 1881 (HF IV, 3, S. 146) und an Moritz Lazarus vom 16. Jan. 1889 (Freundesbriefe. Zweite Sammlung, Bd. 2, S. 173 f.). – *zu Fuß zu machen:* Danach folgt in der Erstausgabe eine Freizeile.

54 *Ship-Hotel:* Schiffshotel. – *Ciceroneton:* Fremdenführerton.

55 *monsieur-herkules-artig:* Anspielung auf die Posse »Monsieur Herkules« (1863) von Georg Belly (1836–75), deren Titelfigur ein Akrobat ist. – *intrikaten:* heiklen, verwickelten.

56 *Tête:* Spitze. – *»Schapp«:* niederdt. Schrank mit Doppeltür. – *Dominien:* Herrschaftsbereiche.

57 *à tout prix:* um jeden Preis. – *Santa Maria Saluta:* die Kuppelkirche Santa Maria della Salute, 1630 aus weißem istrischem Marmor erbaut; mit Gemälden von Tizian. Vgl. auch S. 110.

58 *der alte Sprachenkardinal:* Giuseppe Mezzofanti (1774–1849), Professor und Bibliothekar in Bologna, 1833 Kustos der Vatikanischen Bibliothek, 1838 Kardinal, verstand und sprach zuletzt 58 Sprachen. – *Luna ... keusch hinter Wolkenschleiern:* Anspielung auf die Lyrismen der zahlreichen Mondgedichte, die die ersten poetischen Versuche F.s beeinflußt haben.

59 *Kanaan ... Kaleb ... große Traube:* Kaleb gehörte zu den Kundschaftern, die von Moses in das Land Kanaan entsandt wurden und die von dort besonders eine große Weintraube mitbrachten als Beweis für die Fruchtbarkeit Kanaans (vgl. 4. Mose, 13). – *Kein Geld, keine Schweizer:* Unter dieser Parole soll die 1493 von Karl VIII. von Frankreich errichtete Schweizergarde 1513 von Ludwig XII. abgefallen sein; geflügeltes Wort (»Kein Kreuzer, kein Schweizer«), als solches schon zu Beginn des 18. Jahrhunderts verbreitet; vgl. auch »Vor dem Sturm«, ›Silvester in Guse‹ (VS, S. 296). – *Anisette:* Anislikör.

60 *Firma Leander:* Nach der griechischen Sage durchschwamm Leander allnächtlich den Hellespont (Dardanellen), um zu seiner Geliebten, der Aphrodite-Priesterin Hero zu gelangen; er ertrank, als das wegweisende Licht erlosch. Vgl. »Aus den Tagen der Okkupation«, Bd. 1, ›Die Rivalen‹: »Wenn ich einen Schwimmhelden, außer Leander und Lord Byron, kennte ...«(HF III, 4, S. 731). – *Kapitän Boyton:* Erfinder des damals vollkommensten Schwimmapparats, eines Anzugs aus wasserdichtem Stoff mit angebrachten Luftschläuchen.

Auch Boyton durchschwamm den Hellespont (wie am 3. Mai 1810 Lord Byron). – *Heinrich Heine:* 1797–1856. – *Adorante:* Anbeter; in der bildenden Kunst ein betender Jüngling. – *enfin:* endlich. – *Expektoration:* Herzensergießung. – *Ich wickle Seide:* Vgl. »Meine Kinderjahre«, 1. Kap., über das elterliche Geschäft der Mutter: »Handelsobjekt der Firma waren nicht gewebte Seidenstoffe, sondern Seidendocken, worauf meine Mutter Gewicht legte. Sie hielt die Docken für vornehmer, als Zeug nach der Elle.« (HF III, 4, S. 15).

61 *die neue katilinarische Verschwörung:* Der durch die Reden Ciceros (»Wie lange noch, Catilina ...«) berühmt gewordene Versuch Catilinas und seiner Mithelfer, die Staatsgewalt in Rom an sich zu bringen (Nov. 63 v. Chr.), hatte durch die Rede Bismarcks am 30. September 1862 vor der Budgetkommission des preußischen Abgeordnetenhauses eine aktuelle Auslegung erfahren (»... im Lande gibt es eine Menge catilinarischer Existenzen«) und wurde seitdem zur Diffamierung oppositioneller Bestrebungen im Staate wiederholt benutzt. Vgl. auch F.s Aufsatz »Die gesellschaftliche Stellung der Schriftsteller« (HF III, 1, S. 575 und Anm.) sowie den Brief an Friedrich Stephany vom 9. Dez. 1883: »... der letzte Steuer-offiziant gilt im offiziellen Preußen mehr als wir, die wir einfach ›catilinarische Existenzen‹ sind.« (HF IV, 3, S. 293). – *»Wagen« ... der große Bär:* dasselbe Gestirn. – *Sternschnuppennächte:* Vgl. F.s Brief an seine Frau vom 11. Aug. 1880: »Es sind jetzt ja die Sternschnuppennächte, an die mein Freund Van der Straaten so anzügliche Bemerkungen knüpfte.« (Briefe 1, S. 146).

62 *Germanicus:* 14. v. Chr. – 19. n. Chr., Sohn des Drusus, nahm Thusnelda, die Gattin des Arminius (der 9 n. Chr. die Römer im Teutoburger Wald geschlagen hatte) bei den Kämpfen in Germanien gefangen und führte sie im Triumphzug durch Rom (17 n. Chr.). – *Piloty-Schwärmer:* der Historienmaler Karl von Piloty (1826–86), der das Gemälde »Thusnelda im Triumphzug des Germanicus« (1873) geschaffen hatte, das für die Münchner Neue Pinakothek erworben wurde. Im »Reisetagebuch 1875« notierte F. am 26. August: »In die neue Pinakothek. Piloty ...« (N XXIII/2, S. 125). – *Thumelicus:* Sohn der Thusnelda und des Arminius, in der Gefangenschaft geboren. – *Aber sei weiß wie Schnee ...:* ins Banale abgewandelte Anspielung auf Hamlets Worte zu Ophelia (in der Übersetzung Schlegels): »sei so keusch wie Eis, so rein wie Schnee, du wirst der Verleumdung nicht entgehn« (III, 1); indem F. »rein wie Schnee« in »weiß wie Schnee« ändert, schafft er zugleich einen Anklang an ein damals sehr bekanntes Kinderlied »Das Lämmchen« von Friedrich Justin Bertuch (1747–1822): »Ein junges Lämmchen, weiß wie Schnee«. Vgl. Meyer, Zitat, S. 164. Vgl. auch S. 100.

63 *Venus Spreavensis:* Spree-Venus, in Anspielung auf die Geburt der Venus aus dem Schaum des Meeres. – *Das Wasser rauscht ...:* Anfangszeile der Ballade »Der Fischer« von Goethe. – *Venus Kallipygos:*

Venus mit dem schönen Hinterteil, Bezeichnung für Darstellungen der Venus, die sie mit rückwärts gewendetem Haupt zeigen. – *Distichon:* vermutlich Anspielung auf ein Distichon Paul Heyses, enthalten in »Verse aus Italien. Skizzen, Briefe und Tagebuchblätter« (1879) in der Gedichtreihe ›Kunst und Künstler‹: »Göttliches Weib! – ›O pfui die Hetäre!‹ – Warum so entrüstet? / Hast du doch selbst wohl schon ›göttliche Pfirsich‹ gesagt!« Heyse hat diesen Zweizeiler später unterdrückt (s. Meyer, Zitat, S. 165). F. erhielt Heyses Buch von Wilhelm Hertz, dem er am 30. Sept. 1879 dafür dankte: »Ganz ergebensten Dank für das schöne Buch, das ich gestern nur durchblättert und auf einige alte Lieblinge, die Versbriefe hin angesehen habe. Welch unermüdlicher Fleiß, welche – unter den Modernen – unerreichte Grazie des Ausdrucks! Daß ich mich mit dem Schmerz, der immer neue Kränze aufs Grab legt, nicht stellen kann, wissen Sie. *Eins*, und dann genug. So schön gerade unter diesen Sachen vieles ist, so werd ich doch dieser Schönheit nicht froh. Es ist mir gegen die Natur. Und ist auch gegen das Alte Testament.« (Briefe an Wilhelm und Hans Hertz, S. 222). F. besprach das Buch in der »Vossischen Zeitung« (Wiederabdruck N XXI/1, S. 139).

64 *»Eierhäuschen«:* Ausflugslokal in Treptow an der Oberspree, vgl. »Der Stechlin«, 11.–15. Kap. (DS, S. 109 ff.) und »Wanderungen«, ›Spreeland‹, ›Die wendische Spree‹ (W 2, S. 509 und Anm.). Eine Schiffsanlegestelle, deren Wächter Eier verkaufte, ist bereits 1834 bezeugt. Später überreichte der Wirt des »Eierhäuschens« den Siegern beim alljährlichen »Anrudern« eine Mandel Eier.

65 *wer nicht viel spricht, der beobachtet gut:* Vgl. »Die Likedeeler«, 1. Kap.: »Wer viel spricht, verliert den Blick.« (HF I, 7, S. 534).

67 *»Long, long ago«:* »Lang, lang ist's her«, Volkslied von Thomas Haynes Bayly (1797–1893). – *»O säh' ich auf der Heide dort«:* Anfangsvers eines Gedichts von Robert Burns (1759–96) in der Übersetzung von Ferdinand Freiligrath; von Felix Mendelssohn-Bartholdy und von Robert Franz vertont. F. schätzte Burns sehr hoch, er bewunderte auch den Übersetzer Freiligrath. Vgl. auch Emilie Fontanes Reisetagebuch vom 6. Nov. 1874 über die Fahrt nach Sorrent: »die See ruhig, die Sonne prachtvoll untergehend, Capri hinter uns, Sorrent vor uns, das schöne großartige Meer, Hr. u. Frau? mit wohlklingenden Stimmen singen ›O seh [!] ich auf der Heide dort‹ ... es war alles unsagbar schön.« (N XXIII/2, S. 63). Vgl. Un, S. 247.

68 *»Rothtraut, Schön-Rothtraut«:* »Rohtraut, Schön-Rohtraut«, mehrfach wiederholte Verszeile in Eduard Mörikes Gedicht: »Schön-Rohtraut«, dessen vier Strophen mit dem Kehrreim »Schweig stille, mein Herze!« schließen. Das Gedicht ist von Robert Schumann und von Hugo Wolf vertont worden. Vgl. auch S. 116, ferner F.s Brief an Friedrich Wirte vom 17. Aug. 1851 über die Auseinandersetzung mit Otto Janke wegen zweier Gedichte von Mörike (HF IV, 1, S. 179).

69 *Enquête:* Untersuchung. – *es gibt jetzt nur noch Enquêten:* Anspielung auf die Finanz- und Wirtschaftsreformen von 1878. Vgl. F. an Hans Hertz am 4. April 1895: »... furchtbar wird die Welt erst mit der Aktenschmiererei, mit dem Kommissionsbericht und der – Enquête. « (Briefe an Wilhelm und Hans Hertz, S. 358).

70 *Aaron:* israelitischer Hohepriester, Bruder des Moses. – *Ruben:* der älteste Sohn des Patriarchen Jakob, aus der Ehe mit Lea (vgl. 1. Mose, 29,32); s. auch S. 19 und Anm.

71 *der sympathischste von den Zwölfen:* vgl. Anm. zu S. 19. – *Herrscherstellung des Erstgeborenen:* Vgl. »Meine Kinderjahre«, 15. Kap.: »Ich als der älteste und stärkste ...« (HF III, 4, S. 148), eine Stellung, die F. sowohl gegenüber seinen Geschwistern als auch längere Zeit gegenüber seinen Spielgefährten einnahm; vgl. auch »Der Stechlin«, 9. Kap.: »Der älteste Sohn kann unter Umständen dümmer und schlechter sein als sein Bruder, aber er ist der älteste ... Alles ist göttliches Geschenk.« (DS, S. 101). – *Mesquinerie:* Kleinlichkeit. – *die sechs Halblegitimen:* Jakob hatte vier halbbürtige Söhne von den Mägden Bilha und Silpa; F. irrt sich offensichtlich, wie auch aus der Bemerkung: »vier alten Grognards von der Lea her« hervorzugehen scheint. Von Lea hatte Jakob sechs Söhne. – *die Nestküken der Familie:* Joseph und Benjamin, Jakobs Söhne von der Rahel. – *die spätere ägyptische Exzellenz:* Joseph, der von seinen Brüdern in einen Brunnen geworfen, dann nach Ägypten verkauft wurde, dort aber das Vertrauen des Pharao gewann. – *Grognards:* Brummbären, Murrköpfe, vgl. »Graf Petöfy«, 3. Kap. (GP, S. 14). – *In dem Levi ... der Levit, in dem Juda das Königtum:* Im Jakobssegen (1. Mose, 49) werden die Söhne Jakobs charakterisiert.

72 *was Schwäche war, darüber sag' ich nichts:* Anspielung auf Rubens Verhältnis mit der Magd Bilha, der Nebenfrau seines Vaters (vgl. 1. Mose, 35,22). – *die Fehler seiner Tugenden:* von F. meist französisch zitiert: »Les défauts de ses vertus«, eine der George Sand zugeschriebene Redewendung. – *Refus:* Ablehnung, Zurückweisung. – *au sein de sa famille:* im Schoße seiner Familie, nach Jean François Marmontel (1723–99), der diese Wendung in seiner komischen Oper »Lucile« gebraucht. Vgl. auch »Schach von Wuthenow«, 21. Kap., Victoire über Schach: »unmöglich ... ihn mir au sein de sa famille vorzustellen.« (SW, S. 134 und Anm.). – *Liddi:* Vgl. F.s Brief an Georg Friedlaender vom 27. Juni 1890: »Littychen (Pardon wenn die Rechtschreibung nicht stimmt) ...« (Briefe an Friedlaender, S. 130). – *Sarotti:* bekannte Süßwarenfabrik (vgl. auch Cé, S. 152).

73 *Sechswochenschaften:* die Wöchnerinnenzeit nach der Entbindung. – *ziepsig:* voller Fäden. – *Stiltonkäse:* weicher Süßmilchkäse aus England, besonders aus Leicestershire.

74 *Hecht ... seine Leber:* Vgl. Anm. zu Cé, S. 97 *(Leberreim).*

75 *Unter Palmen:* Vgl. auch S. 83; Zitat des bekannten geflügelten Wortes aus Goethes Roman »Die Wahlverwandtschaften«, 2. Teil,

7. Kap.: »Es wandelt niemand ungestraft unter Palmen.« Über die Verwendung des Zitats im vorliegenden Zusammenhang – F. hatte es ursprünglich Melanie in den Mund gelegt – vgl. Meyer, Zitat, S. 168 ff.; s. auch Un, S. 19. – »*Orchard*«: Obstgarten.

76 *Velocipède ... rückseitige Drapierung:* Vgl. F.s Gedicht »In Sachen der Radlerinnen« (HF I, 6, S. 550). – *Kew:* an der Themse bei London, mit einem 1760 angelegten botanischen Garten, Herbarium, Bibliothek und Museen, maßgeblich für die Botanik der englischen Überseegebiete; F. erwähnt Kew in »Ein Sommer in London«, ›Richmond‹ (HF III, 3/I, S. 55).

77 *Kagelmann:* In Wernigerode wohnte F. in »Villa Kagelmann«, vgl. seine Briefe vom August 1880 (Briefe I, S. 139 ff.). – *typische Gärtnerfigur:* F. neigte zu einer Idiosynkrasie gegen Gärtner, vgl. seinen Brief an Emilie vom 23. Aug. 1883: »Aber je feiner das Metier (z. B. Gärtner) je eklicher der Kerl.« (Briefe I, S. 244); s. auch IW, S. 12, 23 und Un, S. 56. – *Uff's Kleiden kommt's an ... so viel lernt man bei de Blumens:* ähnlich später Melanie: »Aber eines hab' ich wenigstens ... feine Nerven für das, was paßt und nicht paßt« (S. 122). Es ist wohl das »feine Metier« Kagelmanns, das ihn mit einem Grundempfinden F.s übereinstimmen läßt.

78 *Cohn und Flatow, großes Ledergeschäft:* nicht im Berliner Adreßbuch von 1877 und 1884. – *mittelste Zelt, Nummer 4:* Die »Zelte«, beziehungsweise »die Zelten«, wie der eigentümliche Berliner Plural lautete, bildeten ein Gartenlokal am Tiergartenufer der Spree. Vgl. P. O. Rave / I. Wirth, »Die Bauwerke und Kunstdenkmäler von Berlin, Bezirk Tiergarten«, Berlin 1955, S. 21: »Die Umbauten der Zelten seit 1870 betonten in viel anspruchsvollerer Weise den Charakter von Großgaststätten und Festsaalbauten ... Seither blieben die vier ›Zelten‹ ständige Lokale ...« Vgl. auch die eingehende Betrachtung von Hans E. Pappenheim »›In den Zelten – durch die Zeiten‹. Kulturgeschichte am Tiergartenrand 1740–1960«, in Jahrb. für brandenburgische Landesgeschichte, Bd. 14, 1963, S. 110–33; s. auch IW, S. 94.

80 *Thuja:* Lebensbaum. – *›'s ist bestimmt in Gottes Rat‹:* von Ernst Freiherr von Feuchtersleben (1806–49), »nach altdeutscher Weise« (vor 1826); komponiert von Mendelssohn. – *›Wie sie so sanft ruhn‹:* Lied von August Cornelius Stockmann (1751–1821), im Leipziger Musenalmanach 1780, S. 214, unter dem Titel: »Der Gottesacker«; komponiert von Friedrich Ludwig Beneken, 1786.

81 *Drakäen:* dracaena, Drachenbäume; Gattung der Liliazeen.

82 *Über ein Schneefeld hin, bei ... scharfem Ost:* Erinnerungen aus der Kinderzeit in Swinemünde. Vgl. auch »Effi Briest«, 18. Kap. (EB, S. 149 ff.).

83 *Man wandelt nicht ungestraft unter Palmen:* Vgl. Anm. zu S. 75. – *von diesem Tag an:* nach Goethes bekanntem Ausspruch nach der Kanonade von Valmy: »Von hier und heute geht eine neue Epoche

der Weltgeschichte aus ...« (vgl. Meyer, Zitat, S. 169).

84 *Reunions:* Zusammenkünfte, Geselligkeiten.

85 *Konfidenten:* Vertrauten.

86 *soupçonnösen:* argwöhnischen.

88 *Alsenstraße:* Vgl. Anm. zu S. 22. – *Madame Guichard:* Vgl. »Aus den Tagen der Okkupation«, Bd. 1, ›St. Denis‹: »... mir mitteilte, daß Madame Guichard, veuve, eine Conciergen-Witwe, bereit sei, ihr Zimmer abzutreten.« (HF III, 4, S. 738). Das Berliner Adreßbuch von 1877 nennt »A. Guichard, Handelsfrau, Rosmarinstraße 8«; also unweit der Jägerstrage (vgl. S. 89). – *Kastorhütchen:* Kastor = stark gewalkter, gröberer Wollstoff.

89 *»née de Caparoux«:* geborene von Caparoux. – *»Madame est ...«:* Gnädige Frau ist Französin ...! Ah, unser schönes Frankreich. – *»Da, wo du nicht bist ...«:* »Dort, wo du nicht bist, dort ist das Glück«, schließt Schuberts Lied »Der Wanderer« nach einem Gedicht von Georg Philipp Schmidt, genannt Schmidt von Lübeck (1766–1849).

90 *Ulanenfigur ... in die Residenz:* Vgl. Anm. zu S. 125. – *Wensky:* aus von Wentzky. – *kaffeebraunen Husaren:* Das 1. Schlesische Husaren-Regiment, Nr. 4, war in Ohlau, im ehemaligen preußischen Regierungsbezirk Breslau, stationiert. – *Steeplechasereiter:* steeplechase: Kirchturmrennen (Hindernisrennen), vgl. auch »Graf Petöfy«, 26. Kap. (GP, S. 144) und »Wanderungen«, ›Die Grafschaft Ruppin‹, ›Die Ruppiner Schweiz‹: »Entzückendes Steeplechase; das Gefühl der Fährlichkeit geht in der Wonne des Hindernisnehmens unter.« (W 1, S. 340). – *kräpscher:* streitbarer, kampflustiger. – *Regiment Zauche-Belzig:* Belzig (keine Garnison), Hauptort des Kreises Zauche-Belzig im ehemaligen preußischen Regierungsbezirk Potsdam. Regionale Bezeichnungen als Namen von Regimentern waren in der damaligen preußischen Armee nicht in Gebrauch. Es handelt sich vielleicht um eine bewußte Mystifizierung, mittels derer der wenig sympathische »Leutnant Tigris« – auch der Familienname scheint sehr eigenwillig erfunden – gleichsam neutralisiert werden sollte.

91 *Herzogin von Mouchy:* In »Aus den Tagen der Okkupation«, Bd. 1, ›Mouchy. LianCourt‹, erwähnt F. die Herzogin, die eine geborene Prinzessin Murat, Enkelin des napoleonischen Marschalls und Königs von Neapel, war: »Die Herzogin (Prinzessin Anna Murat), die hier den Ton angibt, steht, wie nach Abstammung so nach Geschmack, ganz innerhalb des Modernen ...« (HF III, 4, S. 729); sie war eine Freundin der Kaiserin Eugenie. – *Beauffremont:* französische Adelsfamilie, vgl. »Vor dem Sturm«, ›Nach Tisch‹ wo ein Graf Beauffremont als einer der Hofleute Heinrichs IV. genannt wird (VS, S. 178 und Anm.). – *Un teint ...:* Ein Teint wie Lilien und Rosen und vollendet vornehm. In ähnlicher Form findet sich der Ausdruck wiederholt bei F., z. B. in »Schach von Wuthenow«,

4. Kap. (SW, S. 34 und Anm.), in »Wanderungen«, ›Die Grafschaft Ruppin‹, ›Rheinsberg‹ (W, 1, S. 302) und in ›Oderland‹, ›Kronprinz Friedrich und Frau v. Wreech‹ (W 1, S. 895 f. und Anm.).

92 *Die Vernezobres:* Hugenottenfamilie wie die Ravenés. Der Baron Vernezobre de Laurieux, seit 1714 in Berlin, hatte in Paris beim sogenannten Lawschen Papierschwindel ein immenses Vermögen erworben und nach Berlin gerettet. König Friedrich Wilhelm I. wollte dessen Tochter mit dem Kapitän von Forçade verheiraten, wogegen diese sich aber wegen einer andern Neigung wehrte. Auf Veranlassung von Minister von Marschall und Oberst von Derschau gab der König der Tochter die freie Ehewahl, aber ihr Vater mußte dafür das Palais Prinz Albrecht in der Wilhelmstraße (gegenüber der Kochstraße) erbauen lassen. Die Tochter heiratete daraufhin weder ihren früheren Geliebten, einen verabschiedeten Offizier, noch von Forçade, sondern den Dragonerkapitän Baron von Montenon.

93 *Sprichwort: ›wenig mit Liebe‹:* Vgl. dagegen das Gedicht »Und alles ohne Liebe« (HF I, 6, S. 283 f.), ferner »Grete Minde«, 9. Kap.: »Unter Bruder und Schwester, und ohne Liebe ...« (GM, S. 46).

94 *Jott, der Mensch gewöhnt sich an alles:* Vgl. dagegen F. an Mathilde von Rohr am 1. Juli 1876: »... meine Frau ... hätte sich in ihrem Gemüth mit dem berühmten Alltagssatze beruhigt: der Mensch gewöhnt sich an alles. Dieser Satz ist falsch. Ich bin so unsentimental wie möglich, aber es ist ganz gewißlich wahr, daß zahllosen Menschen, alten und jungen, das Herz vor Gram, Sehnsucht und Kränkung bricht. Jeder Tag führt den Beweis, daß sich der Mensch *nicht* an alles gewöhnt.« (HF IV, 2, S. 534). – *Saatwinkel:* bei F. oft genannter Ausflugsort am Tegeler See, vgl. »Der Stechlin«, 13. Kap. (HF I, 5, S. 131), »Allerlei Glück« ›W. Brose. Landpartie nach Saatwinkel und dem Tegler See‹ (HF I, 7, S. 131 f.), und den Entwurf »Berliner Novelle« (HF I, 7, S. 472 f.). Vgl. auch IW, S. 26 und Un, S. 34. – *Pichelsberg:* Ausflugsort an der Havel.

95 *sie hieß wirklich Hulda:* Vgl. auch »Effi Briest«, 1. Kap., die Figur der Hulda Niemeyer (EB, S. 10); in Berlin ein Name, der den Witz herausforderte (»Ist denn kein Stuhl da / für meine Hulda?«). – *›sie müßte nachs Bad‹:* Vgl. IW, S. 114. – *kajolierte:* liebkoste. – *die Singuhr:* berlinische Bezeichnung für das Glockenspiel im Turm der Parochialkirche, s. auch »Vor dem Sturm«, ›Heiligabend‹ (VS, S. 7 und Anm.). Der Liederbesatz wechselte, an Sonn- und Feiertagen mittags wurden durch den Glockenisten auch im Handspiel Choräle und Lieder gespielt. Zum Repertoire der Parochialkirche gehörte das von F. hier genannte »Üb immer Treu und Redlichkeit« seinerzeit nicht, hingegen ertönte es seit 1797 zu jeder halben Stunde vom Turm der Potsdamer Garnisonskirche. Verse aus Höltys Gedicht »Der alte Landmann an seinen Sohn« und die Melodie der Arie des Papageno »Ein Mädchen oder Weibchen« aus Mozarts

»Zauberflöte« sind zuerst in Freimaurerkreisen zu der populären Weise verbunden worden.

96 *Färberei, türkischrot:* Vgl. »Frau Jenny Treibel«, Treibels Berlinerblau (JT, S. 16).

97 *das höchste Glück, das Ruhe bedeutet:* ähnlich wiederholt bei F., vgl. Un, S. 49 und Anm.

98 *enfin:* endlich. – *Leone Leoni ... oder irgendein anderer großer Romanheld:* nach der Hauptfigur des gleichnamigen Romans (1834) von George Sand (1804–76).

99 *Abstraktion:* hier: Herkunft. – *›Regards‹:* Rücksichten. – *Hausgesetz:* Anklang an ein Zeitgefühl, wie es Ibsens »Gespenster« dokumentieren; F.s Theaterkritik vom 30. Sept. 1889 setzt sich mit diesem »Gesetz« auseinander (HF III, 2, S. 809). – *›Gottes Mühlen mahlen langsam‹:* Der Anfang des Sinngedichts »Göttliche Rache« (3. Tausend, 2. Hundert, Nr. 24) von Friedrich von Logau (1604–55) lautet: »Gottes Mühlen mahlen langsam, mahlen aber trefflich klein, / Ob aus Langmut er sich säumet, bringt mit Schärf' er alles ein«; eine Übersetzung des Sextus Empiricus (um 180 n. Chr.).

100 *Nachmittagsprediger der Weltgeschichte:* Vgl. Anm. zu S. 99 (Hausgesetz). – *Ezechiel:* bei Luther Hesekiel, Prophet des Alten Testaments, mit König Jojachin nach Babylonien deportiert. – *als Adam grub und Eva spann:* sprichwörtlich nach dem Volkslied »Ich bin ein freier Bauernknecht«: »Da Adam reutet und Eva span, /Wer was die Zeit da ein Edelmann?« – *Sensationsroman? Dreidoppelte Geheimnisse von Paris!:* Anspielung auf den Roman »Les mystères de Paris« (1842/43, 10 Bde.) von Eugène Sue (1804–57). – *Lämmchen, weiß wie Schnee:* nach dem Lied »Das Lämmchen« aus »Wiegenliederchen« (1772) von Friedrich Justin Bertuch (1747–1822): »Ein junges Lämmchen, weiß wie Schnee«. Vgl. »Effi Briest«, 24. Kap. (EB, S. 204) und »Meine Kinderjahre«, 16. Kap., den Bericht des Vaters über seine Naivität, die ihn ins Unglück stürzte: »Ich war wie das Lämmlein auf der Weide, das rumsprang, bis es die Beine brach.« (HF III, 4, S. 160); s. S. 62 und Anm.

101 *du bist nicht jede Stunde derselbe, keiner von uns:* Vgl. »Graf Petöfy«, 34. Kap.: »Wir kennen uns nie ganz aus, und über Nacht sind wir andere geworden ...« (GP, S. 181). – *Erinnerungen aber sind mächtig:* Vgl. IW, S. 96. – *Schuld und wieder Schuld ... Ich schäme mich ordentlich der großen Worte:* Vgl. »Graf Petöfy«, 33. Kap.: »Schuld, Schuld! ... das häßlich anmaßliche Wort ...« (GP, S. 178 und Anm.).

103 *Sehnsucht ... zu steigen und zu fallen:* Vgl. S. 11 und Anm. – *die lange Straße hinunter:* Vgl. »Schach von Wuthenow«, 19. Kap. (SW, S. 129 und Anm.), und »Graf Petöfy«, 33. Kap. (GP, S. 176).

105 *»Nach Süden!«:* Titel eines Gedichts von Nikolaus Lenau, vgl. auch »Graf Petöfy«, 4. Kap. (GP, S. 24). – *Reverend:* reverend = hochwürdig; Titel der Geistlichen in England.

106 *Farnesina:* Villa Farnesia, an der Via Lungara in Trastevere, dem Palast Farnese gegenüber, erbaut von Peruzzi (1511), ursprünglich Landhaus des Bankiers Chigi, mit Fresken von Raffael, Giulio Romano, Sebastiano del Piombo und Peruzzi. – *Amor und Psyche ... aus allen Fensterkappen:* F. besuchte die Villa Farnesia am 1. Nov. 1874 und machte sich über die Deckengemälde Raffaels, die die antike Sage von Amor und Psyche darstellen, eine längere Notiz: »Der erste Eindruck ist nichts weniger als erbaulich, was wohl zum größten Theile auf die mannigfachen Aufbesserungen zu schieben ist, die so stark sich geltend machen, daß vielleicht nur noch von Beurtheilung der *Composition* die Rede sein kann. Der Grund ist ein sich breitmachendes Blau, in den Fleischtönen der zahlreichen Gestalten herrscht ein wenig erbauliches Rothbraun vor ... Nach einer kleinen halben Stunde rückte ich mich in den Dingen zurecht und begann ihnen Geschmack abzugewinnen. Aber doch immer nur partiell.« (N XXIII/2, S. 75). Vgl. auch F.s Brief an Karl Zöllner aus Rom und Neapel vom 31. Okt. – *3. Nov. 1874:* »In Kunstschwatz kann ich mich hier nicht ergehen ...« (HF IV, 2, S. 486). – *Brausewetter:* kein Adelsname; bekannt war F. hingegen der Maler Otto Brausewetter (1835 bis 1904), der hauptsächlich Historienbilder schuf und den F. in seinem Bericht über die Kunstausstellung von 1863 in Berlin lobend hervorhebt (vgl. N XXIII/1, S. 204). – *Dachröden:* im Anklang an Dacheröden (Mädchennamen der Gattin Wilhelm von Humboldts).

107 *wo Kaiser Max begraben liegt:* Maximilian I. (1459–1519) liegt in Wiener Neustadt begraben; in der Franziskaner- oder Hofkirche in Innsbruck befindet sich das berühmte Grabmal, das F. am 24. Aug. 1875 besichtigte (vgl. N XXIII/2, S. 123 f.). – *derselbe von der Martinswand:* Der Sage nach verstieg sich der Kaiser bei der Jagd in der Martinswand und wurde durch einen Engel gerettet (Gemälde von G. Ad. Cloß). – *sehr alter Herr:* 1517 (Thesenanschlag) 58 Jahre alt. – *Anastasius Grün:* Pseudonym des österreichischen Dichters und Politikers Anton Alexander Graf von Auersperg (1806–70), der die poetischen Versuche des jungen F. beeinflußt hat; Romanzenzyklus »Der letzte Ritter« (1830): »Wer ist der kecke Schütze im grünen Jagdgewand ...« – *Bildnis Andreas Hofers:* Der zu Mantua hingerichtete Tiroler Freiheitsheld (1767–1810) ist in der Hofkirche in Innsbruck bestattet; vgl. auch Un, S. 222.

108 *die ›Cascinen‹:* der vom Arno und Mugnone eingeschlossene Stadtpark im Nordwesten von Florenz, auf dem nachmittags die Korsofahrten stattfanden. – *Über den Arno ... eine Budenbrücke:* der Ponte Vecchio (von 1345) mit den Buden der Goldschmiede. – *Rialto:* Brücke über den Canale Grande in Venedig.

109 *ich sehne mich nach Einkehr und Stille:* Vgl. »Vor dem Sturm«, ›Aus Renatens Tagebuch‹: »Denn ich sehne mich nach Einkehr bei mir selbst und nach den stillen Werken der Barmherzigkeit« und

»Wie schön! Es war ein Blick in Licht und Frieden« (VS, S. 711 und 712); vgl. auch die verwandte Stimmung in »Grete Minde«, 8. Kap. (GM, S. 43 und Anm.). – *seliges Wandeln:* Vgl. »Ein Sommer in London«, ›Das Leben ein Sturm‹: »Glückliches Land im Süden, dessen großer Dichter niederschreiben konnte: ›Das Leben ein Traum‹, und armes, gepriesenes Land du, das du die Seligkeit des Träumens nicht kennst ...« (HF III, 3/I, S. 113). – *als wie im Traum:* Vgl. F.s Gedicht »Mein Leben«: »Mein Leben, ein Leben ist es kaum, / Ich gehe dahin, als wie im Traum.« (HF I, 6, S. 346).

110 *Venedig:* F. war vom 5.–8. Okt. 1874 in Venedig. über seinen Eindruck von der Stadt vgl. das Italienische Tagebuch (N XXIII/2, S. 11 ff.), sodann den Brief an Karl und Emilie Zöllner vom 10. Okt. 1874: Venedig sei »interessant von Schritt zu Schritt, landschaftlich zauberhaft, poetisch durch und durch«, aber »die ganze Geschichte [sei] doch zu schmutzig. Sie bedarf des Mondlichts ...« (HF IV, 2, S. 476). Vgl. auch den Entwurf »Die Goldene Hochzeitsreise« (HF I, 7, S. 250 ff.). – *Della Salute:* vgl. S. 57 und Anm. – *in dem Tale »zwischen den Seen«:* das Bödeli-Tal mit Interlaken (lat. inter lacus) im Berner Oberland.

111 *Rousseau-Insel:* um 1790 angelegte, mit einer Nachbildung von Rousseaus Grabmal geschmückte Insel in den Tiergarten-Gewässern. – *es zieht mich nach dem Norden hin:* – Vgl. F. an Ernst Gründler am 11. Febr. 1896: »Ich bin Nordlandsmensch ...« (HF IV, 4, S. 531); vgl. auch »Graf Petöfy«, 13. Kap. (GP, S. 94 und Anm.).

112 *Samum:* sehr heißer, trockener Wüstenwind. – *in unserer Angst und Sorge beten wir:* Vgl. »Ellernklipp«, 8. Kap. (El, S. 57 und Anm.).

113 *sanguinischen Gemüts genug:* Vgl. F. an Ludwig Pietsch am 24. April 1880: »... ich bin ganz Sanguiniker.« (HF IV, 3, S. 80). Ebenso an seine Tochter Mete in einem Brief vom 22. Mai 1889, in dem er von seinem »glücklich sanguinischen Charakter« spricht (HF IV,3, S. 694).

114 *Das Beste des Lebens ... Inkognito ... Markt ... Straße ... tauge nichts:* Vgl. F.s Gedicht »So und nicht anders«: »Ich mied den Markt, ich mied den Schwarm ...« (HF I, 6, S. 341). – *was wirklich Wert habe ... ziehe sich zurück ... verstecke sich:* Vgl. »Meine Kinderjahre«, 14. Kap., F.s »Versteckspiel-Passion«, die ihm selbst rätselhaft ist (HF III, 4, S. 140), den Vergleich seiner Natur mit dem »Blümchen Wunderhold« in dem Brief an Bernhard von Lepel vom 7. Jan. 1851: »Außerdem hat es mit dem ›Blümchen Wunderhold‹ doch was auf sich ...« (HF IV, 1, S. 150) und »Grete Minde«, 2. Kap. (GM, S. 14 und Anm.). – *»Das oder die...«:* Vgl. die ähnliche Form in einem für Otto Brahm bestimmten Widmungsgedicht: »Was? wie? / 'ne Biographie?« (HF I, 6, S. 547).

115 *mais il faut payer ...:* aber wir müssen für alles zahlen und doppelt für unser Glück.

116 *›c'est mon métier‹:* Das ist mein Beruf. Danach folgt in der Erstausgabe eine Freizeile. – *›Die Fackeln des Nero‹:* erstes Hauptwerk (1876)

des polnischen Malers Henryk Siemiradzki (1843–1902), zeitweilig in Berlin ausgestellt; später im Museum zu Krakau. – *»Schweig stille, mein Herze«:* Vgl. Anm. zu S. 68 *(»Rothtraut, Schön-Rothtraut«).*

117 *Sie schrieb:* Danach folgt in der Erstausgabe ein Absatz. – *Frankfurt ... jetzt preußisch:* Die Freie Stadt Frankfurt war 1866 dem preußischen Staat einverleibt worden.

118 *Druväpfel:* Traubenäpfel, auf einer Seite gelb, auf der andern rot. – *de haut en bas:* von oben herab. – *die Tage, von denen es heißt ...:* »Des Schöpfers dein gedenke in deiner Jugend Tagen, bevor die bösen Tage kommen und Jahre nahen, von denen du erklärst: ›Ach, sie gefallen mir nicht‹ ...« (Prediger 12,1). – *»Mit meinem Mantel ...«:* dritter und vierter Vers des in der Anm. zu S. 67 zitierten Gedichts von Robert Burns. – *»Cheer up, dear!«:* Kopf hoch, Liebe!

119 *›it is a nine-days-wonder‹:* aus den Salons des 18. Jahrhunderts kommendes Wort für eine Neuigkeit, die nur neun Tage vorhält; vgl. F. an James Morris am 1. Dez. 1896: »Wenn ich nicht irre, haben Sie in England die Wendung ›nine days wonder‹ und wirklich, es bezeichnet sehr richtig das höchste Dauermaß von Interesse. Nach 9 Tagen verblaßt alles. Und je größer in diesen 9 Tagen der Zeitungslärm und in Folge davon die künstlich heraufgeschraubte Teilnahme ist, je rascher erlischt die Flamme.« (HF IV, 4, S. 617 f.). Vgl. auch den Brief an Emilie Fontane vom 4. Juni 1878: »... wurde wieder recht an mein englisches Wort vom ›nine-days-wonder‹ erinnert« (HF IV, 2, S. 577); ähnlich an den Sohn Theodor am 2. Nov. 1895 (HF IV, 4, S. 497).

120 *Sankt Matthäi:* die F.s Wohnung in der Potsdamerstraße nahegelegene St.-Matthäus-Kirche im Tiergartenviertel, unter Friedrich Wilhelm IV. von Friedrich August Stüler (1800–65) erbaut; vgl. auch Cé, S. 120 u. IW, S. 9.

121 *›Wer nie sein Brot mit Tränen aß‹:* So beginnt das Lied des Harfners in Goethes Roman »Wilhelm Meisters Lehrjahre«; von Robert Schumann vertont.

124 *Gundermann:* Lippenblütler, als Heilpflanze gegen verschiedene Leiden verwendet. Vgl. auch den Namen in »Der Stechlin« (DS, S. 16 ff.).

125 *die Ulanen:* In Berlin war das 2. Garde-Ulanen-Regiment stationiert. – *»Wir haben keine Mutter mehr.«:* »Ich habe keine Mutter mehr!« soll der junge Ravené nach der Scheidung der Eltern gesagt haben. Eine Quelle F.s für solche Berichte war Frau Harder (vgl. »Zur Entstehung«, S. 146).

126 *Nikolaikirche:* in der Nähe des Molkenmarkts gelegen, die älteste Kirche Berlins, begonnen im 13. Jahrhundert. – *embarras de richesse:* eigentlich embarras des richesses, Verlegenheit infolge von zu großer Auswahl, Titel einer Komödie des Abbé Léonor Jean Christoph Soulas d'Allainval (1700–53), erschienen 1726.

127 *A shadow of a shadow:* ein Schatten eines Schattens. – *metteurs en scène:* Regisseure.

128 *Kloster Himmelpfort:* Vgl. Anm. zu S. 44. – *genferischen Schlages:* kalvinistischen Schlages. – *Rückschlagstheorie:* Der Rückschlag zum Ahnentypus, die Ahnenähnlichkeit (Atavismus) wurden durch ein Gesetz der latenten Vererbung, später nach dem sogenannten biogenetischen Grundgesetz erklärt. Vgl. auch »Allerlei Glück«, ›Axel Brah‹: »Er kann nicht dafür. Rückschlag, Rückschlag ... Dummes Zeug die ganze Geschichte. Atavismus.« (HF I, 7, S. 295). – *Michel Servet:* eigentlich Miguel Serveto, 1511–53, Arzt, Geograph, Mathematiker, kritisierte in mehreren Werken die Trinitätslehre; auf Anzeige Calvins verhaftet und – gegen dessen Wunsch – zum Feuertod verurteilt.

130 *Waisenhauskinder ... Mädchen, in blauen Kleidern:* Vgl. F.s Besprechung einer Aufführung von Goethes »Iphigenie auf Tauris« vom 9. Mai 1874: »Ich habe die Angewohnheit, dann und wann, um 6 Uhr abends, in eine der alten gotischen Kirchen unserer Stadt zu gehen; der Name tut nichts zur Sache. Die versammelte Gemeinde besteht gemeinhin aus zehn Spittelfrauen und zwanzig Waisenmädchen, hinter deren blauschürziger Front sechs, sieben Verschlagene sitzen, die wohl auch aus Liebhaberei kommen, wie ich. Einmal habe ich, hinter einem Pfeiler versteckt, einen weinen sehen, was mich mehr erschütterte als 3 Akte Trauerspiel. Erst wird, wie üblich, gesungen, wenn man es singen nennen kann; dann tritt ein Kandidat auf und spricht, was er vorher auswendig gelernt hat. Die Gaslichter brennen nur in engem Kreis um die Kanzel her, alles andre liegt im Halbdunkel; die grünen Vorhänge vor den hohen gotischen Fenstern bewegen sich leise im Zugwind und die Pfeiler wachsen immer höher und höher und verlieren sich, nach oben zu, wie in grauem Gewölk. Derweilen fließt das Wort ruhig weiter; die Frauen schlafen, die Kinder kichern; mitunter kommt ein Bibelspruch oder ein Zitat aus Luther und fällt weckend in mein Herz. Das sind Nachmittagspredigten. Wie weit, weit ab davon war der Iphigenien-Kultus am letzten Sonnabend.« (HF III, 2, S. 185 f.). Vgl. auch »Allerlei Glück«, ›Distelmeier und Brose über Berliner Kirchenbesuch‹ (HF I, 7, S. 299 f.).

131 *»Du lebst ...«:* Es handelt sich um die vier ersten Zeilen der vorletzten Strophe des Chorals »Ich weiß, daß mein Erlöser lebt« (nach Hiob 19,25) von Karl August Döring (1783–1844).

132 *Eifersucht ... könnte keine Stunde leben mehr, wär' es das:* Vgl. F.s Brief an Wilhelm Wolfsohn vom 10. Nov. 1847 aus seiner Verlobungszeit: »... hab ich den Höllensoff brennender, verzweifelnder Eifersucht gekostet, oder richtiger, meine Seele monatelang damit getränkt« (Briefwechsel mit Wolfsohn, S. 28), ferner den Brief Emilie Rouanet-Kummers an Wolfsohn vom 14. April 1850: »... Eifersucht oder vielmehr ein unbegrenzter Egoismus ist der Fehler in meiner Liebe, ich kann es kaum ertragen, wenn Theo lobend und

anerkennend von einer jungen Dame spricht ...« (Briefwechsel mit Wolfsohn, S. 58).

133 *Märchen von ›Tischlein, decke dich‹:* in der Sammlung der »Kinder- und Hausmärchen« der Brüder Grimm. – *King-Charles-Hündchen:* englischer Schoßhund, schwarzer Zwergspaniel mit rostgelben Abzeichen, Lieblingshund König Karls II. von England (1630–85) Vgl. das Fragment »Wiedergefunden« (HF I, 7, S. 329 f.). – *Poetenhütte, die Raum hat ...:* Vgl. Anm. zu S. 136 *(Poetenweisheit)*; auch hierzu findet sich in dem Fragment »Wiedergefunden« ein Anklang in der »Poeten-Wohnung«, die »Herbert und Lilli, ein junges Paar und ein schönes Paar« bezogen haben (HF I, 7, S. 330).

134 *Muß eine harte Nuß:* »Das kleine Wörtlein Muß / Ist doch von allen Nüssen, / Die Menschen knacken müssen, / Die allerhärtste Nuß«, heißt es in den »Arabesken« von Ludwig Bechstein (1801–60), nach dem Sprichwort: »Muß ist harte Buß«; s. auch »Stine«, 8. Kap.: »›Die arme Frau, so sagen sie, sie hätt's lieber anders. Aber sie *muß*. Und Muß ist eine harte Nuß.‹« (St., S. 41).

135 *Toussaint L'Ouverture:* 1743–1803, Sklavenkind, Kutscher eines Plantagenaufsehers, Autodidakt, der die Bibliothek seines Herrn benutzte; stieg während des Negeraufstands auf Haiti und während der Kämpfe zwischen Spaniem und Franzosen als militärischer Führer auf und wurde vom französischen Konvent zum Obergeneral ernannt, machte sich 1800 zum Präsidenten der Insel. Zur Übergabe gezwungen, starb er als Gefangener in Besançon. – *Toussaint-Langenscheidt:* Sprachlehrmethode, entwickelt von dem Sprachgelehrten und Buchhändler Gustav Langenscheidt (1832–95), der gemeinsam mit dem französischen Sprachlehrer Charles Toussaint 1865 eine Schrift »Französische Unterrichtsbriefe zum Selbststudium« herausgab, die glänzenden Erfolg hatte und zu verschiedenen ähnlichen Lehrwerken führte.

136 *Poetenweisheit von der »kleinsten Hütte«:* »Raum ist in der kleinsten Hütte /Für ein glücklich liebend Paar«, heißt es in Schillers Romanze »Der Jüngling am Bache«, doch findet sich der Gedanke ähnlich schon in Wielands »Musarion« und in Leisewitz' »Julius von Tarent«. – *Königsdenkmal:* Denkmal Friedrich Wilhelms III. von Drake, 1849 errichtet. – *Louiseninsel:* wie das Königsdenkmal am Südrand des Tiergartens, wo 1880 noch das Denkmal von Encke errichtet wurde; vgl. F.s Gedicht »Meine Reiselust«: »... Höchstens bis Königin Luise / Wag' ich mich vor, umschreitend diese.« (HF I, 6, S. 342). Vgl. auch »Effi Briest«, 35. Kap.: »Einfach hierbleiben ... wenn die Veilchen blühen oder das Luisendenkmal in Blumen steht ...« (EB, S. 288). – *Steuerdefraudanten:* Steuerbetrüger.

137 *»Nemesis«:* wörtlich das Rechtsgefühl, personifiziert die Glück und Unglück gerecht ausgleichende Göttin, Rächerin allen Frevels, auch der Überhebung. – *»Finger Gottes«:* ein Bild der göttlichen Allmacht und deren Wirksamkeit, wiederholt im Alten Testament,

auch Lukas 11,20. – *»Inséparables«:* die Unzertrennlichen. – *Wahlverwandtschaften:* Vgl. Anm. zu S. 75. – *lion:* Löwe. – *wenn dem Löwen, zu wohl wird:* analog dem Sprichwort vom Esel, der, wenn es ihm zu wohl wird, aufs Eis tanzen geht.

138 *Altweibersommer, der will di einspinne:* Das herbstliche Ziehen der Sommerfäden ist auch für F. selbst ein eindrucksvolles Stimmungsbild; vgl.. »Grete Minde«. 12. Kap. (GM, S. 57 und Anm.), und F.s Bekenntnis: »Still sich Einspinnen ist mein Metier und meine Lust.«

139 *»Julklapp«:* verpacktes, scherzhaftes Weihnachtsgeschenk, s. auch Un, S. 144.

140 *Ah, voilà:* Ah, sieh da. – *en miniature:* in Kleinformat. – *King Ezel in all his glories:* König Ezel in all seiner Herrlichkeit. – *Berloque:* Uhranhänger.

Varianten

Das Variantenverzeichnis bringt alle relevanten Textabweichungen zwischen dem Vorabdruck (V) und der ersten Buchveröffentlichung (B). Vgl. dazu auch jeweils die Abschnitte zur »Textgrundlage« der einzelnen Romane. Nicht aufgenommen wurden: 1. zusätzliche oder fehlende »eben«, »und«, »auch«, »selbst«, »hin«, »her« u. ä., mit Ausnahme weniger Fälle, 2. Tempus- und Modusänderungen, wenn sie zu keiner wesentlichen Verschiedenheit der Aussage führen, 3. die für Fontanes Stil charakteristischen verkürzten Wortformen (z. B. andre statt andere, unsre statt unsere etc.), die in den Buchausgaben vom Setzer sehr wahrscheinlich normiert worden sind.

Vor der Klammer wird der Wortlaut von B, danach der von V gegeben.

7,12 giltigen] giltigeren

8,12 seines Unabhängigkeitsgefühls und einer] seiner Unabhängigkeit und

8,14 allezeit], Tag oder Nacht,

8,29 sein] werden

9,35 Tagen] Tagen erst

11,27 Bude (das erfrorene Gesicht in einer Kapuze)] Bude, das erfrorene Gesicht in eine Kapuze gesteckt,

11,35 eben wollte sie sich] sie wollte sich eben

13,14 sagte:] sagte jetzt:

14,12 doch, mehr] doch, lachst mehr

14,25 und weiß] und ich weiß

14,32 es] es ihr

14,34 denn] fehlt V
15,30 den Eckpfeiler, sondern wirklich in] diesen Eckpfeiler, sondern in
15,31 über all das so] so selber
16,10 eigentlich] fehlt V
16,25 Freilich auch] Auch
16,28 viel] fehlt V
16,32 Resignation. Er besaß eben] Resignation in sich hinein. Denn er hatte
17,1 wieder] fehlt V
17,8 so meine Hausherrschaft garantiert] hierin eine leidliche Garantie meiner eigenen Herrschaft
17,9 noch besser] besser noch
17,18 übrigens auch ein gelegentlicher] allerdings gelegentlich auch der
18,26 exquisiten] bevorzugten
18,34 London selbstverständlich,] London, das ist selbstverständlich
18,36 gründen] begründen
21,7 beiden. Und will man sich gar in ihn verlieben] beiden, und wenn man sich gar in ihn verlieben will
21,16 übrigens davor hüten] davor hüten und verzichte darauf
21,22 Melanie sich] sich Melanie
21,33 wollen zu Haas und uns einen] wollen uns bei Haas einen
22,15 allen vorkommenden] den mannigfachen
22,20 übrigens] und zwar
23,8 letzteren] fehlt V
23,12 wie um anderer Qualitäten so auch] neben anderen Qualitäten, auch
23,19 seit 66] seit anno 66
23,37 seinen] seinen zwei
24,1 Diese] Diese zwei
24,16 einfach deshalb, weil] umso mehr, als
24,21 vom Standpunkte des Herrn Kommerzienrats aus, in die relativ höhere Rangstufe wieder hinaufgehoben] zum Ärger des Herrn Kommerzienrats wieder in eine relativ höhere Rangstufe hinaufgehoben
25,35 ausließ] fehlt V
25,37 gehe«.] gehe«, zu verbreiten liebte.
28,10 schloß mit ironischer Emphase der Legationsrat.] schloß mit Emphase der Legationsrath, der ersichtlich nur auf ein Stichwort gewartet hatte.
28,11 »Aber, wenn er es *dennoch* täte? He?] fehlt V
28,14 Und zwar kein] Aber nicht ein
28,22 aber] fehlt V
28,29 Glückstempel, denn es wird darin gespielt, und] Glückstemtempel, meine Freunde, denn es wird darin gespielt, hoch gespielt, und

28,30 das über kurz oder lang kommen wird] fehlt V
28,36 Exmittierung] Hinauswerfung
29,4 einer Partei] fehlt V
29,8 schließlich jeder, jeder] schließlich jeder
29,26 »Die Piratenflagge] »Also die Piratenflagge.«
29,27 »Ja. Und Sie] »Die Piratenflagge. Ja, Sie
29,28 Ich sage] Und ich sage
29,28 und Ihnen, Elimar] fehlt V
30,13 überrascht mich] dabei
30,30 das ist herrlich] van der Straaten
31,4 gelang denn auch momentan] Diversion ermöglichte sich denn auch
31,5 bemerkte] hinwarf
31,27 Übrigens mit dem Tizian] Und mit dem Tizian, Melanie,
33,2 ihn,] ihn, doch
33,35 einen] einen generalstäblerisch
36,6 Augenblicke] Augenblicke verbindlicherweise
36,9 nun mehr] fehlt V
38,14 Räte, der Legations- und Polizeirat waren] Räte von der Legation und der Polizei
38,26 Parteien] Parteien, mit Ausnahme des Kutschers,
38,27 Nur nicht den Kutscher.] fehlt V
38,29 außerdem noch] fehlt V
39,21 Und kommt] Und es kommt
41,29 Melanie] Melanie mit Kindern und Dienerschaft
41,32 draußen. Und auch das nur, weil] draußen, weil
42,2 wohl zu] wohl, ihm zu
45,3 Dienstfertigkeit] Dienst
46,11 Zweifel ließ. Und wirklich im] Zweifel lassen konnte. Und so war es. Im
46,15 sehen. Erlauben Sie mir,] sehen, Herr Rubehn, und bitte,
48,9 nicht] nichts
48,16 unter Heranziehung ihres Herrn Vetters] auf dem Umwege des Persönlichen
53,18 darf: er, der] kann, der
54,20 vorher] fehlt V
55,16 werde.] würde.
56,3 hätte denn ein schändlicher und zweizüngiger Lügner sein müssen] wäre denn ein schändlicher und zweizüngiger Lügner
57,1 nichts] nichts Anderes
57,19 ironischen Tons] ironisch-fromm
58,18 keusch] fehlt V
58,37 vorgreifen] vorarbeiten
60,4 allen historischen Aufzeichnungen nach] soweit es historische Aufzeichnungen gäbe
60,25 freilich] fehlt V

60,26 gut)] gut, auch, *so* gut)
61,16 Inzwischen war] Inzwischen aber war
62,10 auch] jetzt
63,4 Strom.] Strom hinaus.
63,16 die Venus dieser Gegenden,] fehlt V
63,31 ... bah] Aber bah
67,14 beide] fehlt V
68,30 Das Boot aber lief ans Ufer, an dem Elimar und Arnold schon in aller Dienstbeflissenheit warteten.] Und das Boot lief ans Ufer, und Elimar und Arnold warteten schon in aller Dienstbeflissenheit.
72,1 was Schwäche] was seine Schwäche
78,30 doch] fehlt V
78,37 bei] an
78,38 anfing] begann
79,6 zuletzt] fehlt V
80,5 ebenso] so
80,6 immer] immer mit dabei un ooch immer
82,36 Ja] fehlt V
83,1 sagte nur: »Und du wunderst dich über Kopfweh! Man] sagte: »Und du wunderst dich! Man
84,20 freilich durch] freilich dann durch
85,35 unbeschreiblichen Vergnügens] unbeschreiblich hohen Glücks
86,23 aber in der Tat auch nur *diese* hatte] aber auch nur diese gemein hatte
86,28 könne] konnte
86,38 eben] umgekehrt
88,2 hatte] fort hatte
90,9 sich] fehlt V
95,18 als Ende Mai war, da kam ja] es war woll schon Ende Mai ... Un da war ja nu
96,17 türkischrot.] türkischroth. Un nachher war es ein Blaufärber.
97,19 »Weil ich einen andern liebe.«] »Ich liebe einen andern.«
97,36 so recht eigentlich unsere] unsere eigentlichste
104,19 käme] könne
104,27 auch] fehlt V
106,12 hinführt] führt
106,33 Und gar] Und nun gar
112,36 doch lieber noch] fehlt V
113,16 glaubt, vielleicht einfach] glaubt. Wohl einfach
114,2 und danach auch] dann
115,2 aber] fehlt V
120,20 nicht] nichts
124,19 auch] fehlt
125,21 beenden konnte, ging die große Flügeltür auf] beendet, öffnete sich unten die große Flügeltür

129,19 der die Last ihrer Einsamkeit verringern sollte] mit dem sie die Last der Einsamkeit zu theilen gehabt hätte
131,6 ihr ihr] ihr das
132,20 Ostersonntag] Ostersonntag, den 18.
133,24 von] fehlt V
138,38 wegg'schaut] wegg'schaut eine Weil
139,29 Adresse] Namens-Angabe

Zeittafel

1819	30. Dezember: Henri Théodore (Theodor) Fontane in Neuruppin geboren.
1827	Juni: Die Familie zieht nach Swinemünde.
1832	Ostern: Eintritt in die Quarta des Gymnasiums in Neuruppin.
1833	1. Oktober: Eintritt in die Gewerbeschule K. F. Klödens in Berlin.
1836	Beginn der Apothekerlehrzeit. Konfirmation in der französisch-reformierten Kirche.
1839	*Geschwisterliebe*, sein erstes gedrucktes Werk.
1840	Ende der Lehrzeit. Gedichte im »Berliner Figaro«. Roman *Du hast recht getan* und Epos *Heinrichs IV. erste Liebe* (beide nicht überliefert). Oktober–Dezember: Apothekergehilfe in Burg bei Magdeburg.
1841	1. April: Gehilfe in der Apotheke »Zum Weißen Adler« in Leipzig. Politisch-literarische Kontakte (»Herwegh-Klub«). Gedichte im Unterhaltungsblatt »Die Eisenbahn«.
1842	1. Juli: Gehilfe in der Salomonis-Apotheke in Dresden. Weitere Gedichte und Korrespondenzen für die »Eisenbahn«.
1843	Gedichte im »Morgenblatt« (Cotta). Erneuter Aufenthalt in Leipzig, gescheiterte Pläne als Redakteur. Anfang August Rückkehr nach Letschin, Defektar in der väterlichen Apotheke. 30. Juli: Gast (»Rune«) im Literarischen Sonntagsverein »Tunnel über der Spree«.
1844	1. April: Beginn des Militärjahrs. 25. Mai – 10. Juni: Erste Reise nach England. 29. September: Aufnahme in den »Tunnel«.
1845	8. Dezember: Verlobung mit Emilie Rouanet-Kummer.
1847	Approbation als Apotheker erster Klasse. Trennung der Eltern ohne Scheidung.
1848	In ihrem Ausmaß nicht bestimmbare Teilnahme an den Barrikadenkämpfen in Berlin am 18. März. Vier Aufsätze in der »Berliner Zeitungs-Halle«. *Karl Stuart* (Dramenfragment). 15. September: Anstellung im Krankenhaus Bethanien.
1849	30. September: Fontane verläßt Bethanien, arbeitet als »freier Schriftsteller«. Korrespondent der »Dresdner Zeitung« (bis April 1850).
1850	*Männer und Helden; Von der schönen Rosamunde.* Eintritt ins »Literarische Kabinett«. 16. Oktober: Heirat.
1851	*Gedichte.* 14. August: Sohn George Emile geboren.
1852	*Deutsches Dichter-Album.* Hrsg. von Theodor Fontane. 23. April – 25. September: Aufenthalt in London.
1853	*Unsere lyrische und epische Poesie seit 1848.*

1854 *Ein Sommer in London; Argo. Belletristisches Jahrbuch für 1854.* Hrsg. von Th. Fontane und Fr. Kugler.
1855 10. September.: Beginn eines mehrjährigen Aufenthalts in London.
1856 Halbamtlicher »Presse-Agent«. 3. November: Sohn Theodor geboren.
1857 Emilie übersiedelt mit den Kindern nach London.
1858 August: Reise mit Bernhard von Lepel nach Schottland.
1859 15. Januar: Rückkehr nach Berlin. Beginn der *Wanderungen.*
1860 *Aus England; Jenseit des Tweed.* Eintritt in die Redaktion der »Kreuz-Zeitung«. 21. März: Tochter Martha (Mete) geboren.
1861 *Balladen.*
1862 *Wanderungen durch die Mark Brandenburg* (bis 1882 vier Bände).
1864 5. Februar: Sohn Friedrich geboren. Reisen nach Schleswig-Holstein und Dänemark.
1865 13. August: Tod Wilhelm Wolfsohns in Dresden. 26. August bis 21. September: Reise an den Rhein und in die Schweiz. Scott-Lektüre.
1866 *Der Schleswig-Holsteinsche Krieg im Jahre 1864.* Reisen auf die böhmischen und süddeutschen Kriegsschauplätze. *Reisebriefe vom Kriegsschauplatz* im Deckerschen »Fremdenblatt«.
1867 5. Oktober: Tod des Vaters.
1869 13. Dezember: Tod der Mutter.
1870 Bruch mit der »Kreuz-Zeitung«. Theaterrezensent der »Vossischen Zeitung«. Reise zum französischen Kriegsschauplatz. 5. Oktober: Festnahme in Domremy. Internierung auf der Île d'Oléron. 5. Dezember: Rückkehr nach Berlin. *Der deutsche Krieg von 1866* (Bd. 2: 1871).
1871 »Osterreise« nach Frankreich. *Kriegsgefangen; Aus den Tagen der Occupation.*
1872 *Willibald Alexis* in Julius Rodenbergs »Der Salon für Literatur, Kunst und Gesellschaft«. Umzug in die Potsdamer Straße 134c, Fontanes letzte Wohnung.
1873 *Der Krieg gegen Frankreich 1870–1871* (Bd. 2 in zwei Halbbänden 1875/76)
1874 Italienreise mit Emilie.
1875 *Gedichte. 2., vermehrte Auflage.* Reise in die Schweiz und nach Oberitalien. Heimkehr über Wien.
1876 6. März: Ständiger Sekretär der Akademie der Künste in Berlin. Ende Mai Rücktrittsgesuch. 2. August: Entlassung. *Vor dem Sturm* wiederaufgenommen.
1878 *Vor dem Sturm.*
1880 *Grete Minde.*
1881 *Ellernklipp.*
1882 *L'Adultera; Spreeland.*

1883 *Schach von Wuthenow.* Zola-Studien.
1884 *Graf Petöfy.* Beginn der Korrespondenz mit Georg Friedlaender.
1885 *Christian Friedrich Scherenberg und das litterarische Berlin von 1840 bis 1860; Unterm Birnbaum.*
1887 *Cécile.* 24. September: Tod des Sohnes George.
1888 *Irrungen, Wirrungen.* Friedrich Fontane gründet eigenen Verlag.
1889 *Fünf Schlösser; Gedichte. 3., vermehrte Auflage.*
1890 *Stine.* Für die naturalistische Bewegung wichtige Theaterkritiken.
1890/91 Erste Gesamtausgabe der erzählenden Werke in zwölf Bänden.
1891 *Quitt.*
1892 *Gedichte, 4., vermehrte Auflage; Unwiederbringlich.* Schwere Erkrankung.
1893 *Frau Jenny Treibel oder »Wo sich Herz zum Herzen find't«.*
1894 *Von[,] vor und nach der Reise; Meine Kinderjahre.* 8. November: Ehrendoktor der Philosophischen Fakultät der Universität Berlin auf Vorschlag Erich Schmidts und Theodor Mommsens.
1895 Beginn der Arbeit an *Der Stechlin.* Erster überlieferter Brief an James Morris.
1896 *Effi Briest; Die Poggenpuhls.*
1897 *Der Stechlin* (Beginn des Vorabdrucks. Buchausgabe nach Fontanes Tod 1898 mit Impressum 1899).
1898 *Gedichte. 5., vermehrte Auflage; Von Zwanzig bis Dreißig.* 20. Sept.: Tod Fontanes in Berlin. 24. September: Beisetzung auf dem Friedhof der Französischen Reformierten Gemeinde an der Liesenstraße.
1902 18. Februar: Tod Emilie Fontanes in Berlin.
1905 *Briefe an seine Familie.*
1906 Erstdruck des nachgelassenen Romans *Mathilde Möhring* in der »Gartenlaube«.
1910 *Briefe an seine Freunde; Briefwechsel mit Wilhelm Wolfsohn.*
1917 10. Januar: Tod der Tochter Martha (Mete) in Waren in Mecklenburg.
1940 *Theodor Fontane und Bernhard von Lepel. Ein Freundschaftsbriefwechsel.*
1941 22. September: Tod des Sohnes Friedrich in Neuruppin.
1956 *Briefe an Georg Friedlaender.*
1969 *Briefe an Hermann Kletke; Briefe an Julius Rodenberg.*
1987 *Die Fontanes und die Merckels. Ein Familienbriefwechsel.*
1994 *Tagebücher.*
1995 *»Unechte Korrespondenzen«. Ein Jahrzehnt Redakteur der Kreuzzeitung.*

Maßgebend für die Werkdaten der Zeittafel ist das Impressum der Buchausgabe, für zu Lebzeiten Fontanes nicht in Buchform erschienene Werke der Erstdruck.

Abgekürzt zitierte Literatur

A: Theodor Fontane. Romane und Erzählungen in acht Bänden. Hrsg. von Peter Goldammer, Gotthard Erler, Anita Golz und Jürgen Jahn. Berlin und Weimar: Aufbau-Verlag 1969.

Briefe: Theodor Fontane. Briefe I. Briefe an den Vater, die Mutter und die Frau. Hrsg. von Kurt Schreinert. Zu Ende geführt und mit einem Nachwort versehen von Charlotte Jolles. Erste wort- und buchstabengetreue Edition nach den Handschriften. Berlin 1968. Briefe II. Briefe an die Tochter und an die Schwester. Berlin 1969. Briefe III. Briefe an Mathilde von Rohr. Berlin 1971. Briefe IV. Briefe an Karl und Emilie Zöllner und andere Freunde. Berlin 1971.

Briefe an Friedlaender; Theodor Fontane. Briefe an Georg Friedlaender. Hrsg. und erläutert von Kurt Schreinert. Heidelberg 1954.

Briefe an Wilhelm und Hans Hertz: Theodor Fontane. Briefe an Wilhelm und Hans Hertz. Hrsg. von Kurt Schreinert †. Vollendet und mit einer Einführung versehen von Gerhard Hay. Stuttgart 1971 (= Veröffentlichungen der Deutschen Schillergesellschaft 29).

Briefwechsel mit Wolfsohn: Theodor Fontanes Briefwechsel mit Wilhelm Wolfsohn. Hrsg. von Christa Schultze. Berlin und Weimar 1988.

Dichter über ihre Dichtungen: Dichter über ihre Dichtungen. Bd. 12. I. II. Hrsg. von Richard Brinkmann in Zusammenarbeit mit Waltraud Wiethölter. München (1973).

Fontane-Blätter. Fontane-Blätter. Halbjahresschrift. Im Auftrage des Theodor-Fontane-Archivs und der Theodor Fontane Gesellschaft hrsg. von Hanna Delf von Wolzogen und Helmuth Nürnberger. Potsdam 1965 ff.

Freundesbriefe. Letzte Auslese: Theodor Fontane. Briefe an die Freunde. Letzte Auslese. Hrsg. von Friedrich Fontane und Hermann Fricke. 2 Bde. Berlin 1943.

Freundesbriefe. Zweite Sammlung: Briefe Theodor Fontanes. Zweite Sammlung. Hrsg. von Otto Pniower und Paul Schlenther. 2 Bde. Berlin 1910.

Kehler: Neunundachtzig bisher ungedruckte Briefe und Handschriften von Theodor Fontane. Hrsg. und mit Anmerkungen versehen von Richard von Kehler. Berlin 1936.

Meyer, Zitat: Hermann Meyer, Das Zitat in der Erzählkunst. Zur Geschichte und Poetik des europäischen Romans. Stuttgart ^{2}1967.

N: Theodor Fontane. Sämtliche Werke. Hrsg. von Edgar Groß u.a. München: Nymphenburger Verlagshandlung 1959 ff.

Nur gelegentlich herangezogene Literatur wird in den Anmerkungen mit den bibliographischen Angaben zitiert.

Seitenangaben ohne weiteren Zusatz beziehen sich auf den vorliegenden Band.

Auf die übrigen Bände der Hanser-Fontane-Ausgabe (HF) wird durch Angabe der Abteilung (römische Ziffer) und der Bandnummer (arabische Ziffer) verwiesen. (Abteilung I: Romane, Erzählungen, Gedichte; 7 Bde. [in erster Auflage 6 Bde.]. Abteilung II: Wanderungen durch die Mark Brandenburg; 3 Bde. Abteilung III: Erinnerungen, ausgewählte Schriften und Kritiken; 5 Bde. [Bd. 1: Aufsätze und Aufzeichnungen; Bd. 2: Theaterkritiken; Bd. 3/I und 3/II: Reiseberichte und Tagebücher; Bd. 4: Autobiographisches; Bd. 5: Zur deutschen Geschichte, Kunst und Kunstgeschichte]. Abteilung IV: Briefe; 5 Bde.) – Zitiert wird jeweils nach den neuesten Auflagen der Bände.

Auf die Einzelausgabe bei dtv wird mit folgenden Siglen verwiesen:

Ad	L'Adultera
Cé	Cécile
DP	Die Poggenpohls
DS	Der Stechlin
EB	Effi Briest
El	Ellernklipp
GM	Grete Minde
GP	Graf Petöfy
IW	Irrungen, Wirrungen
JT	Frau Jenny Treibel
MM	Mathilde Möhring
Qu	Quitt
St	Stine
SW	Schach von Wuthenow
UB	Unterm Birnbaum
Un	Unwiederbringlich
VS	Vor dem Sturm
W	Wanderungen durch die Mark Brandenburg

Literaturhinweise

Caviola, Hugo: Zur Ästhetik des Glücks: Theodor Fontanes Roman »L'Adultera«. In: Seminar 26 (1990), S. 309–326.

Croner, Else: Fontanes Frauengestalten. Berlin 1906. 2. Auflage Langensalza 1931 (= Schriften zur Frauenbildung 12) (zu »L'Adultera« S. 22–34).

Demetz, Peter: Formen des Realismus: Th. F. kritische Untersuchungen. München 1964 (zu »L'Adultera« S. 153–155).

Demetz, Peter: Kitsch, Belletristik, Kunst: Th. F. Berlin 1970.

Daffa, Agni: Gesellschaftsbild und Gesellschaftskritik in Fontanes Roman »L'Adultera«. Fernwald 1994.

Doebeling, Marion: Eine Gemäldekopie in Theodor Fontanes »L'Adultera«. Zur Destabilisierung traditioneller Erwartungs- und Sinngebungsraster. In: The Germanic Review 68 (1993), S. 2–10.

Eilert, Heide: Im Treibhaus. Motive der europäischen Décadence in Theodor Fontanes Roman »L'Adultera«. In: Jahrbuch der Deutschen Schillergesellschaft 22 (1978), S. 496–517.

Friedrich, Gerhard: Das Glück der Melanie van der Straaten. Zur Interpretation von Theodor Fontanes »L'Adultera«. In: Jahrbuch der deutschen Schillergesellschaft 12 (1968), S. 359–382.

Garland, Henry: The Berlin novels of Theodor Fontane. Oxford 1980 (zu »L'Adultera« S. 45–72).

Günther, Vincent J.: Das Symbol im erzählerischen Werk Fontanes. Bonn 1967 (= Bonner Arbeiten zur deutschen Literatur 16), Diss. phil. Bonn 1960 (zu »L'Adultera« S. 38–42).

Hayens, Kenneth: Theodor Fontane. A critical study. London 1920 (zu »L'Adultera« S. 121–151).

Jung, Winfried: Bildergespräche. Zur Funktion von Kunst und Kultur in Theodor Fontanes »L'Adultera«. Stuttgart 1991 (= Schriftenreihe für Wissenschaft und Forschung, zugl. Diss. Münster 1990).

Kahrmann, Cordula. Idyll im Roman: Theodor Fontane. München 1973 (zu »L'Adultera« S. 103–109).

Kaiser, Gerhard R.: »Das Leben, wie es liegt« – Fontanes »L'Adultera«. In: Realismuspostulat, Aufklärung und Publikumserwartung. In: Herbert Grabes (Hrsg.), Text, Leser, Bedeutung. Untersuchungen zur Interaktion von Text und Leser. Großen-Linden 1977, S. 99–119.

Kohlschmidt, Werner: Fontanes Weihnachtsfeste. Eine Motiv- und Strukturuntersuchung. In: Literaturwissenschaftliches Jahrbuch 23 (1982), S. 117–141.

Konrad, Susanne: Die Unerreichbarkeit von Erfüllung in Theodor Fontanes »Irrungen, Wirrungen« und »L'Adultera«. Strukturwandel in der Darstellung und Deutung intersubjektiver Muster. Frankfurt/M.

u. a. 1991 (= Europäische Hochschulschriften. Reihe I. Deutsche Sprache und Literatur 1265).

Mende, Dirk: Frauenleben. Bemerkungen zu F.s »L'Adultera« nebst Exkursen zu »Cécile« und »Effi Briest«. In: F. aus heutiger Sicht, Hrsg.von Hugo Aust. München 1980, S. 183–213.

Mende, Dirk: Kommentar und Nachwort zu Theodor Fontane, »L'Adultera«. o.O. 1997 (= Goldmann 7657).

Meyer, Hermann: Theodor Fontane »L'Adultera« und »Der Stechlin«: In H. M., Das Zitat in der Erzählkunst. Stuttgart 1961, ²1967, S. 155–185 (auch in: Wolfgang Preisendanz (Hrsg.), Theodor Fontane (= Wege der Forschung 381) Darmstadt 1973, S. 201–232.

Mittenzwei, Ingrid: Die Sprache als Thema . Untersuchungen zu Fontanes Gesellschaftsromanen. Berlin, Zürich 1970 (= Frankfurter Beiträge zur Germanistik 12) (zu »L'Adultera« S. 28–49).

Moyse, Sharon: Die Gesellschaft als Handlungselement in drei Romanen Fontanes: »L'Adultera«, »Cécile«, »Effi Briest«. Ottawa 1975 (= Canadian Theses on Mikrofiches 20189).

Müller-Seidel, Walter: Theodor Fontane. Soziale Romankunst in Deutschland. Stuttgart 1975 (zu »L'Adultera« S.166–181).

Osborne, John: Vision, Supervision, and Resistance. Power Relationships in Theodor Fontane's ›L'Adultera‹. – In: Deutsche Vierteljahrsschrift für Literaturwissenschaft u. Geistesgeschichte. 70 (1996) 1, S. 67–79.

Plett, Bettina: »L'Adultera«. ›… kunstgemäß (Pardon) …‹ – Typisierung und Individualität. In: Christian Grawe (Hrsg.), Interpretationen. Fontanes Novellen und Romane. Stuttgart 1991 (= Reclams Universal-Bibliothek 8416), S. 65–91.

Seidlin, Oskar: Der junge Joseph und der alte Fontane. In: Festschrift für Richard Alewyn. Köln, Graz 1967. S. 384–391.

Voss, Lieselotte: Literarische Präfiguration dargestellter Wirklichkeit bei Fontane. Zur Zitatstruktur seines Romanwerks. München 1985 (zu »L'Adultera« S. 154–163).

Wagner-Simon, Therese: »Allwieder det lila!« Zum Urbild von Theodor Fontanes »L'Adultera«. In: Neue Zürcher Zeitung, 3.9.1972, Nr. 410, S. 49–50.

Wagner-Simon, Therese: Das Urbild von Theodor Fontanes »L'Adultera«. Berlin 1992.

Wandrey, Conrad: Theodor Fontane. München 1919 (zu »L'Adultera«, S. 169–189).

Weddigen, Erasmus: Theodor Fontane und Jacopo Tintoretto. Anmerkungen zum Roman »L'Adultera«. In: Neue Zürcher Zeitung, Neujahrs-Fernausgabe Nr. 1, 1. Januar. 1971.

Wessels, Peter: Konvention und Konversation. Zu Fontanes »L'Adultera«. In: Ferdinand van Ingen u. a. (Hrsg.), Dichter und Leser. Groningen 1972, S. 163–176.

Zeitz, Gottfried: Die poetologische Bedeutung des Romans »L'Adultera« für die Epik Theodor Fontanes. Frankfurt/M. Phil. Diss. 1977.

NACHWORT

›Melanie van der Straaten‹ hätte der Titel von Fontanes erstem Berliner Zeitroman nach dem Wunsch des Autors zumindest in der Buchausgabe lauten sollen. Wie er schrieb, hatte er sich zu ›L'Adultera‹ ursprünglich nur bestimmen lassen, weil damit sogleich auf das berühmte, damals Tintoretto zugeschriebene Gemälde angespielt wurde, dem in seiner Erzählung eine vorausdeutende Rolle zukam: Um eine »kleine Geistreichigkeit«, eine »rundere Rundung« sei es gegangen, die es aber nicht rechtfertigte, »einer noch lebenden, und trotz all ihrer Fehler sehr liebenswürdigen Dame das grobe Wort ›L'Adultera‹ (= die Ehebrecherin) ins Gesicht zu werfen.« Jedermann in der Berliner Gesellschaft kannte die Menschen, über die er geschrieben hatte; fast war ein Schlüsselroman entstanden, in dem auch jedes fiktive Element als Hinweis auf der Öffentlichkeit noch unbekannte reale Sachverhalte erscheinen mochte. Die von Fontane geschilderten Vorgänge lagen erst wenige Jahre zurück (allerdings war einer der Hauptbeteiligten, der verlassene Ehemann, inzwischen gestorben), und sie waren als skandalös empfunden worden. Lucius von Ballhausen berichtet in seinen 1920 erschienenen ›Bismarck-Erinnerungen‹ unter dem 28. November 1874 von einer Soiree, der »alle Minister« beiwohnten: »Als Neuigkeiten wurden erzählt, daß Frau Ravené mit einem Bankier Simon durchgegangen sei ... Bismarck sagte: ›Das Ereignis Ravené beraubt mich für Berlin einer Dekoration, solche Dinge kamen früher nur in der Pariser Gesellschaft vor.‹«

Fontane verfügte über mehr Informationen, als er in privaten Briefen zuzugeben bereit war. Aus der Perspektive des Künstlers durfte er gleichwohl argumentieren, daß vieles im gesellschaftlichen Leben seiner Zeit so typisch gewesen war, daß man »bei Kenntnis des Allgemeinzustandes« auch das einzelne zutreffend zu beschreiben vermochte, ohne von einer bestimmten Vorlage abhängig zu sein. Jedenfalls galt der

Darstellung dieses Allgemeinzustandes sein besonderes Interesse – »das Zuständliche, die Scenerie war mir Hauptsache.« In dieser Intention zeigt sich der Autor von ›L'Adultera‹ schon ganz als der spätere Meister, der ein vielfach differenziertes, von allen Übertreibungen nach der einen oder anderen Seite hin freies Gesamtbild der Epoche zu entwerfen bereit ist.

Der Gegenwart hatte Fontane sich bereits früher in einem Erzählvorhaben zugewandt, das er nicht zu Ende führte. Noch während der abschließenden Arbeiten an ›Vor dem Sturm‹, also in der zweiten Hälfte des Jahres 1877, beschäftigten ihn Pläne für einen weiträumigen Gesellschaftsroman, den er in der Korrespondenz mit einem Redakteur später als den »Roman meines Lebens oder richtiger die Ausbeute desselben« charakterisierte (an Gustav Karpeles, 3. April 1879). ›Allerlei Glück‹ – so der in Aussicht genommene Titel – ist nur im Entwurf überliefert. Es war ein wirtschaftliches Gebot, das den Autor bestimmte, die Verstrickung in eine mutmaßlich mehrere Jahre währende Arbeit zu vermeiden, die er ohne verlegerische Hilfe nicht zu finanzieren wußte und deren Ertrag letztlich zweifelhaft war. Was dieses Romanfragment ungeachtet aller formalen und inhaltlichen Verschiedenheit mit ›L'Adultera‹ verbindet, ist ein thematischer Aspekt, der seinen Ursprung in Fontanes sogenannter Akademiekrise von 1876 haben mag. Damals hatte er sich – gegen eine ehrenvolle Anstellung im Staatsdienst – erneut für die ungesicherte Existenz des »freien Schriftstellers« entschieden. Öffentliche Mißbilligung und private Vorwürfe hatten ihn nicht umzustimmen vermocht. »Das Glück besteht darin«, schrieb er werbend über seinen Roman an Karpeles, »daß man *da* steht, wo man seiner Natur nach hingehört. Selbst die Tugend- und Moralfrage verblaßt daneben. Dies wird an einer Fülle von Erscheinungen durchgeführt, natürlich ohne dem Publikum durch Betonungen und Hinweise lästig zu fallen.« Um ein Handeln aus innerer Notwendigkeit geht es auch bei dem Scheitern einer Ehe und dem Ehebruch in ›L'Adultera‹, die in eine Entscheidung für eine ihr gemäße Ehe münden.

Eigentlich gegen seine Neigung wandte sich Fontane nach dem Verzicht auf ›Allerlei Glück‹ kleineren epischen Formen zu, die rascher fertigzustellen und auf dem für ihn wichtigen Zeitschriftenmarkt leichter unterzubringen waren. Er sammelte Novellenstoffe und bot die eine oder andere von ihnen verschiedenen Redaktionen an. So entstanden ›Grete Minde‹ und ›Ellernklipp‹, dem historisierenden Publikumsgeschmack relativ konforme Novellen aus weit zurückliegender Vergangenheit, ›Schach von Wuthenow‹, das meisterhafte psychologisch-historische Lehrstück vom Beginn des Jahrhunderts, und eben ›L'Adultera‹ – ein, wie sich erweisen sollte, entscheidender Schritt vorwärts in das Leben der eigenen Zeit.

Mit ›L'Adultera‹ beginnt zugleich die Reihe der Fontaneschen Frauenromane. Unter diesen bildet ›L'Adultera‹ jedoch eine merkwürdige Ausnahme: Nur hier gestattet er seinen Figuren oder vielmehr sich selbst die glückliche Wendung ihres Geschicks in eine bessere Zukunft. Im Regelfall gestalten Fontanes Romane gerade die Ausweglosigkeit, in die ein gesellschaftliches Fehlverhalten mündet. »Der Grundgedanke des kl. Romans ist *der* von der unerbittlichen Macht zurückliegender Geschehnisse, die durch reinen Wandel und aufrichtige Buße vor *Gott* zu sühnen, aber *gesellschaftlich* nicht zu tilgen sind«, lesen wir über ›Cécile‹ (an Jesco von Puttkamer, 20. Januar 1886), und dieser pessimistische Ausblick, der eine Grunderfahrung des europäischen Romans im 19. Jahrhundert rekapituliert, setzt sich fort bis ›Effi Briest‹. In ›L'Adultera‹ wird die durch den Stoff vorgegebene Ausnahme beschrieben, die die Regel bestätigt. »So gut wie mit der Frau Ravené, die als Frau Simon ein neues besseres Leben anfing – so gut schließt es nicht immer ab.« (An Georg Friedlaender, 28. März 1890)

Hat die künstlerische Überzeugungskraft des Dargestellten speziell unter dieser versöhnlichen Fügung gelitten, wie die Wirkungsgeschichte zu bestätigen scheint, oder erwuchs partielle Unsicherheit aus der Rücksicht auf die Schreibsituation und ein anderes Publikum? Das letzte Drittel des Romans, vor allem aber das Stelldichein im Treibhaus, sahen sich massiver Kritik ausgesetzt. Wer hätte das Kapitel ›Unter

Palmen‹, dieses »schlechte dix-neuvième Genre«, ein »Non plus ultra der Sentimentalität« (Wessels, a.a.O., S. 170) auch verteidigen wollen? Fontane war in die »Niederungen des Kitsches« abgesunken. (Demetz 1973, a.a.O., S. 135) Damals führte die Erzählung bereits seit Jahrzehnten ein nur durch den berühmten Namen des Autors mit erfolgreicheren Werken verbundenes Schattendasein. Dann aber gewannen veränderte gesellschaftliche Bedingungen dem Stoff vermehrte Sympathie zurück. Melanie van der Straatens selbstsicheres und entschlossenes Handeln sicherten der Protagonistin im Kreis der Fontaneschen Frauengestalten und mit ihr dem Roman vielfache Aufmerksamkeit.

Überdies trat nunmehr ins Blickfeld der Kritik, daß sich dieser Fontanesche Text gleichsam auf mehreren Ebenen lesen läßt. »Meine Arbeit muß zum Mindestens so gut sein, daß ich auf sie hin einen kleinen Romanschriftsteller-Laden aufmachen und auf ein paar treue, namentlich auch zahlungskräftige Käufer rechnen kann«, hatte der Sechzigjährige über ›Vor dem Sturm‹ an Ludovica Hesekiel geschrieben. Inzwischen hatte sich gezeigt, wer in dem Wechselverhältnis von Künstler und Publikum der schwächere Teil war. Fontane mußte seine Verfahrensweise danach einrichten, aber er gab nur für den Augenschein nach und suchte, während er dem Leserinteresse zuweilen weit entgegenkam, stets auch dem eigenen Anspruch gerecht zu werden. Was er schrieb, befriedigte als konventionelle Belletristik und war doch zugleich reich an erzählerischen Finessen, die seinerzeit oft unbeachtet blieben und erst in der jüngeren Gegenwart ausgedehnte Erörterung fanden. Dazu zählen die zahlreichen Gespräche über Bilder, in denen die Kunst sich selbst zum Thema wird und die doch mit der Romanhandlung eng verwoben sind. Eine andere dieser Feinheiten ist die durchgehende Affinität zu Motiven der europäischen Décadence, die, wie Heide Eilert gezeigt hat, von Fontane gerade in ›L'Adultera‹ originell gehandhabt wird. Aktuelle Gestaltungsmittel bildeten dabei vorzugsweise die Musik Richard Wagners und das Treibhaus als künstliches Paradies. Es sind (wie nicht zuletzt der von Fontane aufbewahrte Versteigerungs-»Katalog der Topf-

Gewächse aus den Ravenéschen Treibhäusern« beweist) der Realität entnommene Stoffelemente, mit denen der Künstler sein aus Verhüllen und Andeuten gemischtes symbolisches Spiel treibt.

Die Kapitelüberschrift ›Unter Palmen‹ ist ein verkürztes Zitat. »Man wandelt nicht ungestraft unter Palmen«, rezitiert ihre Begleiterin und Freundin, »das Klavier- und Singefräulein« Anastasia Schmidt, nach Melanies Liebesbegegnung mit Rubehn »unter Lachen« aus den ›Wahlverwandtschaften‹, an die bereits das erste Gespräch der Ehegatten erinnert (S. 43 und 83), und die auch später noch Erwähnung finden – eine Einladung zu raschem (vielleicht vorschnellem?) Verständnis. Die Bedeutung des exotischen Schauplatzes reicht über Goethes geflügeltes Wort hinaus. Das Treibhaus spielt in der europäischen Literatur der zweiten Hälfte des 19. Jahrhunderts eine zunehmende Rolle; im Fin de siècle zählt es zum festen Motivbestand. Der Roman ›Renée Mauperin‹ der Brüder Goncourt ist dafür ebenso ein Beispiel wie Flauberts ›Education sentimentale‹ (Frédéric Moreau fühlt sich nach einem Beisammensein mit Madame Dambreuse wie umkost von der dufterfüllten Luft eines Treibhauses) und Zolas Roman ›La curée‹, der für Manets 1879 entstandenes Gemälde ›Dans la serre‹ anregend gewesen sein dürfte. Noch Bankier Türkheimer in Heinrich Manns Roman ›Im Schlaraffenland‹ wird sich ein Gewächshaus leisten, das ebenso wie das Treibhaus in Arthur Holitschers Roman ›Der vergiftete Brunnen‹ aus demselben Jahr zur bevorzugten Stätte erotischer Begegnungen wird. Auch an den zu Unrecht vernachlässigten Eduard von Keyserling (›Beate und Mareille‹) ist in solchem Zusammenhang zu erinnern.

Die Lektüre von ›La curée‹ durch Fontane ist nicht ausdrücklich belegt, wohl aber die Beschäftigung mit Zola insgesamt. Der deutsche Autor (ein »poetischer Realist«) befleißigt sich im Unterschied zu dem französischen einer zurückhaltenden Darstellungsweise, aber die Übereinstimmung in der geschilderten Situation ist unverkennbar.

Mit dem Treibhaus-Motiv zu verknüpfen sind auch die ausführlichen Wagner-Zitate in Fontanes Roman: Hans Mayer hat die Funktion des Venusbergs in Wagners ›Tannhäuser‹ überzeugend im Traditionsrahmen der »künstlichen Paradiese«, wie auch das Treibhaus eines darstellt, gedeutet. Zugleich erscheinen die Grenzen zwischen gelebter und gedichteter Wirklichkeit zu verfließen. Ein 1854 entstandenes Gedicht von Mathilde Wesendonck trägt den Titel ›Im Treibhaus. In the Hothouse‹, und Wagner hat bei seiner Vertonung dieses Gedichts den Sehnsuchtsakkord aus dem ›Tristan‹ verwendet. Fontane erweist sich als ein aufmerksamer Beobachter der aktuellen ästhetischen Sensationen, und er weicht ihnen, wie seine Palmenhausszene zeigt, nicht aus.

Das Figurenpersonal seines Romans ist gespalten in Wagner-Verehrer und Wagner-Gegner. Diese haben in Van der Straaten ihren Wortführer, jene in Melanie und Rubehn. Eine solche Konstellation wirkt trennend auf das Ehe-, verbindend auf das Liebespaar. Die Symbolik ist fast überdeutlich, wenn beim ersten Besuch des künftigen Hausgastes in der Sommervilla im Grunewald ›Wotans Abschied‹ gespielt wird, was der Fremde entzückt genießt. Fortan scheint die Beziehung zwischen Melanie und Rubehn wesentlich durch die erotisierenden Klänge des Bayreuther Meisters mitbestimmt. Die beiden musizieren viel miteinander, und dabei setzt in den folgenden Wochen ein wahrer Wagner-Kult ein. Van der Straaten hat daran sein auf verbale Pikanterien gestelltes, unstatthaft-leichtfertiges Vergnügen.

Aber nicht nur die Musik Wagners, auch Handlungselemente seiner Opern werden zitiert. Der Leser wird der Zuordnung einzelner Szenen, wie sie in der Forschung versucht wurde, gelegentlich vielleicht nur zögernd folgen (etwa die Ruderboot-Szene im Kapitel ›Wohin treiben wir‹ in einem Verhältnis zu Tristans und Isoldes Meerfahrt zu sehen), insgesamt aber ergibt sich eine Kette, der unzweifelhaft kompositorische Absicht zugrunde liegt und die einzelne Glieder aufweist, die überhaupt nur im Rückgriff auf Wagner verstanden werden können. Nur so ist Melanies emphatisches Rom-Erlebnis (»… mitunter ist es mir, als wär' es wahr und als käm' uns jedes Heil und jeder Trost aus Rom und nur aus Rom. Es ist ein seliges Wandeln an diesem Ort, ein Sehen und Hören als wie im Traum«, S. 109), von dem sie ihrer Schwester Jacobine in einem Brief von dort berichtet, nach allem, was wir von der Genferin wissen, wirklich verständlich: Wie es heißt, sind Melanie und Rubehn nach Rom gekommen, um dort das Osterfest und die Nachrichten aus der Heimat abzuwarten, die über ihre gemeinsame Zukunft entscheiden müssen. Nachdem Melanie die eheliche Wohnung verlassen hat und mit ihrem Liebhaber lebt, ist die angestrebte Scheidung allein in das Ermessen des Gatten gestellt, denn nur er, nicht der nach dem Gesetz schuldige Teil kann auf Scheidung klagen. Davon hängt für die Frau auch die Möglichkeit einer Wiederverheiratung ab, die im gegebenen Fall ohnedies nur nach besonderer Dispensation durch den Justizminister oder nach außerdeutschem Recht statthaft wäre. »Nach Süden!« beginnt das Kapitel ›Della Salute‹ des Romans. Es entspricht dem »Nach Rom!«, mit dem der zweite Aufzug von Wagners ›Tannhäuser‹ schließt, wo der Pilger vergeblich Heil und Erlösung zu finden hofft. Er wird dort keine Absolution erhalten, so wenig wie Melanie am Tiber die juristische Klärung ihrer Situation und die Befreiung von ihren Schuldgefühlen erfährt. Die Schwangere glaubt in ihrer Melancholie sogar, daß sie sterben muß. Als ihr ärztlicherseits beständiger Orts- und Luftwechsel empfohlen wird, begibt sich das Paar ohne bestimmtes Ziel auf die Weiterreise. Fast zufällig bemerkt es, daß es sich mit einem Male in der Nähe Venedigs befindet. Nun bemächtigt sich Melanies »ein tiefes und sehnsüchtiges Verlangen, ihrer Stunde dort warten zu wollen.« Nach ihrer Entbindung erklingt über dem Wasser »ein wunderbares Läuten«, die »todmatte Frau« erfährt, daß es von der Kirche Santa Maria della Salute kommt und fühlt sich gerettet. (S. 110)

Auch in der Schilderung dieser Krise sind wieder ›Tannhäuser‹-Anspielungen enthalten. Zunächst im Namen des Gotteshauses: »Mein Heil, mein Heil ruht in Maria!« hatte Tannhäuser, die Lockungen von Frau Venus zurückweisend, beim Abschied von ihr erklärt; sodann im Läuten der Glokken, von dem ja auch in seiner Rom-Erzählung berichtet wird. In der Hauptsache aber handelt es sich, wie Eilert erklärt, um einen »ebenso überraschenden wie bewundernswerten Einfall Fontanes«, wenn er Melanies Genesung nach Venedig verlegt. (Eilert, a.a.O., S. 513) Es ist die Stadt, die wie keine andere, für Fontane sicher auch im Hinblick auf Platen, mit dem Phänomen der Décadence in der europäischen Kunst verbunden ist. Das galt auch und besonders für Wagner. Hier hatte der Meister den zweiten Akt seines ›Tristan‹ komponiert, hier sollte er bald nach dem Erscheinen von Fontanes Roman im Palazzo Vendramin sterben. Dreißig Jahre vor Thomas Manns ›Tod in Venedig‹ verknüpfte Fontane in ›L'Adultera‹ die Lagunenstadt mit einer Romanhandlung, in der eine tödliche Krise überwunden und die Wendung zu neuem Leben gefunden wird.

Über diese Zusammenhänge hat er sich niemals direkt geäußert, und es hat also den Anschein, daß er zu ihrer Darstellung keiner komplizierten Erörterungen oder probeweisen Entwürfe bedurfte. Wenn ihm die Niederschrift des Romans relativ rasch gelang, so hing das sicherlich auch damit zusammen, daß er auf vielfältige persönliche und touristische Erfahrungen zurückgreifen konnte, die ihm ausgedehnte Studien ersparten. Er kannte die Gesellschaftskreise, über die er schrieb, ihre Denkweise und Interessen; die Schauplätze seines Romans waren ihm geläufig, soweit es sich um Berlin handelte, sogar bestens vertraut. Auch was die Zeichnung der Charaktere anlangt, ließ er seinen Vorlieben freien Lauf. Davon hat vor allem die Figur van der Straatens profitiert. Das aus Abneigung und Verständnis gemischte Künstlerinteresse, mit dem Fontane diese Figur betrachtet, ist nicht zu übersehen. Der Kommerzienrat kann durchaus als ein Repräsentant der Epoche gelten, deren Kleider er so unbefangen trägt; dabei ist er Außenseiter – weil Emporkömmling – genug, um individuelles Interesse zu behalten. Ein Fontanescher Typus liegt dieser Figur zugrunde, in die gelungene Beschreibung mischen sich Phantasie und eine weit zurückliegende Erfahrung. In ›Allerlei Glück‹ ist dieser Typus zuerst erschienen: als »Dr. Heinrich Brose, früher Apotheker«, bereits dort eine so kraftvolle Erscheinung, daß der figurenreiche Roman wohl einfach »H. Brose-Roman« genannt wird. Und was dort noch als genau bewahrte Erinnerung an den einstigen Lehrherrn in der Schwanen-Apotheke zu Berlin, Wilhelm Rose, erscheinen mochte, erweist sich in den folgenden Schaffensjahren als hartnäckig festgehaltenes Urbild. Neben dem Typus des konservativen alten Edelmanns, der in Fontanes Prosakunst ebenfalls tiefe Wurzeln hat und von Shrewsbury und Berndt von Vitzewitz bis hin zu Eberhard von Poggenpuhl und Dubslav von Stechlin allmählich aus dem Starr-Bitteren ins Heiter-Souveräne entwickelt und gelöst wird, gibt es in seinen Romanen nun diese Inkarnation des Erfolgsbürgers, dessen entschiedenes Auftreten von Selbstironie und Wissen um die eigenen Grenzen begleitet wird. Es sind diese Eigenschaften, die Figuren wie van der Straaten und Treibel von den anderen, mit unverhüllter Abneigung betrachteten Vertretern der neureichen Klasse trennen. Die schneidende Ablehnung des Bourgeois, wie der Autor sie vor allem in Briefen behauptet hat, läßt sich an seiner Zeichnung der zuerst genannten Gestalten schwerlich ablesen. Vielmehr eignet ihnen wie Fontanes märkischen Landedelleuten – präzisieren wir: denen von der milderen Observanz – eine breite Menschlichkeit, ein im Kern unverbildeter Sinn für das Natürliche und Einfache, wenn sie auch den Parvenu nicht jederzeit verleugnen. Und es darf nicht verschwiegen werden, daß es ein Zwischenreich gibt, in dem die Konturen beider Typen etwas verschwimmen: das weite Feld einer anzüglichen Causerie, in der eine behäbige Altherren-Vitalität vorgezeigt wird, die Luise von Briest ebenso zum Protest herausfordert wie Melanie van der Straaten.

Wichtiger im Hinblick auf das Einzelwerk sind jedoch die Unterschiede, nicht das Übereinstimmende. Bleibt Fontanes Erzählung merkwürdig blaß, wenn es sich darum handelt, den jungen Liebhaber gewinnend und verführerisch zu charakterisieren, so weiß sie doch überzeugend deutlich zu machen, warum Melanie an der Seite ihres Mannes nicht länger leben will. Wie Nora Helmer in Ibsens damals vielumstrittenen Drama verläßt sie mit dem Mann auch die Kinder aus der Ehe mit ihm. ›Ein Puppenheim‹ war 1879 in Kopenhagen uraufgeführt worden, die deutsche Premiere folgte 1880 in

München. Der norwegische Autor sah sich veranlaßt, den Schluß seines Stückes für Aufführungen im deutschen Kaiserreich zu ändern: Als ihr Mann ihr die schlafenden Kinder zeigt, vermag Nora sie nicht zu verlassen. Fontane hat Ibsen, als er seinen Roman schrieb, noch nicht gekannt und seine spätere Reaktion auf ihn ist zwiespältig. Als Kritiker äußert er sich zum Thema der Frauenemanzipation sogar überwiegend ablehnend. Seine Praxis als Erzähler aber ist eine andere. Da zeigt er sich engagiert von Anfang an und sehr wohl bereit, sich auf die Seite seiner Heldin zu schlagen. Auch in der zentralen Problematik der Selbstbestimmung ist sein genuines Verständnis zu spüren. Melanie, seine ›Nora‹, nimmt es auf sich, die Kinder zu verlassen.

Nicht selbstverständlich ist auch die Behandlung, die Fontane der jüdischen Frage in seinem Roman hat angedeihen lassen – eine Frage, die als solche nirgends thematisiert wird. Das geht so weit, daß das Wort »Jude« oder »jüdisch« strikt vermieden wird – nur der Kutscher Ehm äußert sich über den neuen Hausgenossen, »›he sall man en Jüdscher sinn‹« (S. 36). Die Namen Ezechiel van der Straaten und Ebenezer Rubehn reden jedoch eine deutliche Sprache, und wer sie zu überlesen geneigt wäre, sieht sich durch Andeutungen und ein durchsichtiges Versteckspiel in der Konversation eigens darauf aufmerksam gemacht. In der Realität war nur einer der beiden Männer, Gustav Simon, jüdischer Abkunft, während Ravené einer in Berlin alteingesessenen Hugenottenfamilie entstammte. Warum Fontane das änderte und andererseits aus dem Vorbild seiner Heldin, Therese von Kusserow, die eine jüdische Mutter hatte, eine Genferin von etwas zweifelhaftem Adel machte, läßt sich mit Bestimmtheit nicht sagen. Vielleicht wollte er die Konstellation, daß ein jüdischer Mann einem arischen die Frau wegnahm, vermeiden. Festzuhalten bleibt, daß er beide Männer mit überwiegend gewinnenden Zügen ausgestattet hat, was dem Roman eine gewisse geistige Nähe zu einem 1879 geplanten, unausgeführt gebliebenen Aufsatz ›Das Judenthum und die Berliner Gesellschaft‹ gibt, der »ziemlich anti-adlig und sehr judenfreundlich« abgefaßt werden sollte (an Grosser, 16. Juni 1879). Bei dieser Haltung

Fontanes ist es allerdings nicht mehr lange geblieben. In der Folge häufen sich auch bei ihm, in erkennbarer Korrespondenz zu dem sich in den achtziger Jahren rapide verschlechternden gesellschaftlichen Klima, antijüdische Spitzen. Schon bald wird er sich vom Scheitern der Assimilation überzeugt halten.

Für das Verständnis des Lesers wird entscheidend sein, welche Figur für ihn im Vordergrund steht. Offensichtlich bewegt sich Fontane auf sichererem Boden, wenn er van der Straaten und seinen Kreis beschreibt, als wenn er die Lebenswirklichkeit des jungen Paares nachzeichnet. Aber was der Roman dergestalt artistisch gewinnt, büßt er an ethischem Interesse ein. Das hat schon Conrad Wandrey, Autor der 1919 erschienenen, trotz mancher Befangenheit bedeutenden ersten Fontane-Monographie, gesehen, wenn er das Thema des Romans wie folgt definiert: »Eine liebenswürdige und bei scheinbarer Oberflächlichkeit kernhafte Frau begreift ihr bisheriges Leben [...] als Irrtum und leistet im Widerspruch gegen Gewohnheit und Gesetz der Gesellschaft ihrem innersten Ich, der Stimme der Natur, über Entbehrung und Leiden hinweg Folge.« (A.a.O., S. 172) Gelingt es, den Roman so zu lesen, verliert, was an ihm trivial-konventionell und sentimental erscheinen mag, seine Bedeutung. Noch im partiellen Mißlingen zeigt auch ›L'Adultera‹ die Handschrift der auf die Wahrheit des Menschen zielenden Fontaneschen Kunst.